AF252392

l'Honnête gendarme est assailli ; Il tire son sabre il
succombe, et le Cachot fut son partage .)

HISTOIRE
DES PRISONS DE PARIS
ET DES DÉPARTEMENS;

Contenant des Mémoires rares et précieux.

Le tout pour servir à l'Histoire de la Révolution Française :

Notamment à la tyrannie de Robespierre, et de ses Agens et Complices.

Ouvrage dédié à tous ceux qui ont été détenus comme Suspects.

Rédigé et publié par P. J. B. NOUGARET.

Avec huit figures.

C'est le renversement de la raison, d'annoblir le massacre et le brigandage.

SIMON PELLOUTIER. *Hist. des Celtes.*

TOME III.

A PARIS,

Chez
{
l'Editeur, rue Galande, n°. 59;
COURCIER, Imprimeur-Libraire, rue Poupée, n°. 5;
DUTRAY, à Bordeaux;
LE COQ, à Bayonne.

L'an 5e. — Juin, 1797.

TABLE

DES MATIERES

Contenues dans ce Volume.

Faits historiques et anecdotiques sur la maison d'arrét de Saint-Lazare,   page 1

La Mairie, la Force et le Plessis,   25

Suite des anecdotes sur la maison d'arrét du Plessis,   82

La maison Talaru,   87

Ma Prison, poème, suivi de notes historiques,   109

Choix de Poésies, composées par des détenus,   128

L'Humanité méconnue, ou les horribles souffrances d'un Prisonnier,   160

Maison d'arrét de Blanchard, à Picpuce, près de Paris,   203

Voyage de 132 Nantais, envoyés

TABLE

à Paris par le comité révolutionnaire de Nantes,   206

Détails intéressans, pour servir de
suite au voyage des 132 Nantais,   248

Histoire du Terrorisme exercé à
Troyes,   255

Relation du voyage de 31 citoyens
du département du Var, traduits
au tribunal révolutionnaire de
Paris,   269

Les Noyades de Nantes,   290

Les Horreurs commises à Nantes,   297

Les Horreurs des prisons d'Arras,   301

La Glacière d'Avignon; Incendie
de Bédouin; Canonnade à mitraille de Lyon,   357

Fin de la Table du Tome III.

HISTOIRE
DES PRISONS.

Faits historiques et anecdotes sur la maison d'arrêt de Saint-Lazare.

C'EST à la Conciergerie , à cette terrible école du malheur, que j'ai appris à digérer la mort, parmi les ombres fugitives qui se succédoient si rapidement ; c'est dans les cachots noirs et humides de cet horrible séjour , que j'ai été plongé pendant six mois, et dans la saison la plus rigoureuse de l'année ; le délabrement total de ma santé à excité la pitié, et j'ai été envoyé ailleurs pour y chercher du soulagement.

Dans les différentes prisons où j'ai été plongé, j'ai toujours éprouvé la même gêne , la même contrainte : on auroit peine à se figurer la dureté et l'insouciance des geoliers (1) , la dévo-

____

(1) Je dois à la vérité de reconnoître l'honnêteté de Benoît, ci - devant concierge au Luxembourg; de Ri-

rante cupidité des gardiens et des servans ; l'obsession perfide des espions , les contrariétés répétées dans les moindres desirs ; l'état continuel de surveillance minutieuse et inutile. Point de communication au-dehors , point de nouvelles particulières ni publiques ; on ignore jusqu'aux succès de la Patrie, jusqu'à l'existence des personnes auxquelles on tient par les doux liens de la nature ou les charmes de l'amitié ; pas une seule parole de paix et de consolation au-dedans; injuriés , menacés sans raison par des administrateurs ivres d'orgueil ou de vin ; asservis à leurs caprices et à ceux des concierges , leurs créatures ; déplacés au gré des uns et des autres ; traînés de prison en prison au milieu des huées et des invectives d'une multitude égarée ; aucun secours pour les-indigens , soit en vêtemens les plus nécessaires , soit en remèdes dans leurs maladies.

Tel est sommairement le tableau fidèle du régime intérieur des prisons. L'heureuse révolution du 9 thermidor y a apporté quelques chan-

---

chard et sa femme à la Conciergerie, et de Naudé à Lazare ; ces citoyens savoient allier les égards et les ménagemens à la rigueur de leurs devoirs; mais les ordres qu'on leur transmettoit leur laissoient bien peu de latitude pour suivre l'impulsion de leurs cœurs.

gemens ; l'administration a été renouvellée ; les hommes ont paru différens ; mais les rigueurs sont peu diminuées.

Un des grands bienfaits de cette époque mémorable , c'est la tendre sollicitude de la Convention nationale , en envoyant quelques - uns de ses membres dans ces asyles d'une douleur muette, si injustement calomniée. Combien il seroit à desirer qu'ils vinssent s'assurer, par de plus fréquentes visites , de l'ordre , de la salubrité , de la sûreté des prisons ! Ils porteroient dans l'âme des prisonniers cet espoir consolant qui soutient la vertu dans les fers : le crime seul pâliroit d'effroi ; mais les secours que l'humanité réclame , seroient profitables à tous , et les abus seroient bientôt réformés.

Les représentans arrêteroient sur-tout le cours de ces horribles brigandages , qui ont fait périr tant d'innocens , sous prétextes de conspirations, de complots imaginaires, dont ils n'avoient jamais entendu parler : ils parviendroient sans peine à connoître ces affreux suppôts de la tyrannie moderne, qui , pour alimenter ses monstrueux projets de destruction , dressoient dans l'obscurité et le silence des cachots , des listes fatales de proscription et de morts : ils connoîtroient les complices criminels de ces assassins à gage , qui avoient la scélératesse d'appuyer de

leur témoignage corrompu ces dénonciations té-
nébreuses devant les redoutables sicaires orga-
nisés en tribunal (1).

Ils iroient enfin porter au congrès national les
bénédictions et les vœux qu'ils auroient re-
cueillis, et ils jouiroient de cette douce conviction, qu'il se rencontre à peine, sur 80 détenus,
un véritable conspirateur ou un ennemi déclaré
du peuple.

Je passe à la relation des faits qui se sont
passés à Lazare, dans le courant de messidor
et thermidor de l'an deuxième de la République.

Depuis long-tems les prisonniers de Lazare
essuyoient les privations des choses les plus nécessaires à la vie ; on avoit eu la barbarie de refuser du lait à des femmes enceintes ; on a
chassé même des gardiens pour leur en avoir
procuré : on ne permettoit qu'un seul repas, qui

---

(1) Dans la maison de Lazare, qui renfermoit 765
personnes, 30 seulement devoient être épargnées. On
peut bien croire que j'étois classé parmi les victimes,
puisque je venois d'y être conduit quatre jours avant la
première apparition des chars de la mort, malgré mes
instances pour être réuni à mes collègues. Au reste je n'ai
pas été plus heureux depuis le 9 thermidor, car je n'ai pu
partager les légers adoucissemens dont ils ont joui quelque tems à la maison ci-devant dite des Fermes.
(Note du citoyen Brunel, l'un des 73 députés détenus).

consistoit dans quatre onces de viande, deux portions de légumes des plus modiques, dont la malpropreté étoit dégoûtante; il n'y avoit que le pain de supportable.

Toutes lettres pour ses affaires les plus pressantes étoient interdites; on confisquoit l'argent que nos parens, nos amis nous envoyoient; on étoit enfin comme mort à la société et absolument séparé du monde.

On pouvoit jetter les yeux dans la rue du Paradis, par une grande fenêtre au bout d'un corridor; c'est-là qu'on pouvoit jouir du bonheur de voir ses amis et ses parens, en tremblant pour leur sûreté, étant à chaque instant exposés à être enlevés par les rondes que les administrateurs de police faisoient constamment autour de ces lieux. Cet instant de félicité étoit encore troublé par des gens qui, chaque jour, nous annonçoient par des gestes trop expressifs, que nous étions destinés à être guillotinés; on remarquoit entr'autres un fort de la Halle qui venoit très-souvent nous donner cette affreuse pantomime.

Ces tableaux lugubres, la mauvaise nourriture, la barbarie du concierge, la solitude morne à laquelle on étoit livré, tout concouroit à fatiguer l'esprit, à abattre l'âme (1), à entretenir la

____

(1) Le citoyen Vanseyre, belge réfugié, renfermé dans

douleur. Les vieillards furent les premiers à se ressentir des suites de ce cruel régime ; leur situation pénible ne put jamais émouvoir les administrateurs de police (1). Ils refusèrent avec opiniâtreté de laisser entrer du bouillon, des médicamens ; ce n'est qu'après les sollicitations les plus pressantes, qu'après avoir mis sous leurs yeux les peintures les plus touchantes, qu'on put obtenir de faire entrer un peu de tisanne et du tabac (2) en poudre.

Les journaux avoient une entrée des plus difficiles, et c'étoit toujours au poids de l'or ; nous apprenions par cette voie les nouvelles des suc-

---

cette maison, ne pouvant supporter les angoisses de la persécution, s'est précipité d'un troisième étage.

(1) L'administrateur Bergo étoit ivre la plupart du tems ; s'il venoit à jeun à Lazare, il commençoit sa journée par un copieux déjeûner avec sa commère Semé ; le jour de la fête à l'Etre-Suprême, il trouva le vin si délicieux, qu'on fut obligé de le coucher : il ne se réveilla que vers le soir, furieux contre sa commère de n'avoir pas été éveillé pour aller en grand costume à la fête.

(2) Nous réussîmes à tromper la surveillance de nos argus ; on étoit parvenu à faire remplir de grosses bouteilles de vin de malaga vieux, sur lesquelles on attachoit une étiquette, où on écrivoit *ptisanne*. On remplissoit de même un bocal de café en poudre, sur lequel on faisoit écrire, *tabac en poudre*.

cès de nos armées. Les armes de la République
par-tout victorieuses, nous consoloient de nos
maux ; nous apprenions aussi par cette voie les
différens complots que l'on attribuoit aux prisonniers : réunis en petit comité d'amis, nous ne
nous dissimulions pas les craintes qu'on ne cher-
chât à en forger un pour la maison Lazare ;
nous ne nous di simulions même pas qu'il y avoit
un projet de porter les détenus au désespoir , par
les traitemens les plus inhumains.

Telle étoit notre situation , à l'époque où le
commissaire des administrations civiles , police
et tribunaux est venu à Lazare.

Nous avons su qu'il avoit fait appeller les
nommés Manini et Coquerie , serrurier ; nous
avons cru que c'étoit un membre de la commission populaire qui venoit interroger les détenus ;
tous les cœurs étoient livrés à l'espérance , chacun de nous croyoit faire entendre le cri de la
vérité et démontrer que son arrestation étoit
l'effet des haînes ou des vengeances personnelles.
On me fit aussi appeller dans la chambre du concierge Semé : j'y vis deux citoyens qui m'étoient
inconnus ; l'un d'eux , m'adressant la parole ,
me dit :

« Je sais que tu es un bon patriote , je connois ta probité , j'espère que tu justifieras l'opinion que j'ai de toi.

» Voici un ordre du comité de salut-public,
de rechercher dans les maisons d'arrêt les ennemis de la révolution. »

Je pris l'ordre et le lus en entier.

Il me demanda ensuite si j'avois connoissance
d'un complot d'évasion tramé à Lazare?

Je répondis que non, que si ce complot avoit
existé, il auroit été difficile qu'il eût échappé à
la surveillance des patriotes qui étoient dans
cette maison.

Il me demanda si les prêtres et les nobles
n'étoient pas les ennemis de la révolution?

Je répondis que je ne croyois pas qu'ils fussent
bien partisans du gouvernement révolutionnaire;
mais que je n'avois aucune preuve matérielle
qu'ils en fussent les ennemis.

Il me demanda ensuite si je connoissois
Manini?

Je répondis que non, que ses traits m'étoient
même étrangers.

Il est facile à reconnoître, répondit-il; il est
le seul des détenus qui porte des lunettes; in-
forme-toi ce que c'est que MANINI; il a dénoncé qu'il avoit découvert un complot d'évasion
à Lazare: je n'ai pas grande confiance dans cet
homme qui bavarde beaucoup.

Voici les listes des complices qu'on m'a données; et il se mit à m'en lire les noms.

Je vis avec frémissement plusieurs de mes amis notés sur ces listes, et nombre de citoyens et citoyennes incapables de conspirer contre leur patrie. Je m'élevai fortement contre cette dénonciation, au risque de me compromettre; je pris la défense de ceux que je connoissois, avec assez de chaleur pour les faire rayer des listes (1).

Je ne fus pas aussi heureux pour le jeune Maillé; je représentai inutilement qu'il n'étoit qu'un étourdi de 16 ans, qui ne songeoit qu'à folâtrer.

Laissons-le toujours, me dit-on, il s'en retirera peut-être.

Et Duclos, en qui je n'ai remarqué que de l'attachement à sa patrie. Oh! pour celui-là, c'est un chevalier de Saint-Louis, me répondit-on encore.

On me requit de signer mes observations, ce que je fis sans balancer.

------

(1) Voici les noms des citoyens que Jobert parvint à faire rayer.

Les citoyens Durouse, Mollin, Martin, Poisonnier père, médecin de réputation; Millin, Montron, Delmas, Dupare, Legaie, Pardaillon, ex-constituant.

Les citoyennes Franquetot, Glatigny - Lasollai et sa fille.

Celui qui m'interrogea me dit alors, en regardant sur les listes qu'il avoit entre les mains, en voilà une centaine, il doit y en avoir plus que cela ici. Je répondis, je ne crois pas qu'il y ait beaucoup de conspirateurs ici. Nous en avons trouvé trois-cents au Luxembourg, nous en trouverons bien autant à Lazare, répondit le commissaire.

J'étois très-attentif à jetter les yeux sur les listes et les papiers qui étoient sur la table du commissaire. Je lus plusieurs pièces, dont une, entr'autres, étoit une dénonciation qui parut être de l'écriture du concierge, où il étoit dit : qu'il se faisoit des rassemblemens d'aristocrates dans la chambre de la ci-devant comtesse de Flavigni ; dans celle de la citoyenne Cambon, femme d'un président du parlement de Toulouse ; et chez la citoyenne Lassolay.

Le greffier étoit consulté et vérifioit les écrous, pour fixer l'opinion du commissaire et guider son travail.

Dès l'instant que je fus renvoyé par ce commissaire, je me rendis dans la chambre des citoyens Millin et Cholet ; le citoyen Seymendi s'y rendit aussi, et là je leur rendis compte de mon interrogatoire ; de la dénonciation de Manini ; des listes que j'avois vues, et de la défense hardie que j'avois osé prendre de plusieurs citoyens que j'avois même été assez heureux de faire rayer. Jé leur témoignai le desir que j'avois eu d'en faire davantage ; mais qu'il seroit possible que je fusse moi-même victime de mon zèle.

Je rendis aussi compte à Duroure des mêmes faits ; et , connoissant sa fermeté, je n'hésitai pas à lui confier qu'il étoit noté sur la liste que j'avois vue.

La tête foible de Millin , accablé par des chagrins et des souvenirs douloureux , ne m'a pas permis de lui faire la même confidence ; Seymendi et Cholet en furent seuls informés.

J'engagai la citoyenne Glatigni à prévenir Duclos du sort dont il étoit menacé ; elle l'amena, avec beaucoup d'adresse, à s'occuper de sa défense ; peu-à-peu nous lui fîmes pressentir sa destinée : il la vit de sang-froid, s'y prépara avec courage, et nous l'aidâmes, avec le citoyen Duroure, à faire un mémoire pour prouver son patriotisme et son innocence. Je l'avois embrassé avant son départ ; je l'avois encouragé à se défendre avec confiance (1). Il a suivi mes con-

____

(1) Au moment où Duclos étoit sur les banquettes du tribunal, Jobert envoya , par un exprès, à l'accusateur public, une déclaration à décharge de l'accusé, pour affirmer son patriotisme, signée par trois patriotes connus.

seils, et il a été acquitté et ramené à Lazare, au milieu de la joie universelle.

J'avois lu, chez un écrivain public à Lazare, des certificats de civisme donnés à la citoyenne Franquetot et au citoyen Montron, par leurs communes et leur département ; je leur demandai des copies pour justifier les réclamations que j'avois faites en leur faveur.

Quelques jours après la visite du commissaire à Lazare, il y revint, et mes amis s'empressèrent de m'en prévenir. Je leur disois : mais je n'ai que faire chez lui, s'il me demande, j'irai. Alors ils me représentèrent que si je n'y allois pas, ils ne sauroient rien de ce qui se passeroit ; que je pourrois encore sauver d'autres victimes ; qu'eux-mêmes n'étoient pas sans inquiétude sur leur sort. Je me rendis à leurs vœux, et je fis demander au commissaire une conférence. Il me l'accorda, et je lui dis :

« Je viens vous répéter qu'il n'y a point de conspiration à Lazare ; que Manini n'est point un homme en qui on peut avoir confiance ; c'est un comte du Milanès, qui veut à tout prix obtenir sa liberté.

» J'ai pris des renseignemens sur quelques citoyens compris dans cette prétendue conspiration. Voilà des notes et des certificats qui prouvent leur civisme et leur amour pour notre révolution. »

Je ne m'apperçus pas qu'on eût ajouté d'autres citoyens au travail du commissaire, et je me retirai pour tranquilliser mes amis. Je ne le revis plus.

Il résulte de ce travail abominable, que 80 personnes environ furent envoyées au tribunal révolutionnaire (1).

Le même jour, Manini et Coquerie se firent transférer au Plessis (2). Le lendemain, les gendarmes vinrent chercher Pepin de Grouette,

____

(1) Un jour on demande un citoyen pour aller au tribunal révolutionnaire : le nom étoit mal écrit, on ne pouvoit le déchifrer : on croit y lire le nom du citoyen Gouttière, artiste renommé. C'est égal, dit un gendarme, il m'en faut encore un ; peu m'importe quel, il s'expliquera au tribunal. Ce scélérat ne sentoit pas les angoisses qu'il préparoit à ce vieillard infortuné, jusqu'au moment où cesseroit cette méprise cruelle. Il est revenu au milieu de nous, fort étonné de son propre bonheur.

(2) Manini ne fut pas plutôt arrivé au Plessis, qu'il fut soupçonné d'y organiser la découverte d'une conspiration, et d'en faire la liste des membres. C'est là qu'il mit à prix sa protection, et recevoit de l'argent des nobles, que la terreur de son nom avoit rendus prodigues. Le citoyen Leduc est invité, au nom de la Patrie, de publier les renseignemens qu'il a sur cette manœuvre abominable. Qui se taît sur les circonstances où nous nous sommes trouvés, est un mauvais citoyen.

Mollin et un jeune gardien, pour témoigner contre les prévenus de cette conspiration. Manini et Coquetie, quoique dénonciateurs, servirent aussi de témoins.

A leur retour, nous apprîmes que Pepin de Grouette, interpellé s'il connoissoit les accusés, s'étoit retourné insolemment vers eux, les avoit lorgnés long-tems, les uns après les autres, et, s'adressant aux jurés, il leur dit : Je ne vois aucun patriote parmi ces gens-là ; ce sont tous des aristocrates.

Interpellé s'il avoit existé une conjuration à Lazare ? il affirma que oui, et qu'il l'avoit dénoncée aux autorités constituées.

Interpellé s'il avoit vu que les nobles avoient placé des fleurs-de-lys pour en parer leurs fenêtres, en haîne de la révolution ? il répondit que oui ; qu'il les avoit vues.

J'affirme, et tout Lazare affirmera avec moi, que ces prétendues fleurs de lys étoient des simples tubéreuses.

Duclos fut vivement apostrophé par Manini dans les débats ; il lui soutint qu'il étoit un conspirateur, parce qu'il avoit parlé à un détenu qu'il lui désigna : voilà toute la preuve qu'il produisit contre ce bon citoyen, qui avoit commandé la garde nationale au Cap, dont les propriétés avoient été incendiées, et dont les infortunes étoient à leur comble.

Ces dénonciateurs et ces témoins, Manini, Pepin de Grouette, Mollin et un gardien de Lazare, furent plusieurs fois déposer au tribunal révolutionnaire ; chaque fois il y avoit un dîner de préparé à la Buvette de la conciergerie, payé par Fouquier-Tinville (1) ; et là, en présence des gendarmes, chacun se vantoit du nombre des victimes qu'il avoit conduites à l'échafaud. C'est au milieu de ces orgies qu'ils méditoient sans doute encore de nouveaux forfaits (2).

Ce n'étoit pas le premier dont Pepin de Grouette étoit soupçonné : il étoit accusé d'avoir exigé des faveurs et de l'argent en même-tems, des femmes des accusés traduits au tribunal du 10 août, dont il étoit président, et d'avoir eu la scélératesse de les avoir fait condamner à la mort ; d'avoir effrontément volé toutes mains ; lorsqu'il étoit commis à l'Hôtel-Dieu.

Faits qui lui ont été reprochés publiquement,

---

(1) Le traiteur a enregistré les noms de ces convives. On invite les incrédules à les aller vérifier.

(2) Coquerie se vantoit particuliérement de recevoir des Vergennes, des assignats de 25 liv., pour envoyer à sa femme qu'il accabloit de beaucoup d'autres petits profits. « Cela n'a pas empêché, dit-il, que je l'aie fait guillotiner. »

et pour lesquels il a été chassé de l'assemblée électorale de 1793.

Voilà ces monstres exécrables (1) qui ont conduit à l'échafaud 80 détenus de Lazare , et qui avoient conçu l'espérance illusoire d'échapper à la juste punition de leurs crimes, en suivant les projets crüels de Robespierre.

Jettons maintenant des regards effrayés sur quelques vexations et cruautés des anciens membres de la commune conspiratrice.

Un certain Dupaumier, chargé de l'inspection de la maison d'arrêt dite la Folie-Renaud, où je fus transféré de la Conciergerie , se fit un jour entourer des détenus de l'un et de l'autre sèxe. Après plusieurs lieux communs rebattus et usés , sur l'aristocratie et les conspirateurs , il s'écria : « Qu'il voudroit voir une guillotine permanente à la porte de chaque prison, et qu'il se feroit un plaisir d'y attacher avec son écharpe tous ceux qui y seroient condamnés.

C'est ce même Dupaumier qui mit un pauvre jardinier en arrestation, pour avoir laissé contre le mur d'un jardin voisin, une petite échelle

------

(1) Coquerie alloit de chambre en chambre prendre ses numéros et les noms des détenus ; tout le monde trembloit , personne n'osoit même le jetter par les fenêtres,

dont il venoit de se servir pour tailler un espalier.

C'est lui qui consigna, pendant 35 jours, neuf agens de service et de gardes-malades, sans salaires, sans secours, sans vivres, sans argent, uniquement par suite de la persécution exercée contre le locataire de la maison.

C'est lui qui, après avoir interdit toute communication au-dehors, après avoir chassé les commissaires, renfermé les pourvoyeurs, les cuisiniers, les agens, abandonna inhumainement les détenus, sans autres alimens que des salaisons pourries et quelques productions de jardinage.

C'est lui qui, après une visite humiliante pour des hommes, révoltante pour des femmes, s'empara de l'argent des détenus, sans inventaire préalable, et qui enleva leurs rasoirs, couteaux, ciseaux, tire-bouchons, canifs, etc. etc.

Eh bien, pour récompense de ces hauts-faits, il obtint, peu de tems après, la direction de la maison nationale de Bicêtre, où il a su, dit-on, se maintenir jusqu'à présent.

On croira difficilement que ce coupable administrateur ait pu être remplacé par un homme aussi atroce que lui; cependant Dumoutier, quoique sous des formes moins acerbes, justifia bientôt qu'il étoit digne de lui succéder.

Celui-ci fit la guerre aux vieilles lames de couteaux rouillées, aux petits instrumens d'acier pour les dents; il retira jusqu'aux grandes épingles des femmes, en jurant qu'il enverroit au tribunal révolutionnaire celles à qui il en trouveroit par la suite. A l'échafaud pour une épingle!.... O tyrannie!.... O ma patrie!....

Dans une de ces translations imaginées pour molester les malheureux prisonniers, le même Dumoutier se présenta à quatre heures du matin, suivi d'un grand charriot, pour enlever les citoyennes détenues et les conduire aux Anglaises. Une d'elles qui touchoit au terme de sa grossesse, ayant été éveillée sans ménagement, ressentit une commotion subite qui lui présagea son prochain accouchement; elle demanda à rester quelques jours, on l'accusa de feintes, d'imposture, et elle ne fut pas écoutée. Ses prières réitérées, ses pleurs, les sollicitations de ses compagnes, tout fut inutile, il fallut s'acheminer avec les autres. Cette jeune infortunée se traîne donc, soutenue par quelques hommes, jettant des cris de douleur et de désespoir: elle a à peine traversé le jardin et atteint le seuil de la porte, que la crise redouble; on n'a que le tems de l'introduire dans une chambre voisine, elle tombe sur un lit et accouche en présence de ce barbare, de ses sbires et de toute la maison.

Les tyrans méconnoissoient la voix de l'opprimé : les outrages, les fers et la mort étoient son partage.

Le citoyen Maillé, âgé de 16 ans, a été conduit à l'échafaud, pour avoir observé qu'un hareng salé de son dîner étoit mangé et rempli de vers. Cette observation fut regardée par les agens de Robespierre comme une étincelle de rebellion, et ce malheureux jeune homme fut guillotiné. Ce fait étoit à la connoissance des détenus qui existèrent long-tems dans la maison de Lazare.

La citoyenne Maillet a été enlevée de cette maison par méprise, au-lieu de la citoyenne Maillé, et conduite au tribunal de sang ; cette malheureuse a été condamnée à mort et exécutée, quoique la méprise fût reconnue, sous le prétexte qu'elle le seroit vraisemblablement dans peu, et qu'il valoit autant lui faire son affaire aujourd'hui.

Un individu a aussi été livré à la mort, pour avoir refusé une somme de 200 livres aux 28 ou 30 assassins qui faisoient les listes de proscriptions ; ces infâmes mêlés parmi les prisonniers, déposoient au tribunal, et décidoient de la vie des victimes qui y étoient conduites. Ces 28 ou 30 coquins étoient désignés comme les seuls qui devoient échapper à la guillotine, sur huit-cents personnes qui étoient détenues dans la maison.

Au mois de floréal , les administrateurs de po-lice vinrent enlever aux prisonniers leurs assignats, bijoux, couteaux, rasoirs et ciseaux, et continrent, pendant ces vols, les détenus par petites troupes, dans des espaces resserrés, afin de les extorquer plus facilement.

Toute correspondance avec le dehors a été interdite aux prisonniers , et leurs parens ne purent savoir le danger qu'ils couroient ; on avoit eu soin de changer le concierge de la maison , qui étoit suspect de trop d'humanité , pour mettre à sa place un scélérat nommé Sumé , qui refusoit un bouillon à un malade à l'extrêmité.

La nourriture étoit horriblement mauvaise ; des harengs salés , de la merluche et des fro-mages remplis de vers, pendant les chaleurs de l'été, et le vin , un composé très-préjudiciable à la santé.

On suppose des conspirations , et en trois jours on entasse dans les charriots 90 victimes , qui furent conduites à l'échafaud. Dans le moment où l'on enlevoit ces victimes , les guichetiers se précipitoient avec les plus affreux transports dans les corridors , ainsi qu'une meute de chiens.

LE COMMISSIONNAIRE
DE SAINT-LAZARE.

Un acte de vertu vaut tous ceux du génie !

J'ABANDONNE aux talens de nos plumes nerveuses,
Le soin de célébrer ces âmes vigoureuses,
Qui, pour la République, affrontant les hasards,
Vont braver les dangers de Neptune et de Mars ;
Pour ce siècle étonnant il faudroit des Homères,
Et je ne veux chanter que des choses légères,
Des actes tout unis, d'honneur, de probité,
Qui rappellent en nous la sainte humanité.
Oui, c'est dans cette classe, autrefois dite obscure,
Qu'on retrouve par-tout la sensible nature ;
De ces hommes de bien, d'un esprit ingénu :
Leur corps respire l'air, leur âme la vertu.
J'aime à les célébrer, ne pouvant les atteindre,
Et ma muse, en ces vers, entreprend de vous peindre,
Un acte vertueux : le fait est attesté,
Je vais le raconter avec simplicité.
    Dans la maison d'arrêt dite de Saint-Lazare,
Un citoyen fut mis, sur un léger soupçon,
Sur un propos, peut-être, indiscret ou bisarre,
        Enfin, il étoit en prison.
Cet homme étoit peu riche, et sa triste famille,
Sa femme, trois enfans, deux garçons, une fille,
Vivoient de son travail ; mais ce coup désastreux
Les plongea, tous les cinq, en un malheur affreux,

Pour s'informer du sort des enfans, de leur mère,
Il envoya chez elle un commissionnaire,
Leur dire son état et s'informer du leur.
CANGE est le nom de l'homme ; il ne vit que douleur
Au logis indiqué ; la femme dans les larmes,
Les cris, le désespoir, les plus vives alarmes :
Mon mari périra, son trépas est certain ;
Et ces pauvres enfans qui demandent du pain !

    Consolez-vous, dit Cange, un ami de votre homme
Dans la même prison lui remit une somme :
Je ne sais pas combien ; mais ces cinquante francs
Qu'il m'a dit d'apporter, en sont de sûrs garans ;
Prenez. Il lui remet l'assignat salutaire,
Qui leur redonne à tous l'aliment nécessaire.
Il retourne au mari. La femme et les enfans
Se portent bien, dit-il ; voici cinquante francs,
Qu'a remis dans ses mains une bonne voisine ;
Prenez, servez-vous-en ; comme je l'imagine,
Vous en avez besoin......, elle en promet encor.

    Deux jours après, c'étoit le neuf de thermidor,
La France alors en proie à des brigues infâmes,
De nos Catilinas anéantit les trames ;
On les vit tous tomber sous le glaive des lois ;
Et la France vengée a repris tous ces droits.
Ce grand coup, dont l'éclat écrasa Robespierre,
Ouvrit au même instant les portes des cachots ;
Et la justice enfin rendit à la lumière
Notre bon patriote accusé de complots.
Il sort, il voit le ciel ; il vole vers sa femme,
Il la serre en ses bras, caresse ses enfans ;
Après mille transports élancés de leur âme,
Après mille propos l'un de l'autre naissans,

Ils se disent entr'eux ces mots intéressans :
Quel est, mon cher ami, quel est cet honnête homme
Qui pour nous soulager, t'a remis cette somme ?
A moi ? — Sans doute, à toi. — Toi, dis auparavant
Quelle est cette voisine à qui nous devons tant,
Lorsque tu m'envoyas cinquante francs par Cange.
— Moi, je n'ai rien reçu d'une voisine. — O ciel !
Rien ? — Non. — Comment, non ? — Non.
    Il me paroît étrange
Que nous ayons reçu ce secours mutuel,
Et presqu'en même tems : c'est extraordinaire.
Courrons interroger le commissionnaire.
 Tranquille sur un banc, auprès de la prison,
Il attendoit pour faire une commission ;
Il les voit, il s'enfuit, il craignoit de paroître
Aux yeux des citoyens qui lui doivent leur être.
Ils le trouvent enfin : mais Cange, dis-nous donc
D'où venoit cet argent ? Qui nous a fait ce don ?
— Que vous importe ? — Tout, et nous voulons apprendre
Quel est ce bienfaiteur et cet ami si tendre.
— Vous ne le saurez point. — Parbleu, nous le saurons,
Je ne te quitte pas. — Voilà bien des raisons.
C'est moi. Je vous voyois accablés de misères,
J'ai fait ce que j'ai dû, n'êtes-vous pas mes frères ?
Je n'avois que cent francs, je n'ai pu faire mieux.
Des larmes à l'instant coulèrent de leurs yeux ;
Ils embrassèrent Cange, et de sa bienfaisance
Il se crut trop payé par leur reconnoissance.
Je ne m'attendois pas, dit-il, à ce plaisir ;
On m'avoit assuré que vous deviez périr ?
 O sainte humanité ! combien tes vives flammes
Répandent de douceurs dans le fond de nos âmes ?
Fais que tous les Français soient tous de vrais amis ;

Sous les plus sages lois, fais qu'ils soient tous unis;
Bannis de leurs foyers les fureurs et la guerre;
Qu'ils servent de modèle au reste de la terre,
Et que, dans l'univers, heureux de leur destin,
Le peuple le plus brave en soit le plus humain.

Par le citoyen J. M. Sedaine.

NOUVEAU TRAIT.

CANGE a un beau-frère aux frontières, et dont la femme vient de mourir en laissant trois enfans. En rentrant, il trouva sa femme en pleurs. — Ma pauvre sœur, dit-elle, n'est plus ! Que deviendra cette pauvre famille ? Qui en prendra soin? —Allons, console-toi, dit Cange, ne pleure pas. Je les prends, moi, nous vivrons tous ensemble. Il est chargé aujourd'hui de six enfans en bas âge. Sa demeure étoit alors rue fauxbourg Denis, maison des ci-devant Sœurs-Grises, n°. 46.

LE

LA MAIRIE, LA FORCE,
ET LE PLESSIS.

Echappé à tous les dangers qui ont menacé mes jours, je veux consacrer quelques veilles à écrire mes souvenirs, donner des larmes aux compagnons que l'échafaud m'a ravi, aux amis que j'ai perdus, et le témoignage de ma juste sensibilité à celle qui a tout fait pour moi, qui m'a constamment servi par ses soins, son zèle, sa tendre amitié, et qui seule a nourri dans mon cœur, pendant la durée de ma captivité, la patience inutile à la douleur, et l'espérance nécessaire au courage. A la lueur de ma lampe, je vais peindre tout ce que j'ai souffert dans la nuit des tombeaux! Je veux descendre encore dans ce séjour d'horreur.

Le 12 septembre 1793, j'apprends qu'une loi ordonne à tous les militaires, démissionnaires et autres, de quitter Paris et de s'en éloigner à 20 lieues. Je me rends au bureau de la guerre pour m'assurer positivement, et savoir si ceux domiciliés sont compris dans la rigueur du décret. J'étois accompagné de cette amie tendre et bienfaisante , qui étoit loin de prévoir le malheur qui me menaçoit. Sans me douter du piège je me présente sur la foi des traités : à peine avois-je pénétré dans cette caverne , qu'une foule de gendarmes m'entoure; des suppôts de police, un essaim de commis, bien insolens, à cheveux noirs et luisans, me parlent à la fois, me demandent qui je suis , et ce que je veux. Il est bien mis, c'est un conspirateur, disoit l'un. — Il est grand, il paroît fier , c'est un suspect. — On m'entraîne dans une écurie ; un moment après on me dépose dans un cachot.

En vain je réclame, j'invoque les lois, la justice , tout est sourd ; des éclats de rire seuls se prolongent sous les voûtes. Je supplie un gendarme d'écouter mes raisons , de faire valoir mes motifs; il est muet : j'interroge sa pitié; il me répond que je l'importune , que nous sommes tous comme ça , qu'on ne peut pas écouter tout le monde , et qu'à mon tour je serai interrogé. Je le suppliai de me faire parler à l'amie qui m'accompagnoit; inutiles prières. Mon gendarme crut sûrement que je parlois une langue étrangère. Je ne pus le fléchir. C'est ainsi que je disparus de la société. Je supprimai donc des plaintes vaines, et j'attendois qu'on disposât de mon sort, quand tout - à - coup la porte s'ouvre, la lumière qui pénètre dans mon cachot me fait appercevoir que je ne suis pas seul, et que trois malheureux m'ont devancé dans cette obscure prison. On nous signifie de nous lever et de marcher : une voiture nous attendoit ; des gendarmes à cheval nous escortent au comité de surveillance de la section du Mont-Blanc.

Les membres qui le composoient, tous Jacobins renforcés, ordonnèrent qu'on nous surveillât exactement, et qu'on ne nous laissât communiquer avec personne. Ils ajoutèrent que nous ne serions interrogés que le lendemain.

On aura peine à croire tous les genres de vexations et de cruauté qu'on nous fit essuyer. D'abord, fouillés avec une indécence atroce, pas une partie de nos corps n'échappa à leurs recherches : les bijoux furent déclarés suspects et saisis. Ceux qui avoient de l'or étoient des agens de Cobourg, on les en dépouilla ; ceux qui avoient des assignats étoient des contre-révolutionnaires, on les leur prit. Ainsi déshabillés et volés, on nous prévint que nous pouvions nous coucher et attendre le lendemain.

Que cette nuit fut longue ! que les heures furent lentes ! Enfin le soleil parut, et nous ramena le jour et l'espérance ; j'apperçus par la fenêtre un jeune homme qui cherchoit à découvrir les issues de ma demeure, et parloit à une sentinelle, dont sans doute il fut rebuté, car il s'éloigna.

Les membres du comité s'assemblèrent à dix heures, et sur-le-champ nous fûmes introduits : le moins ignorant nous interpelle dans un mauvais jargon. Chacun exibe sa carte, décline son nom, sa demeure, et demande raison d'une arrestation aussi arbitraire. L'aréopage révolutionnaire se regarde, délibère, et ordonne de nous conduire à la Mairie. Nous y arrivâmes à huit heures du soir, et sans pouvoir être entendus, nous fûmes déposés dans une longue et étroite chambre, où quatre-vingt malheureux attendoient leur sort. Ils vinrent au-devant de nous, et nous exhortèrent à la patience; le président nous fit un petit discours, en nous engageant à contribuer selon nos facultés au soulagement de ceux de nos compagnons que l'infortune rendoit plus à plaindre. Nous les aîdames de grand cœur, du peu qu'on nous avoit laissé.

La Mairie étoit l'entrepôt général des personnes arrêtées sans motifs énoncés. On les laissoit dans la gêne la plus dure; sans lit, sans chaise, sur de vieux matelas couverts de vermine. On les oublioit là huit jours; on les transféroit ensuite dans une maison d'arrêt. Quand je quittai la Mairie, on ne m'auroit pu toucher sur aucune partie du corps sans m'écraser un insecte. Les administrateurs venoient quelque-fois visiter les prisonniers, faisoient mille questions, n'écoutoient pas une réponse ; recevoient cent mémoires, et ne répondoient à aucun. Une mauvaise nourriture nous étoit fournie aux dépens de l'administration; on mangeoit en communauté. Tous les vagabonds arrêtés pendant la nuit augmentoit chaque jour notre société; ils n'y demeuroient pas long-tems. Ceux qui avoient des ressources obtenoient quelques douceurs , en payant largement un concierge avide ; il prêtoit même de l'argent à ceux qu'il jugeoit pouvoir bien le lui rendre. Celui que j'ai connu a été guillotiné ; il aimoit les assignats, et sa trop grande facilité à mettre de côté des sommes qui ne lui appartenoient pas , a causé sa perte : d'ailleurs il n'avoit pas l'extérieur rebutant , et les façons grossières des geoliers ses confrères; il étoit complaisant, et souvent en prenant un salaire plus fort que celui qui lui étoit dû , il donnoit un bon conseil qu'il ne devoit pas.

On avoit établi à la Mairie une police fraternelle ; les matelas étoient roulés le jour , la nuit chacun s'y jettoit , quand il y avoit place pour tous; dans le cas contraire , à de certaines heures on se relevoit pour faire reposer ceux qui avoient veillé, et qui attendoient sur des bancs une surface pour étendre leur corps.

J'ai passé huit jours à la Mairie ; je fus transféré à la Force en vertu d'un ordre de police ; exécuté par deux gendarmes, les plus insignes coquins qui jamais aient porté l'habit bleu. Ils s'informèrent d'abord si j'avois de l'argent. D'autres ont été plus pressés, leur dis-je, et ne m'ont rien laissé. Ils me lièrent alors étroitement, et me traînèrent ainsi jusqu'au lieu de mon nouveau domicile, en m'assurant qu'incessamment je voyagerois en sens contraire. Il n'est pas de sots propos, de plates plaisanteries dont la gaîté de ces messieurs ne me régala.

J'arrivai à sept heures du soir à la Force, les geoliers étoient à table, et ne crurent pas devoir se déranger pour un simple suspect. Qu'on le f..te à la Souricière, articula une voix forte. Il fallut aller à la Souricière.

La Souricière est un cachot obscur et incommode, où l'on dépose les prisonniers jusqu'à leur comparution devant le concierge. On est là, livré à ses tristes réflexions ; un baquet au milieu, un pot et de la paille aux deux coins ; voilà tout le mobilier. Un malheureux que j'y trouvai, m'accueillit avec intérêt, me donna partie de sa litière. Il a été depuis guillotiné dans la prétendue conspiration des Carmes. Au bout de quelques heures on m'apporta du pain, je me réclamai d'un détenu de ma connoissance arrivé de la veille, et comme moi parti de la Mairie; j'observai que j'avois des ressources, que je payerois honnêtement l'humanité de ceux qui pourroient me procurer un lit et quelques alimens; que depuis dix-huit jours ne m'étant pas déshabillé, j'avois besoin de repos. Le ci-toyen Valois, grand monsieur bien planté, ayant des façons tout-à-fait aimables, d'un ton vraiment imposant, me dit de le suivre; je pris congé de mon compagnon, escorté de deux chiens monstrueux, je fléchis la tête sous dix portes de fer, et traversai ces cours fatales, où tant de victimes innocentes avoient péri dans les massacres des 2 et 3 septembre.

On me signala, et je fus placé dans le dé-partement de la police; le chien de garde vint me flairer, dès-lors je fus sous sa responsabi-lité; et vainement j'aurois cherché à fuir. Je l'ai vu ramener par le poignet, et sans lui faire de mal, un prisonnier qui s'étoit caché, et qui s'étoit un moment soustrait à sa vigi-lance (1).

---

(1) Un Bostonien avoit été amené à la Force; on lui citoit l'instinct de cet animal, et la certitude qu'il terras-soit l'homme le plus fort. Le chien étoit monstrueux. Qu'on l'excite et qu'on me le lance, dit l'Américain. Ils prennent du champ : le chien, stimulé par son maître,

La chambre neuve me fut offerte, cette désignation me prévint. Mais quelle fut ma surprise en voyant ce dégoûtant local ! c'étoit cependant le moins affreux. Quatre murailles bien noires, sur lesquelles l'ennui et la douleur gravèrent de sévères maximes, et l'ineptie barbouilla de dégoûtantes images. Une fenêtre grillée et barrée ; huit grabats ; un baquet pour recevoir tous les besoins de la nuit, et une chaise pour le repos du jour. Six infortunés reposoient : le bruit de mon entrée, mon installation faite aux aboyemens de deux dogues, au cliquetis d'un trousseau de clefs, réveillèrent tout le monde. Ces malheureux étoient arrivés depuis peu, et cette demeure leur étoit aussi étrangère qu'à moi. Ils goûtoient un premier sommeil que je me reprochai de troubler. J'ai su par la suite combien il est affreux d'être réveillé, quand le corps, affaissé par tous les genres de fatigues, se livre enfin à un som-

---

se précipite, saisit au colet le Bostonien qui, ferme sur pieds, résiste au premier choc, passe adroitement un doigt dans la gueule de l'animal, la lui sépare, et saisissant vigoureusement l'inférieure et la supérieure, alloit déchirer la tête du chien, si son maître n'eût demandé grâce. La gueule séparée, l'animal perdit sa force et son mouvement ; ses jambes s'allongèrent sans la moindre résistance.

meil nécessaire. Le lendemain je fis connoissance avec tous mes voisins de lits et de chambre.
Francœur, ancien directeur de l'opéra, par sa
gaîté naturelle, l'honnêteté de ses manières,
attira bientôt ma confiance : il ignoroit le motif
de ses malheurs, je lui racontai le prétexte
des miens. Son fils, sur nos frontières, ga-
rantissoit notre liberté naissante ; rien ne put
protéger celle de son père.

Ne pouvant compter sur aucune espèce de
justice, je cherchai à adoucir la rigueur de
ma position. On pouvoit encore écrire à ses
parens et les voir. Le troisième jour de mon
arrivée à la Force, ma sœur et mon amie
vinrent me demander ; timides et tremblantes,
elles m'attendoient dans une cage de fer qui
servoit de parloir. Une voix de Stentor fait résonner mon nom ; je m'élance et me trouve
dans leurs bras. Un gros butor de porte-clefs
étoit présent, il bâilloit et s'étendit sur le seul
banc, nous restâmes debout. Elles ne me dis-
simulèrent pas la peine qu'elles auroient à me
faire obtenir justice, et se préparant à toute
espèce de sacrifices, elles m'exhortèrent au
courage.

La loi du 17 septembre venoit de paroître ;
chaque jour amenoit à la Force un grand nombre
de personnes suspectes. Les brigands révolution-

naires peuploient les prisons ; leur armée ravageoit les campagnes ; le viol, le brigandage, l'assassinat étoient par-tout à l'ordre du jour. Le ci-devant duc de Villeroi, le plus nul des hommes et le plus circonspect, fut une des premières victimes ; ses domestiques en pleurs l'accompagnèrent et ne le quittèrent que quand les verroux se furent tirés sur lui. Personne n'avoit fait plus de dons à la nation : sommes immenses, chevaux, équipages, il avoit tout offert à son pays ! Ses gens avoient l'ordre de ne plus le servir, de faire exactement leur service dans la garde nationale ; à ces conditions, ils étoient par lui nourris, logés et vêtus. Il étoit riche, il faisoit le bien, il fut à l'échafaud. La famille Wendeniver vint ensuite. Un vieillard respectable, banquier fameux par ses richesses et sa probité, périt avec ses deux fils. Un triste pressentiment de ses malheurs et de sa destinée, occupoit mes noires rêveries et souvent troubloit mon sommeil ; il couchoit à côté de moi : vingt fois, dans l'horreur de mes songes, je l'ai vu sur l'échafaud ; me réveillant agité, je le trouvois encore reposant, sans crainte et sans alarmes. Ils restèrent peu de tems à la Force, et suivirent à la mort la fameuse Dubarri.

Le fils Sombreuil arriva, escorté de trente

gendarmes. Vingt ans , des maîtresses , le goût des plaisirs que la jeunesse entraîne , et l'éloignement politique des affaires , que nécessite la dissipation et la chasse , n'ont pu le garantir du sort des conspirateurs. Une femme adorable et tendrement adorée, venoit le voir quelquefois ; elle le trouva un jour dans un accès de fièvre affreux : à la hâte, elle dépouille les habits de son sèxe, se couvre de ceux de son amant, s'attache au chevet de son lit, et lui donne ses soins. Elle y resta trois jours et trois nuits.

Achile Duchâtelet vint nous montrer sa belle figure, et ses jambes maltraitées par le sort des combats ; à l'attaque de Gand, il avoit perdu un mollet d'un coup de feu : il perdit la vie à l'infirmerie, où il s'empoisonna.

Brochet de Saint-Près , maître des requêtes, esprit fin et méchant ; Custines fils, intéressant et instruit ; Charost-Béthune, jeune écervelé , sans esprit et sans moyens ; Gamache , phraseur insipide ; Levis-Mirepoix, constituant ; d'Espagnac, immoral abbé, grand calculateur ; Gusman, espagnol , scélérat déterminé ; Lamarelle père et fils ; Bochard de Saron, grand astronome ; Ménard de Chousi ; Fléuri ; Duval de Beaumontel ; de Bruges, constituant, se succédèrent rapidement dans les fers, et à la mort. Le baron de Trenck, cet aventurier célèbre, échappé des fers d'un roi, vint en chercher en France. En nous publiant ses folies, il fut témoin des nôtres : il est mort dans la prétendue conspiration de la maison Lazare, où il fut transféré de la Force. Cinquante années de malheurs, et vingt-cinq de misère, n'ont pu garantir sa vieillesse d'une fin tragique. C'étoit d'ailleurs un fort mince personnage, que ce baron fameux, sale, malhonnête, ignorant et menteur.

Adam Lux, remarquable par son caractère de député de la ville de Mayence, et son amour pour l'étonnante Charlotte Corday, vit venir la mort avec la tranquillité la plus stoïque ; il causoit avec nous sur le danger des passions et le défaut de jugement, qui toujours entraîne au-delà du but une âme neuve et ardente, lorsqu'on l'appella pour lui remettre son acte d'accusation : il le lut avec sang-froid, et le mit dans sa poche en haussant les épaules. Voilà mon arrêt de mort, nous dit-il. Ce tissu d'absurdités conduit à l'échafaud le représentant d'une ville qui m'envoyoit pour se donner à vous. Je finis à vingt-huit ans une vie misérable ! Mais dites à ceux qui vous parleront de moi, que si j'ai mérité la mort, ce n'est pas au milieu des Français que je devois la recevoir, et que j'en ai vu l'approche avec calme et mépris.

Il passa la nuit à écrire, et le matin déjeûna avec appétit, donna son manteau à un malheureux prisonnier, et partit pour le tribunal à neuf heures; à trois il n'étoit plus.

Vergniaud, l'homme le plus éloquent, et Valazé, le plus froidement déterminé, nous quittèrent pour aller à la Conciergerie. Si on nous permet de parler, nous nous reverrons, nous dirent-ils en partant; sinon, adieu pour toujours. On décréta que la conscience des jurés étoit suffisamment éclairée, ils périrent sans être entendus.

Le tableau sans cesse renaissant des malheureux qui arrivoient et de ceux qui nous quittoient, nous expliquoit assez l'énigme de l'avenir. La mort étoit le mot. Linguet, sans cesse raisonnant, cessa d'être raisonnable : il attendoit sa liberté promise, quand on lui annonça qu'il étoit destiné au tribunal. Kersaint ne pouvant l'éviter, s'y préparoit avec courage.

Nos jours s'écouloient tristement vers le sombre avenir. Il falloit vaquer aux devoirs du ménage, faire nos lits, balayer, assister aux différents appels, obéir à ces féroces geoliers, sourire à leurs cruelles inepties, payer largement le plus léger de leurs services, et recevoir souvent leurs dégoûtantes accolades. Le soir, à l'heure de la retraite, chacun rentroit chez soi ;

deux chiens , dont j'ai parlé plus haut , couroient les corridors pour presser les paresseux ;
on faisoit résonner les barreaux pour s'assurer
d'eux. Comptés comme d'imbéciles moutons ,
trois portes de fer se fermoient jusqu'au lendemain matin.

Le comité de salut-public commençoit à ci-
menter sa puissance ; celui de sûreté - générale
fit rendre un décret, par lequel aucun détenu
ne pouvoit plus voir, ni ses parens, ni ses amis.
Tout prit un aspect de terreur ; les guichetiers,
retroussant leurs manches , armés de gros bâ-
tons, se promenoient au milieu de nous , et rap-
pellant les massacres dont ils avoient été témoins,
ils sembloient présager ceux que l'on avoit à
craindre. La consternation devint générale : l'espérance s'éloigna ; les émissaires du tyran parcouroient les prisons , et désignoient les victimes ; la mort planoit sur toutes les têtes ; le
plus coupable étoit celui qui avoit le plus d'ennemis acharnés, ou contre lui, le plus de fripons
en crédit. Le nommé Calon et son fils , dénoncé
par le plus insigne scélérat , furent aussi des
premières victimes.

Maillard, ce président sanguinaire du tribunal dressé dans les guichets de la Force , venoit
souvent reconnoître et compter ses victimes ;

il les suivoit ordinairement jusqu'à l'échafaud, et avec son collègue Héron, alloit sur la place de la Révolution, voir tomber les têtes qu'ils avoient dévouées. Le greffe ne désemplissoit plus, ni jour ni nuit : à tout moment, il arrivoit quelqu'infortuné. La vieillesse des deux Brancas, leurs vertus bienfaisantes ; la résignation tranquille du vieux maréchal de Mouchi, les qualités heureuses des deux frères Sabatier, unis d'une amitié touchante et rare ; l'opinion publique en faveur du respectable Périgord ; Villeminot, gendre du banquier Wendeniver, courant les comités pour servir son père ; Quartermen, Ecossois, descendant d'une des quatre familles qui soutinrent glorieusement la constitution de leur pays, réduit à la misère, vint vivre d'aumônes dans les fers. Cazo, président au parlement de Bordeaux ; quarante citoyens de la section du Muséum, artisans, ouvriers, généraux et soldats, tous vinrent habiter nos cachots. Les militaires destitués nous arrivoient en foule ; leur sein couvert de cicatrices honorables, leur sang versé pour la Patrie, ne purent les garantir de l'inquisition exercée par les représentans auprès des armées.

C'est alors que les soixante-treize députés sacrifiés aux vues ambitieuses des idoles du jour, vinrent augmenter le nombre des victimes de la tyrannie (1).

Plus notre position devenoit affreuse, plus on redoubloit de rigueur, pour river nos chaînes et nous abreuver de douleur; plus nos parens, nos amis étoient ingénieux à nous procurer quelques consolations. Tendres écrits, sermens d'être fidèles, de secourir le malheur, de n'abandonner jamais la nature et l'innocence, vous surpreniez la vigilance de nos féroces gardiens (2). Dans le pli d'un mouchoir, dans le bec d'un pigeon, dans l'ourlet d'une cravate, vous nous portiez paroles d'amour, de tranquillité et d'espérance.

La cour où pendant la triste durée des jours, nous pouvions respirer un peu d'air et beaucoup d'ennui, étoit séparée par un seul mur, du département occupé par les femmes. Un égoût étoit la seule communication possible. C'est-là que se rendoit tous les matins, et chaque soir,

---

(1) On a vu leur agonie de dix mois, dans le premier volume, page 155. (Note de l'Editeur.)

(2) La citoyenne Beau, concierge de la Force, a seule conservé ces formes d'humanité, si desirables dans ceux proposés à la garde du malheur. Je doute que personne ait eu à s'en plaindre; mais ses subalternes la surveillant, l'obligèrent quelquefois à des devoirs rigoureux.

le petit Foucaud, fils de la citoyenne Kolly,
condamnée à mort, et qui depuis a subi son jugement. Ce pieux enfant, qui, à peine à son
adolescence, connoissoit déjà toutes les misères
de la vie, s'agenouilloit devant cet égoût infect,
et la bouche collée sur le trou, échangeoit les
sentimens de son cœur contre ceux de sa mère!
C'est-là que son plus jeune frère, âgé de trois
ans, le seul compagnon de ses derniers momens,
beau comme l'amour, intéressant comme le malheur, venoit lui dire : « Maman a moins pleuré
cette nuit, un peu reposé et te souhaite le bon
jour ; c'est Lolo, qui t'aime bien, qui te dit
cela. » Enfin, c'est par cet égoût, que cette
malheureuse allant à la mort, lui remit sa
longue chevelure, comme le seul héritage qu'elle
pouvoit lui laisser, en l'exhortant à faire réclamer son corps, ainsi que la loi le lui permettoit, pour le réunir aux mânes de son époux
et de son ami, qui périrent le même jour (1).

Mes amis parvinrent enfin à faire connoître
toute l'injustice de ma détention : les portes de
fer s'ouvrirent, les guichets se haussèrent, je
recouvrai ma liberté. Je rentrai dans le monde.

---

(1) Les citoyens Kolly et Beauvoir, exécutés sur la
place du Carousel.

Tout étoit changé, les mœurs et le costume. Les carmagnoles, les bonnets rouges, remplaçoient les habits, les chapeaux, comme le crime remplaçoit la vertu, et la terreur, le repos. Des insensés, au nom du peuple, couroient les rues, couverts de chapes et d'aumusses. Les dépouilles de ses temples traînées dans la boue, ses ministres à l'échafaud, ses tyrans en triomphe, ses représentans fidèles réduits à errer d'asyles en asyles, à craindre de reparoître, et sous leurs toits domestiques, et sur leurs chaises au sénat : tel étoit mon pays quand je sortis des cachots ! Hélas ! je ne sortis des portes de la mort, que pour rentrer bientôt dans le séjour de l'infortune. Mon destin étoit de vivre dans les prisons.

Une loi atroce venoit d'être rendue ; elle forçoit le citoyen paisible, l'étranger laborieux à fuir son toit domestique, et à chercher un abri dans des campagnes hospitalières. Trente-mille personnes quittèrent Paris, sans savoir où porter leurs incertitudes et leurs peines. Alors Robespierre étoit à l'apogée de sa gloire, ses satrapes insolens n'attendoient que son signal, et se préparoient à lui élever un trône sur des monceaux de cadavres. Je pris une maison à Neuilly, et, sans me faire illusion sur des craintes assez sages, j'attendois en paix un moment plus prospère, ou une fin que ne redoutent jamais la vertu et l'innocence.

Barrère proposa l'établissement d'une école martiale, et la plaine des Sablons fut choisie pour réunir cette jeunesse impétueuse et bouillante, qui, arrivant de toutes parts à un centre d'instruction, devoit un jour briller avec éclat dans la carrière des hasards et de la victoire. Ce voisinage me fit pressentir de fâcheux évènemens. Couthon venoit journellement se perdre dans les délices de Bagatelle. Robespierre, Saint-Just, Lebas, Tachereau voltigeoient aux environs de Passy, et la fin du jour ramenoit toujours ces féroces tyrans. Neuilly réunissoit un grand nombre de réfugiés, qui, échappés aux recherches des brigands révolutionnaires, faisoient le bien avec modestie, et se conformoient habituellement à la présentation journalière qui se faisoit devant la municipalité, conformément au décret du 8 floréal. Les officiers municipaux, magistrats ignorans et féroces, avoient à-la-fois à servir le parti dominant, qui déjà envoyoit ses émissaires, et le besoin du crime, dont alors il falloit se parer. Cent-quatorze individus, arrivés sur la foi des traités, sous la garantie même de la loi, qui les chassoit de leur domicile naturel, leur parurent des victimes assez éclatantes à offrir, et assez faciles à sacrifier. Ils se concertèrent avec

Lebas, que le comité de salut-public avoit
nommé représentant près des élèves de Mars.
Une dénonciation bien artificieuse et bien as-
tucieuse fut le résultat de leurs conciliabules.
Cent-quatorze individus, qui ne s'étoient jamais vus, connus ni rencontrés, furent sensés
avoir conspiré, avoir semé des libelles dans le
camp, et voués à la mort par cette horde de
scélérats. Labretèche, ce hussard dans les plaines
de la Belgique, et général dans celle des Sablons, très-infatué de sa nouvelle dignité, se
chargea de porter au comité de sûreté-générale le tissu horrible d'une fable absurde. Un
ordre signé Vadier lui fut remis aussi-tôt. Chevaux écumans, aides-de-camp fringans arrivent
en se pavanant à la municipalité : le maire se met
à côté du général, commande des voitures; la
force armée arrive, et cent-quatorze individus,
enfans et vieillards, sont plongés dans les fers.
Entassés sur des charriots, sans bancs ni banquettes, on ramassa comme de timides agneaux
qu'on presse vers la boucherie, tous ceux épars
dans les villages qui entourent Neuilly; les
autres furent arrêtés en venant se faire écrire;
car la fin du jour ramenoit toujours notre imbé-
cille confiance devant ces perfides magistrats.

L'ordre du comité de sûreté-générale portoit
de mettre en arrestation tous les ci-devant nobles

et leurs domestiques, prévenus d'avoir jetté des libelles dans le camp de Mars, pour en soulever les élèves. C'est le 16 de messidor que cette mesure fut exécutée ; et chacun se rappelle que le camp ne devoit commencer à se former que le 15 , c'est-à-dire la veille ; qu'à cette époque fort peu de jeunes gens étoient arrivés. Comment étoit-il donc possible que cent individus, qui jamais ne s'étoient connus ni réunis, pussent conspirer et chercher à séduire une armée dont les soldats couvroient encore les grandes routes ? L'état-major seul étoit à son poste, et j'adjure ici tous ceux qui le composoient de déclarer si jamais ils ont apperçu même un seul réfugié de Neuilly aux environs de cette fatale plaine. Mais tous les prétextes étoient bons pour la tyrannie. Tous les âges de la vie, les deux sexes, une foule de citoyens qui n'étoient pas même désignés dans le mandat d'arrêt, furent enveloppés dans cette proscription.

Nous fûmes déposés dans le cimetière du temple de la Raison, et dans le temple même. C'est sur des tombes, sur l'herbe jaune qui croît à l'ombre des cyprès, que , réunis par le malheur, nous apprîmes à nous connoître ; et le premier mot qui échappa à chacun de nous, fut l'expression pure et naïve de son étonnement et de son innocence. La mère craintive fixoit ses enfans; le sourire de la candeur répondoit à ses alarmes. Un père, un époux, absorbés dans leur douleur, n'avoient pas le courage d'espérer, ayant eu la confiance de ne rien craindre. Hélas! j'avois ma sœur, près de moi sur la même fosse; elle me rappelloit qu'à la même source nous avions puisé la vie, et que sur le même échafaud peut-être, innocens et malheureux, nous allions la finir. Eh! pouvions-nous nous faire illusion sur le sort qui nous attendoit? Issus d'une race proscrite, persécutée, ayant sous les yeux le spectacle sans cesse renaissant de milliers de victimes sacrifiées aux événemens; pouvions-nous douter que nous ne fussions destinés à périr sur un échafaud? Les officiers municipaux et quelques adjoints arrivés de Paris, réunis en secret, délibéroient en commun : en vain voulûmes-nous faire entendre nos réclamations. On nous envoya, moitié à la Conciergerie, et le reste dans d'autres prisons.

On nous laissa cependant passer la nuit sur ces tombeaux, sans doute pour nous familiariser avec notre prochaine demeure. Comptés, enregistrés, les hommes d'un côté, les femmes de l'autre, nous répondîmes à un appel, et quand une voix foible et oppressée ne résonnoit pas assez tôt à l'oreille du farouche commandant, l'épithète la plus dure et la plus inju-

rieuse provoquoit une réponse plus fortement
articulée. Ainsi ce sous-chef de légion, qui, depuis quelque tems, laissoit pousser pour ce grand
jour ces hideuses moustaches, classoit, nombroit
des victimes qu'il connoissoit pures et innocentes. Personne n'osoit parler en notre faveur ;
la terreur comprimoit tellement les âmes, que
connus de tous les membres qui composoient
les corps constitués, pas un n'eut assez de courage ou d'humanité pour faire son devoir et répondre à la bienveillance de celui qui venoit
nous chercher, muni des pouvoirs du comité de
sûreté-générale, qui offroit de laisser ceux (1)
dont la municipalité répondroit. Quelques-uns
insistèrent, provoquèrent l'examen le plus scru-
puleux de leur conduite et de leurs papiers (2) ;
les barbares gardoient un profond silence, se
regardoient d'un air stupide et faisoient éloigner

---

(1) Un manufacturier de la commune de Neuilly, ob-
servoit au nommé Saunier, officier municipal, que son
absence feroit souffrir les indigens du village, qu'il occupoit dans ses ateliers. « Sois bien tranquille, lui dit-on,
c'est l'affaire de trois jours. » En effet, le troisième nous
fûmes au moment de paroître au tribunal.

(2) On avoit arrêté le citoyen Royer, vieillard sep-
tuagénaire, qui etoit venu ce jour-là dîner chez un ami
désigné dans le mandat d'arrêt. Il eut beau réclamer,
montrer sa carte de Paris, son certificat de civisme, il
partagea notre sort.

C

le citoyen assez audacieux pour leur dire en face qu'il étoit innocent. Les monstres nous avoient vendus, ils étoient impatiens de voir leur crime consommé, et de nous livrer à ceux qui étoient venus nous prendre de la part des bourreaux (1).

Quelle est admirable cette providence qui veille au destin des hommes ici bas! Chargés d'anathêmes, de proscriptions, atteints de tous les crimes contre-révolutionnaires, le 16 messidor, les officiers municipaux de Neuilly nous plongent au fond des prisons; et le 10 fructidor, jour où la justice rendit hommage à l'innocence en nous donnant la liberté, les mêmes officiers municipaux nous délivrent des attestations honorables de civisme et de bonne conduite !

______

(3) Trois jours après notre arrestation, les officiers municipaux de Neuilly faisoient une orgie révolutionnaire chez un traiteur, en face de la Trésorerie nationale. Sur la fin du repas, le greffier de la commune complimenta le maire, sur le grand caractère qu'il avoit déployé lors de l'arrestation des victimes par lui désignées ; il ajouta qu'il ne lui auroit jamais cru tant de fermeté; que cet évènement étoit d'autant plus heureux, que sans cela ils étoient perdus. Tant de vexations commises par ces tigres, avoient soulevé une partie des habitans de Neuilly et de la société populaire ; en provoquant une mesure générale contre les ci-devant, ils vinrent à leur but, et poussèrent dans le précipice leurs concitoyens malheureux.

Il nous arrivoit à chaque instant quelques victimes nouvelles : chacun exerçoit ses haînes, ses vengeances. L'artisan honnête, le marchand, le manœuvre, quittoient leurs ateliers, leurs comptoirs, leurs truelles, pour venir expier dans la nuit des cachots, le malheur d'avoir vécu pendant l'anarchie des ennemis en crédit (1).

Enfin, après vingt heures de perplexité et de souffrances, quinze charriots vinrent nous prendre, rangés de nouveau sur deux lignes ; le commissaire prend la parole, et nous dit qu'il est d'usage, quand on arrête en masse, de payer les frais de la gendarmerie, et le déplacement de ceux qui sont venus servir la chose publique en arrêtant leurs frères. La collecte fournit cinq-cents livres, dont les gendarmes n'ont jamais entendu parler, mais dont les officiers municipaux et quelques membres du comité révolutionnaire, se servirent pour payer un grand repas, dans lequel ils se ré-

____

(1) Le nommé Brissy, qui depuis vingt ans habitoit Neuilly, fut désigné par le ressentiment du maire ; il n'étoit pas porté sur la liste : absent de chez lui, on arrête sa femme, qu'on arrache des bras de son enfant. On connoissoit la tendresse de son époux. Celui-ci de retour, apprend sa proscription, et l'absence de sa femme, il vint réclamer sa liberté, et prendre des fers.

galèrent copieusement ; on y rit beaucoup à nos dépens ; quelques heures après notre départ, le commissaire y revint.

Notre départ fut affreux ; des enfans arrachés du sein de leur mère, et remis sans pitié aux premières mains qui s'offrirent ; jettés sur des tombereaux sans banquettes, sans toile pour nous garantir à-la-fois du soleil brûlant et des outrages de la populace trompée ; c'est ainsi qu'à travers les huées, les menaces, les imprécations de la multitude, qu'un cortège aussi nombreux attiroit sur notre passage, nous fûmes amenés à Paris. Nous entendions des gens appostés crier que nous étions des brigands de la Vendée, qu'on alloit fusiller au Champ-de-Mars.

Cependant l'aspect d'une foule d'enfans en bas âge, de jeunes femmes encore parées (1), de vieillards ; une réunion qui offroit à-la-fois l'innocence et les grâces, paroissoit au peuple curieux et surpris, un enlèvement bien extraordinaire ; et quoique Barrère eût fait pour nous peindre sous ces traits à la tribune de la Convention, en nous désignant comme des monstres,

_____

(1) Ayant été arrêtés à trois heures après midi, nous avons gardé long-tems les mêmes vétemens sans pouvoir les changer.

comme des bêtes fauves (1) dont on avoit fait une battue (2), on avoit peine à reconnoître des coupables, sur des visages où règnoient le calme et la dignité. Nous arrivâmes à deux heures sur la place de la Révolution, sans que, pendant la route, nous eussions pu nous procurer un peu d'eau, pour étancher la soif la plus dévorante : le soleil pesoit à pic sur

---

(1) Jamais mortel n'a poussé la perfidie et la scéléra-tesse aussi loin que ce chancelier de Robespierre. Ses amis les plus intimes ont été sacrifiés par lui ; il a essayé sur les hommes le même pouvoir que les enfans exercent sur les oiseaux, dons ils font d'abord leur amusement, et qu'ils étouffent ensuite. Nous avions parmi nous une femme charmante, dont le malheur avoit été de le con-noître ; on l'avoit laissé chez elle dans la fièvre brû-lante d'un premier accès de petite vérole : on fut la chercher le lendemain, jour où nous devions paroître au tribunal ; mais avertie à tems, elle sut affronter tous les dangers de la maladie, pour éviter une mort certaine ; elle se jetta dans un cabriolet, trompa la surveillance de ses gardes et prit la fuite.

(2) Le maire de Neuilly provoquoit encore une second battue ; c'est ainsi qu'il désignoit la première arrestation. Il écrivoit à Bonnard, agent du comité de sûreté-géné-rale, le conjurant de lui indiquer le lieu où il avoit dé-posé ses victimes, en l'engageant à venir continuer son premier travail, et enlever les importuns qui sollicitoient en faveur de l'innocence. Bonnard a montré cette lettre à deux citoyens de Neuilly, et s'est engagé à la repr oduire,

nos têtes. On nous arrêta devant le lieu des exécutions journalières, pour nous faire contempler à loisir les carreaux que tant de sang avoit arrosés, et que le nôtre devoit rougir encore. Cette barbare affectation de faire respirer les chevaux, n'obtint de nous que le sourire de l'indignation : je ne vis pas un visage s'altérer; et certes, sans foiblesse, on peut concevoir quelque émotion.

Nous continuâmes notre route par les quais; enfin, après vingt-quatre heures de douleurs et d'outrages, nous fûmes déposés dans la maison d'arrêt de l'Egalité, autrefois le collège Duplessis. Nous espérions trouver dans notre nouvelle demeure le repos et les égards que prescrit l'humanité. Hélas ! nous nous trompions ; nous n'y rencontrâmes que barbarie et férocité. Le geolier de cette prison n'est qu'un premier bourreau : je le signale ici aux autorités chargées de poursuivre les scélérats et corriger les coquins. Jamais homme ne poussa si loin l'impudence et la cruauté. Fripon tant que duroit le jour, le soir féroce, quand, au nom de Fouquier-Tinville, on venoit lui demander les quarante victimes que journellement on envoyoit à la mort. Tout lui étoit égal, l'un ou l'autre, le militaire ou le chanoine : selon lui, on devoit s'expliquer au tribunal, et Dieu sait si ja-

mais il en revint un seul de ceux que l'erreur y porta. Un petit messager de l'accusateur
public, dont je regrette de ne pouvoir consigner
ici le nom, affreux comme le cœur de son
maître, venoit tous les jours, avec une longue
liste, enlever les victimes désignées; elles par-
toient dans des voitures couvertes, passoient la
nuit à la Conciergerie; à neuf heures du matin, paroissoient devant les juges, à cinq alloient
au supplice. Une femme cependant parut au
tribunal, et revint au milieu de nous.

La citoyenne d'Argouges n'eut jamais de
frère; on lui remit son acte d'accusation, portant qu'elle avoit entretenu des correspondances
avec son frère émigré. On la tourna dans tous
les sens, pour lui persuader qu'elle en avoit
un en Allemagne. Hélas! dit-elle, je n'en eus
jamais; la nature m'a refusé cette consolation.
Tu insultes à la majesté du peuple, lui répond
Fouquier, ton frère est émigré, voilà sa propre
lettre sous les yeux des jurés : tu logeois
avec lui, en tel endroit, telle rue, tel numéro.
— Je n'occupai jamais les logemens qu'on me dé-
signe. Une erreur va causer ma mort; je n'eus
jamais de frère, et je recommande mon innocence à la vertu des citoyens qui m'écoutent.
Le peuple fit entendre un mouvement de pitié, on la renvoya. En la voyant revenir, cha-

cun se précipite au-devant d'elle ; c'étoit un phénomène. Sa femme-de-chambre, livrée à la douleur la plus amère depuis qu'on l'avoit séparée de sa maîtresse, s'élança dans ses bras et faisoit éclater sa joie.

Au moment de notre entrée au Plessis, les prisonniers respiroient dans la cour, ils sortoient de table. Tout-à-coup l'affreux signal de rentrer se fait entendre, les portes se ferment, la grille s'ouvre, et quinze tombereaux vomissent cent-quatorze malheureux. La curiosité fixoit tout le monde aux fenêtres ; au travers de quinze-cents barreaux, on voyoit autant de figures livides et velues. On ne peut s'imaginer l'horreur de ce tableau. Chacun nous questionnoit à-la-fois. Oh ! que nous vous plaignons, citoyens, nous disoit-on ! Cette maison est affreuse ; c'est ici que Fouquier rassemble ses victimes : soyez discrets, ne parlez à personne ; si vous avez de l'argent, des bijoux, cachez-les. On prend tout, on ne vous laisse que le désespoir.

A peine descendus des charriots, on nous sépare : ce fut un coup terrible pour l'amitié et la tendresse ; les familles divisées, les larmes coulèrent. On nous déposa à la *souricière;* elle ne put suffire, on eut recours aux cachots. L'espace étoit si étroit, si court, qu'assis par terre nous ne pouvions y contenir ; il fallut donc rester debout. En vain demandâmes-nous des logemens, on n'avoit garde de nous en donner. En arrivant au Plessis, il faut faire un petit séminaire de torture, et cela, pour la plus grande fortune du concierge; dans la souricière on vit à ses frais et dépens; cependant, du jour de votre entrée, l'administration de police paie trois livres par chaque individu, pour la nourriture commune, où vous n'êtes souvent appellé que le troisième; cette friponnerie augmente considérablement le casuel de la geole, qui d'ailleurs dîme sur toutes les fournitures faites par les autres fripons ses agens. Nous payâmes vingt-sept livres un canard et quatre bouteilles de vin.

A force d'instances, on nous permit de coucher dans la cour, pour du moins pouvoir nous étendre. La nuit précédente, nous l'avions passée sur l'herbe des tombeaux; nous passâmes celle-là sur les pavés pointus d'une cour bien sale, disputant la surface de nos corps à tous les verres cassés et le fumier que le concierge Hali laissoit ramasser de toutes parts.

Pendant la terrible durée d'une nuit aussi longue, plusieurs traits méritent d'être connus: ils ont touché mon cœur; ils intéresseront le vôtre, hommes sensibles qui lirez cet écrit; la plupart peut-être auront souffert autant que moi.

Un père avoit auprès de lui un fils âgé de quatorze ans; cet enfant, plein de candeur et de grâces, succombant sous le poids de ses peines, avoit enfin trouvé le sommeil, ce doux réparateur de nos misères. Il faisoit froid, et il n'opposoit à la fraîcheur de la nuit qu'une veste légère. Cet enfant se ramassoit, se pelotonnoit, se pressoit contre son père. Celui-ci fixe cet être innocent ; une larme tombe de ses yeux paternels, et sa redingotte, dont il se dépouille à la hâte, couvre avec précaution les membres délicats de son fils, qui reposa.

Un gendarme avoit reçu d'une femme un médaillon et des cheveux; la crainte qu'on ne lui ravît des bijoux aussi chers à son cœur, la détermina à interroger la pitié d'un soldat, et à lui confier ces gages. A l'instant où nous sommes débarrassés d'une partie de nos avides surveillans, que l'ivresse éloignoit de l'attention ordinaire qu'ils donnent à tout ce qui se passe auprès d'eux, le gendarme se glisse doucement, radoucit sa voix rauque et dure, appelle la femme qui lui a remis un portrait précieux. Elle paroît, veut récompenser sa probité. « Non, madame, répond cet honnête citoyen, je trouve un plaisir trop pur à vous rendre en secret ce qui peut alléger vos peines, et je serois malheureux si je n'étois pas quelquefois utile à l'infortune ; prenez, et je m'éloigne. » Le concierge faisoit sa revue, découvre cet homme charitable, le rudoie, l'invective, croit appercevoir une conspiration et veut la dénoncer. Le gendarme réplique avec force; la querelle s'engage; les gardiens accourent; les chiens aboient; on entoure le gendarme, qui, pour se dégager, tire son sabre; mais, bientôt assailli, il succombe, et le cachot fut son partage.

Les femmes furent les premières à passer au *rapiotage* (1). Cette expression technique a besoin de développement. A l'instant où l'on se propose de sortir un prisonnier de la souricière, et de le rendre à ses nouveaux compagnons, il est fouillé, volé; on ne lui laisse que son mouchoir. Boucles, couteaux, ciseaux, argent, assignats, or et bijoux, tout est pris; vous vous trouvez nud et dépouillé. Ce brigandage

______

(1) Est-il croyable qu'un gouvernement ait ordonné et souffert quinze mois de semblables horreurs ! Une femme debout, devant un coquin, déshabillée par lui; pour s'assurer si elle ne cache pas quelques assignats, ou ne dérobe pas quelques-uns de ses bijoux. Cet affreux brigandage a fait la fortune de ces monstres. Le misérable Hali, repose dans les alcoves les plus voluptueuses, sous des lambris dorés, foule les tapis de Turquie, s'asseoit sur le lampasse, et répète sa sotte figure devant les glaces les plus belles.

s'appelle rapioter. Les femmes offroient à la brutalité des geoliers tout ce qui pouvoit éveiller leurs féroces desirs et leurs dégoûtans propos; les plus jeunes furent déshabillées, fouillées; la cupidité satisfaite, la lubricité s'éveilla, et ces infortunées, les yeux baissés, tremblantes, éplorées, devant ces bandits, ne pouvoient cacher à leurs yeux étonnés ce que la pudeur même dérobe à l'amour trop heureux! La vertu alors étoit à l'ordre du jour, et la multitude célébroit l'Etre-suprême, Robespierre et la guillotine.

Le lendemain, les hommes passèrent aussi au rapiotage; on ne nous laissa que cent sous; l'excédent fut mis de côté. On nous installa dans des chambres déjà complettes. Un lit de sangle se place par-tout, nous dit-on. Les chaleurs étoient excessives; les maladies pestilentielles, dont bientôt quelques personnes furent victimes, commençoient à joindre leurs ravages à celui des bourreaux.

Les fenêtres avoient été diminuées d'ouverture; pour voir ou respirer, il falloit monter sur des chaises, encore travailloit-on à nous placer des abats-jour. Le Plessis, autrefois l'école de l'enfance, étoit alors celle du malheur et de la mort. La plupart des prisonniers y avoient passé cette première jeunesse qui ne connoît que les peines légères de ses jeux contraiés, ou de ses goûts astreints. Dans cette même cour où ils avoient exercé une gaîté folâtre, compagne de nos premiers ans, ils attendoient un acte d'accusation. On ne descendoit qu'à l'heure du repas; trois heures de promenade, vingt-une de cachot. Voilà comme nos momens s'écouloient, jusqu'à celui où tout s'arrête, où la folie et la sagesse, l'amour et l'espérance ne comptent plus de lendemain. — Le Plessis étoit la prison la plus dure de Paris; elle étoit administrée par Fouquier-Tinville, et immédiatement sous sa discipline; on étoit gouverné avec la plus sévère barbarie; on n'en sortoit ordinairement que pour aller à la mort. Un de mes compagnons, d'un jugement froid et d'une conception ardente, que je consultois sur la manière de me faire rendre justice, me prit la main et me dit à l'oreille: «Nous sommes dans un tombeau; gardons-nous d'en soulever la pierre; mais creusons dessous.» Ce prisonnier se sauva la nuit même; mais il fut ressaisi et plus resserré.

Nous n'avions pu encore reposer un instant; sous différens prétextes on nous refusoit des draps. Le concierge, au fait du sort qui nous étoit préparé, nous regardoit déjà avec ce mépris dont les hommes durs et sanguinaires honorent les derniers momens de la vertu mal-

heureuse. La seconde nuit de notre arrivée,
on nous réveilla tous à minuit; des voix sépul-
crales se font entendre : tous les prisonniers de
Neuilly au tribunal; allons, qu'on s'habille; point
de paquets, ils n'en ont pas besoin, crioit-on
dans les corridors ! Pères, enfans, amis et frères
se réunissent, déplorent leur sort et se résignent
à mourir. Peu d'heures leur sont comptées; ils
sont innocens et l'échafaud se dresse. Les voitures n'arrivoient pas; quelle horrible attente !
Des femmes foibles et timides s'affligeoient
d'une position aussi douloureuse et si peu méritée. Ah ! laissez-moi tarir mes pleurs, nous
disoit une citoyenne, j'en dois l'hommage à la
nature et à l'amour. J'appartiens encore à mes
enfans, à mon époux ! tout-à-l'heure je serai
à moi, toute à l'honneur, et je saurai mourir.
Quelques-uns songeoient à réclamer la justice
du peuple, à lui tracer le tableau de tous les
crimes qu'on exerçoit en son nom. La plupart,
absorbés dans des réflexions sévères que présentent le moment où l'on va cesser d'être,
s'arrachoient à tous les sentimens, qui alors se
réunissent avec tant de charmes, pour arriver
au néant sans regrets et sans foiblesse. Des
enfans en bas âge, pressant leur mère, voulant se confondre, s'identifier, pour n'offrir
qu'une vie en présentant trois têtes ! Des mal-

heureux écrivant leurs dernières volontés , et cherchant des hommes sensibles qui , à l'abri d'un pareil sort , pussent un jour remettre ces écrits à une amante adorée , à une mère res-pectée , à une épouse chérie.

Le jour parut , et avec lui un premier rayon d'espérance. Les voitures commandées pour venir nous prendre avoient été au Luxembourg, en avoient ramené quatre-vingts malheureux qui périrent. Le greffier avoit fait sa liste sur celle de cette maison , qui d'ailleurs devoit avoir lieu le lendemain. Cette erreur nous a sauvé la vie. Le comité de sûreté-générale , craignant qu'un aussi grand nombre malheureux , sacrifiés avec tant d'éclat , d'impudence et de précipi-pitation , n'inspirât au peuple de la commiséra-tion et des remords , donna contr'ordre ; il fut décidé que nous serions assassinés dans les con-jurations de prison. On nous annonça que nous pouvions être tranquilles , qu'il n'y avoit plus de translation à craindre pour le moment. On nous donna des draps , et enfin nous reposâmes. Les furies lâchèrent leur proie.

La nourriture étoit détestable ; rien ne pou-voit parvenir de dehors. Un mauvais vin nous étoit vendu fort cher , c'étoit le bénéfice des gardiens. A trois heures , on dressoit au mi-lieu de la cour , une longue table mal fixée , on y rangeoit cent assiettes mal-propres , on la couvroit de trois plats dégoûtans. Il falloit déchirer la viande avec les doigts ; privés de couteaux, nos seuls meubles utiles étoient un pot , un couvert de buis , une coupe. Quand les ongles par leur longueur devenoient incommodes, le gardien vous prêtoit des ciseaux , ne vous quittoit pas que cette toilette ne fut achevée. Un barbier venoit tous les jours raser et friser ceux qui en avoient besoin. Le même bassin , le même savon, le même rasoir servoient aux galeux , aux teigneux , aux dartreux ; il en coûtoit cinq sols.

Un malheureux perruquier, qui depuis un an coutoit les prisons, avoit eu l'adresse de soustraire un rasoir au rapiotage des geoliers ; il s'en servoit journellement pour ceux qui le payoient bien. Il avoit une sentinelle pour le tems qu'il opéroit ; son rasoir étoit sa fortune, et lui rapportoit beaucoup. Il en avoit refusé cent écus. Car malgré la vigilance des guichetiers, les assignats passoient dans les paquets de linges , dans les semelles des souliers , et je n'ose dire où , quand mademoiselle Beaulieu vouloit bien s'en charger.

Il falloit vaquer aux devoirs du ménage , comme dans toutes les prisons , faire les lits , balayer , charrier les baquets ; chercher l'eau.

La fontaine étoit dans le bâtiment des femmes ; c'étoit la corvée que chacun desiroit. On pouvoit, au passage, voir sa femme, ses enfans, sa sœur, s'étreindre douloureusement, et se recommander du courage.

Le concierge s'apperçut que l'eau étoit le prétexte de voyages fréquens dans le département des femmes ; il défendit que personne, à l'avenir, fut chercher l'eau nécessaire ; il fit former un aqueduc, pour nous la conduire. Ce cruel Hali, ne savoit qu'imaginer pour tourmenter et nuire. Son cousin, grand sommeiller de la maison, insolent et fripon, faisoit transférer à Bicêtre, ceux qui trouvoient son vin mauvais, ou trop foible. Le cuisinier avoit le même pouvoir, employoit la même ressource, quand on lui représentoit que ses viandes étoient gâtées, couvertes de vermine ; que le salé qu'il donnoit, n'étoit que de la chair de guillotinés (1).

Si la durée des jours étoit affreuse au Plessis ; si fatigué du soleil brûlant qui pesoit sur nos têtes, dans une cour étroite et pavée, où trois heures de promenade nous réunissoient ; nous desirions le soir, pour faire place aux femmes, et

____

(1) Hali appelloit cela un plat de ci-devant, et rioit aux éclats. Il est certain que la police d'alors, ordonna cet horrible ressource.

respirer le vent frais, qui annonce la nuit. Alors un bruit terrible se faisoit entendre ; deux charriots, précédés d'un messager de mort, annonçoient que quarante de nous, n'avoient plus que peu de momens à vivre. L'oiseau de proie crioit quarante fois ; autant de victimes se présentoient, nous disoient adieu ; confioient à notre mémoire leurs dernières paroles, à nos cœurs leurs derniers gages, pour être remis à leurs parens, à leurs amis. « Dites-leur du moins que nous sommes morts avec courage, et en pensant à eux ! » Telles étoient leurs dernières recommandations (1).

______

(1) J'étois dernièrement dans une maison, dont autrefois la maîtresse fut heureuse et opulente; un mauvais feu nous réunissoit auprès d'un foyer mal échauffé, et plus mal éclairé encore. On annonce un étranger, un homme, qui sort de la maison des Carmes, où il a resté un an. Un prisonnier, qui long-tems partagea avec moi l'horreur d'une longue captivité, nous dit - il, et dont les soins généreux adoucirent ma misère, a confié à ma reconnoissance et à mon zèle, ces gages infortunés de son amour pour sa mère, je viens vous les remettre, citoyenne ; un jour, je l'espère, je reviendrai acquiter ma dette particulière. Cette malheureuse mère, à un souvenir si cher, pousse un cri, tombe : Une longue chevelure se déroule dans ses doigts ; c'étoit celle de son fils ! Une lettre y étoit attachée; cet infortuné ignoroit les motifs de son sort, et marchoit au trépas ! Il la conjuroit de partager avec ses sœurs les tristes dépouilles de sa jeunesse, et de parler quelquefois de lui dans leur dernier entretien.

C'est par l'appareil des échafauds et de la mort, que nous nous disposions au sommeil. Le même compagnon qui la veille étoit notre voisin, qui reposoit à nos côtés, avec qui nous partagions nos frugales ressources, descendu dans la tombe, déchiroit les entrailles d'un père, ou d'une amante. Vingt-quatre heures d'ennui et de désespoir, tel étoit l'avenir de tous les prisonniers du Plessis, quand ils avoient échappé à la translation du soir. Quelquefois même le matin, on venoit chercher ceux qu'on avoit oublié la veille.

On ne laissoit jamais pénétrer les journaux à deux pas de la rue ; nous n'avions aucun commerce avec les vivans. Notre correspondance permise, étoit la seule demande de linge ; aucune consolation ne passoit le seuil de notre tombeau, on recopioit chez le concierge les billets que nous recevions, où l'on en effaçoit les lignes de tendresse que nous traçoit l'amitié.

Quelques jours avant le 10 thermidor, trois personnages célèbres dans les conspirations de Saint-Lazare, des Carmes, du Luxembourg, vinrent au Plessis (1). On les devina bientôt, et chacun s'en méfia. Inutiles détours, précautions infructueuses ! ces monstres parcouroient

_____

(1) Les nommés Joubert, Manini et Coqueri.

les chambres ; demandoient les noms ; les listes
se formoient ; elles étoient à leur perfection ,
quand la providence renversa le tyran et ouvrit
les cachots. Ils ne purent dissimuler leur rage.
Le sang de l'innocence alloit être respecté , les
cachots s'ouvrir , pour rendre à la société des
êtres intéressans , qui depuis six mois étoient
abandonnés de la nature entière. C'étoit une
contre-révolution. Dans les premiers momens
du dix thermidor , ces scélérats , par leurs discours et leur conduite approuvés par le concierge , comprimoient encore la joie que nous
ressentions d'un évènement aussi mémorable.
Mal instruits , craignant de nous livrer à d'in-
fidèles rapports , nous cachions nos transports ,
et dissimulions notre espérance ; l'opinion s'é-
tant formée , notre allégresse éclata , leur insolence fut muette ; ils devinrent rampans et
nous prenoient à témoins de leur conduite et de
leurs généreux procédés. L'arrogance de leurs
discours avoit un jour indigné quelques prisonniers peu endurans : ils demandèrent un commissaire de police , pour faire leur plainte , recevoir leur dénonciation. Le commissaire vint ,
les témoins et déposans furent entendus ; le sur-
lendemain déposans et témoins furent renfermés
à Bicêtre. C'étoit après le 10 thermidor.

Une aventure piquante nous donna la mesure de ces hommes. Ils étoient ivres, et se prirent de querelle ; on les entoure, on les excite ; à force d'aveux et de franchise, chacun veut terrasser son adversaire ; il s'en suit que tous ont dénoncé une foule de victimes innocentes, qu'ils ont été les agens et les dénonciateurs de ces prétendues conspirations des prisons ; qu'ils ont abusé et joui de toutes les femmes qui ont voulu se soustraire à la mort, en se prostituant à leur lubricité ; et malgré tant de sacrifices, la plupart ont été sacrifiées.

En dépit du service exact des gardiens, quelques journaux passoient. Quelquefois ils coûtoient fort cher. Ce que Feuillant vendoit deux sous, nous l'achetions vingt-cinq livres. L'article du tribunal étoit toujours l'objet de notre sollicitude et de notre curiosité. Tous les jours soixante victimes, parmi lesquelles nous retrouvions nos infortunés compagnons.

Un colonel d'hussards, fils d'un marchand de draps de Besançon, jeune homme d'une belle figure, vigoureusement constitué, cinq pieds cinq pouces, œil noir, jambe nerveuse, nez aquilin, est appellé, le 6 thermidor, pour aller au tribunal ; il descend fièrement, prend gaîment congé de tout le monde, va chercher les officiers de son corps, avec lesquels on l'avoit

envoyé à Paris. Ne les trouvant pas auprès de
la fatale charrette, il refuse d'y monter, assure
que c'est une erreur, et que puisque ses camarades ne sont pas avertis, il ne peut pas
être appellé. Un gendarme insiste, ce jeune
homme le repousse vigoureusement, d'autres
s'approchent, il les terrasse (1) ; il en impose
si fortement au reste, qu'on se décide à faire
partir les voitures déjà pleines, et à ordonner
qu'on le mît au cachot, en attendant qu'on vînt
le rechercher. Il y fut oublié trois jours ; le 10
thermidor lui rendit la vie et la liberté.

Les administrateurs de police venoient journellement visiter la maison, se faire rendre
compte de l'esprit qui y régnoit, insultoient
froidement aux malheureux prisonniers, et ne
sortoient jamais sans ordonner un traitement plus
barbare !

On se résignoit tranquillement, et on attendoit la fin de la décade, espérant que son successeur seroit plus humain. Le successeur arrivoit, mêmes formes, même individu, même
bourreau.

Depuis mon entrée dans cette prison, je

____

(1) Il fut assez heureux que de trouver près de la
charrette un long bâton ferré, dont il se servit merveilleusement.

n'avois voulu informer de mon sort aucun de mes amis ; craignant de les compromettre, j'endurois mes douloureuses privations et la plus affreuse indigence ; enfin, je crus pouvoir m'adresser à un , dont le patriotisme connu assuroit l'existence, et dont les entours protégeoient le repos. Je me flattois qu'il voleroit à mon secours, et que me devant quelqu'argent , il acquiteroit à-la-fois une dette envers la reconnoissance et l'amitié. Je n'obtins qu'un refus.

La révolution a mis à découvert le côté foible des hommes, égoïstes, craintifs ou dissimulés , ils ont toujours marché de profil , recherchant les hommes en place , les sacrifiant à leur chûte. Les femmes , au contraire , ont retrempé leurs âmes dans le désordre commun ; elles ont tout bravé pour donner consolation à l'infortune et asyle à la proscription. J'ai vu une femme suivre à l'échafaud l'amant le plus tendrement aimé. Elle accompagna ses tristes dépouilles jusqu'au lieu où l'on devoit les ensevelir. Là , elle flatte la cupidité du fossoyeur , si on veut lui remettre la tête qu'elle réclame. Des yeux bleus où régnoient l'amour, et que la mort vient d'éteindre, la plus belle chevelure blonde , les grâces de la jeunesse flétries par le malheur ! voilà l'image de celui que je viens chercher ; cent louis sont la récompense , c'est le prix que je mets à votre service. La tête est promise. On vint en tremblant la prendre dans le suaire le plus beau. L'amour ne veut confier qu'à lui ses transports et ses projets ; mais la nature ne put partager son délire. Cette infortunée ne peut résister aux combats qu'elle éprouve, elle tombe au coin de la rue Saint-Florentin, et son dépôt et son secret paroissent aux yeux effrayés des voisins et des passans. Elle fut conduite au comité révolutionnaire de la section des Champs-Elysées.

Parmi les victimes qu'on venoit journellement enlever au Plessis, la citoyenne Grimaldi, par son courage et sa noble fierté, fut celle qui nous laissa les plus douloureux souvenirs. Elle refusa de lire son acte d'accusation, pas la plus légère émotion n'altéra ses traits ; elle distribua aux indigens qu'elle soulageoit habituellement, tout l'argent qui lui restoit, embrassa sa femme-de-chambre, et se sépara de nous, comme après une longue route on quitte des compagnons de voyage dont la société nous fut utile et douce.

La citoyenne L.... C.... dormoit auprès de ses enfans en bas âge, qu'on lui avoit permis de garder auprès d'elle, quand à minuit les portes s'ouvrent avec fracas, et des voix sinistres font entendre son nom. Eperdue, elle prend pour un songe l'image de la mort qu'on lui présente, au milieu des intéressantes créatures qui lui

Elle tombe au coin de la rue Saint-Florentin, et son dépôt et
son Secret paraissent aux yeux Effrayés des voisins et
des passans :

doivent le jour. Elle s'élance de leurs bras, présente leurs grâces naïves comme l'emblême de son innocence, veut attendrir ses bourreaux par le spectacle séduisant d'une mère éplorée. «Aujourd'hui huit ans, leur dit-elle, je donnai la vie à ces jumeaux; déjà votre rage a assassiné leur père; vous ne voulez donc plus laisser sur cette terre sanglante que des scélérats et des orphelins, des cendres et des cabanes? » on l'enleva sans lui donner même le tems de s'habiller; elle ne revint pas.

Le tribunal acquittoit par fois quelques pauvres étrangers ou quelques malheureux des faux-bourgs; ils revenoient triomphans chercher leur sac, s'enivrer avec les gardiens, et nous vanter l'équité des juges et des jurés.

La petite-vérole avoit atteint plusieurs personnes; en vain demandoit-on au concierge un médecin, des soins et un hospice. Tout étoit inutile; vous m'ennuyez, répondoit-il, je n'ai pas le tems, vous m'étourdissez, j'ai mille affaires, les administrateurs sont au greffe. Ils y venoient en effet souvent, boire le vin qu'on envoyoit aux prisonniers (1). Ce petit Hali étoit

____

(1) Hali arrêtoit tout ce qui lui convenoit : vins, pâtés, volailles, linges, etc. Il faisoit démarquer sur-le-champ les chemises et les mouchoirs. Il en avoit volé

plus despote dans son fauteuil, que l'empereur
du Mogol sur son trône d'ivoire. Le jeune
Carillon, au bout de trois jours de maladie,
mourut sans secours dans les bras de son père;
la citoyenne Déréo paya aussi le fatal tribut à
l'humanité; la fièvre et la misère terminèrent ses
jours. Une autre, atteinte de la même maladie,
dans un premier accès, se précipita du haut des
tôits, pour terminer plutôt ses peines, et tomba à
nos pieds morte et brisée. Un ancien capitaine
de cavalerie, moribond sur son grabat, ne
pouvant obtenir aucun soulagement, aucun remède, eut le courage de se traîner en chemise jusques dans la cour, pour effrayer par
son aspect la pitié du concierge; il en fut encore rebuté, jetté, dans cet état déplorable,
sur un mauvais matelas, au fond d'un cachot,
où il mourut. Ce cadavre y étoit oublié, quand
des prisonniers arrivant de Normandie furent
amenés au Plessis; des femmes nourrissant leurs
enfans furent mises dans cet horrible lieu, et
parcourant leur sombre demeure, rencontrent
ce corps inanimé; leur sang se glace, elles
reculent épouvantées; l'intérieur de ce cachot
n'offre plus qu'un sol jonché de malheureux!

---

pour plus de 600 liv. au citoyen Bonnard, qui l'ayant
poursuivi depuis, en a obtenu un remboursement de
300 liv.

L

Le 8 thermidor, on vint demander le nommé Vermantois, chanoine de Chartres ; personne ne parut, personne n'avoit été chanoine. Il me faut un chanoine, répétoit sans cesse l'envoyé de Fouquier. Enfin, après mille recherches, on découvre un particulier du nom de Courlet-Vermantois, mais autrefois militaire, fils d'un conseiller de Dijon. On lui remet l'acte d'accusation du chanoine : il n'eut jamais rien de commun avec aucune cathédrale ; n'importe, on l'amène pour s'expliquer avec l'accusateur public : il fut exécuté le lendemain.

Nous étions dans le plus morne abattement, quand le tocsin se fit entendre ; la cloche funèbre faisoit retentir ses sons redoublés. Aux armes ! crioit-on de toutes parts. On se rappelle les boucheries affreuses des 2 et 3 septembre. On convint de défendre sa vie, et de la vendre cher aux assassins. Nous ignorions absolument le prétexte des rassemblemens : depuis plusieurs jours, les défenses étoient devenues plus rigoureuses, rien ne nous étoit parvenu du dehors, les commissaires même n'entroient plus. On avoit élevé un mur transversal qui, coupant la cour en deux parties égales, laissoit place pour les échafauds dans l'une, et pour les victimes dans l'autre. Ce projet avoit été adopté par les comités de gouvernement, qui, d'abord séparés

par leurs prétentions, et leurs craintes particulières, avoient été réunis pour ne s'occuper que
d'un intérêt commun et marcher de concert à
un but déterminé. Ce but n'étoit autre chose
que le massacre des prisons, celui de la majeure
partie des représentans du peuple, l'arrestation
ou la fuite du reste. Les députés épargnés, ceux
en mission, nécessairement se seroient réunis
aux deux comités triomphans. Et ce peu d'hommes
se fussent emparés de l'autorité suprême.

Dans l'ignorance totale des mouvemens qui
se faisoient entendre; abandonnés de nos gardiens, que la frayeur avoit éloignés, nous con-
vînmes que la prudence régleroit nos mesures,
mais que la valeur et le désespoir nous feroient
raison des bourreaux. Il fut décidé qu'au premier signal de danger, nous nous armerions des
bois de nos lits; que, réunis dans la cour,
nous placerions au milieu de nous nos femmes,
nos enfans; qu'un mur de matelas, porté par
les hommes les plus forts, nous garantiroit
des premiers coups, et qu'ainsi nous charge-
rions les assassins. Le tocsin redoubloit; les
cris du peuple, les tambours, la traînée des
canons, ajoutoit à la terreur que notre position inspiroit. Quel parti triomphera, que de-
viendront les prisonniers, et nos enfans seront-
ils massacrés? Il faut nous défendre, périr avec

courage ! Voilà quel fut l'entretien de toute la nuit.

Enfin le jour parut et ne fut jamais plus désiré; une proclamation nous annonça la victoire et le triomphe de la vertu. Nous fîmes éclater notre joie ; on s'embrassoit, comme après un combat opiniâtre, de rang en rang on retrouve ses amis. Au maintien embarrassé des geôliers, à leurs nouvelles prévenances, nous aurions pu tout augurer; mais tant de piéges nous avoient été tendus, qu'il étoit encore prudent de taire ce qu'il eut été si doux d'avouer! Enfin la voix forte de Saint-Hurugue retentit du fond de son cachot, et nous apprit que Robespierre, Lebas, Couthon et Saint-Just, mis hors de la loi, devoient porter leur tête criminelle sur un échafaud déjà prêt. Sa fenêtre donnoit sur quelques maisons du voisinage, dont les habitans montèrent sur les toîts, et par leurs signes, nous annoncèrent le succès des évènemens, et ce que nous devions attendre d'un aussi beau jour.

C'étoit un étrange spectacle que celui de ces hommes sensibles, de ces femmes compatissantes, qui, du haut des cheminées, des mansardes, des goutières, nous envoyoient la consolation et l'espérance. Saint-Hurugue ne garda plus de ménagement, il traita en prisonnier.

cruellement ulcéré tous les individus attachés à la faction qui venoit de succomber, et qui vous arrivoient en foule.

Le 10 thermidor vit fléchir la rigoureuse sévérité des gardiens; on ouvrit nos chambres de bonne heure; tout le monde se précipita vers le département des femmes, pour leur porter des nouvelles de paix, d'espérance et de bonheur.

Tout prit, à cette époque, un aspect différent. Le concierge flûta sa voix, sa femme miella la sienne. Tous les fripons se radoucirent, les secrets furent ouverts. Chaque représentant qui comptoit un ami malheureux venoit l'arracher aux horreurs du tombeau. Le premier qui sortit fut un nommé Lafond, qui, pour ne pas avouer la retraite de son père, pourrissoit au secret depuis six mois. En sortant, ses premiers regards se reposèrent sur une foule de jolies détenues, qui furent au-devant de lui, au cri redoublé de vive la Convention! Il promit de s'occuper de ses compagnons d'infortune, et obtint effectivement la liberté de plusieurs.

Rendu à l'espérance, je chantai l'amour. La romance suivante, que j'avois faite en me disposant à la mort, fit mon bonheur dans les premiers jours de ma nouvelle vie:

ROMANCE.

Air : *du vaudeville de l'Officier de fortune.*

Un tendre amant, belle Clémence,
Du sort éprouve la rigueur;
Il porte chaîne de constance,
Et porte chaîne de malheur;
A son cœur douleur bien amère,
Et nuit et jour se fait sentir;
Car loin de toi tout est misère,
Quand près de toi tout fut plaisir.

Le souvenir de tendre amie,
Parfois allège sa douleur ;
Pensers, doux momens de la vie,
C'est éloigner chagrin, malheur;
Songer toujours à sa maîtresse,
Se rappeller serment, soupir,
C'est le bonheur de la tendresse,
Que le malheur ne peut ravir.

A grand combat perdre la vie,
En défendant honneur, beauté,
C'est beau trépas, digne d'envie;
Mieux vaut que perdre la liberté.
L'honneur apprit à son enfance,
Preux devoirs, aimer et souffrir.
Si tu lui gardes souvenance,
Dame ! content il peut mourir.

Les hommes et les femmes se réunissoient
à la promenade. Tout devint riant, aimable,

la toilette des hommes devint plus propre, celle des femmes plus recherchée. La sécurité remplaça la terreur. Le repos succéda aux alarmes, les vers aux pétitions. Les bons déjeûnés se donnoient, se rendoient, tout le monde y prenoit part. Le Plessis n'étoit plus qu'une maison immense, réunissant une nombreuse famille.

Alors les jeunes gens s'apperçurent que Nathalie de la Borde, au maintien le plus décent, joignoit la figure la plus enchanteresse. Le 10 thermidor, elle parut avec l'éclat de cette fleur timide, qui, pour briller encore, ouvre son calice aux premiers rayons du jour. Les vers sont enfans du bonheur, ou la ressource du délire ; je ne pus résister au plaisir de lui faire connoître qu'un malheureux, dont les peines avoient été grandes, ne commençoit à s'en distraire qu'en apprenant à l'aimer. Je lui adressai les deux couplets suivans, au nom de mon amoureux compagnon. Ah ! combien j'aurois desiré la rendre sensible, et l'intéresser au sort de mon ami !

COUPLETS.

Air : *Il pleut, il pleut, bergère.*

L'avenir se prépare,
Pour embellir nos jours.
Le passé se répare,
Rappelons les amours.

Echappé du naufrage,
Un malheureux Français,
Offre au ciel un hommage,
Ses vœux à tes attraits.

Pardonne, Nathalie,
Son téméraire amour;
La rose fait envie,
Au matin d'un beau jour.
Laisse l'indifférence
Au séjour du malheur:
Le bonheur ne commence
Qu'où finit la rigueur.

Sophie de Magni, à la tournure la plus belle, joignant l'œil le plus doux, s'entendit bientôt dire qu'elle étoit jolie. On remarquoit la langueur touchante de la jeune Barbantane, et sur-tout l'amabilité de sa sœur, madame de Vassi. Aglaé de Bail lutinoit tout le monde. Maurille, les mains dans un tablier, promenoit une taille élégante. Depont, timide, paroissoit avec le soir; les grâces sont compagnes; les deux Titon ne la quittoient jamais. Avec la nuit descendoit la spirituelle et paresseuse Saint-Haon. La dernière veuve du dernier Buffon, oubliant ses peines, rêvoit les plaisirs. Desmarets de Beaurains, belle, brune et malheureuse, se livroit à ses douloureux regrets. La bonne Montansier nous donnoit les nouvelles, et quelques poissardes la bonne aventure. Je dois un tribut de respect et d'admiration à la ci-devant duchesse de Duras, bonne, douce, compatissante ; elle a tout souffert, et souffre encore les privations nécessaires, les douleurs renaissantes enfantées par les malheurs et les chagrins. Sa vertu est au-dessus de tout éloge, et sa résignation de tout modèle.

Le Plessis n'étoit plus une prison ; la porte étoit cependant toujours assiégée par une foule de personnes, que souvent les sentinelles, par un petit reste de robespierrisme, rudoyoient cruellement, quand, au travers des guichets, ou même au-dessous, elles cherchoient à découvrir un parent, un ami, dont elles étoient privées depuis long-tems. J'ai vu les plus jolis visages braver la puanteur des égoûts, pour dire à un père, à un époux, combien ils étoient aimés, desirés dans leur famille, et les instruire des démarches qu'on faisoit en leur faveur.

C'est à travers un de ces aqueducs pestilentiels, que j'entendis un jour prononcer mon nom, et une voix douce et tremblante appeller un ami. Je n'éprouvai de ma vie une sensation plus douce. Hélas ! depuis ma captivité, j'étois abandonné de la nature entière. Cet ange tutélaire, amie sans foiblesse, bienfaisante sans intérêt, n'avoit deviné mes malheurs que par mon silence, et croyant encore pouvoir les adoucir, accouroit du fond de sa retraite. Elle reçut avec l'eau infecte que charrioit l'égoût, les larmes d'attendrissement et de reconnois- sance que m'arrachoient ses bontés. Oh! ja- mais, non jamais je n'oublierai mon égoût. Chaque jour y ramenoit l'amitié, et c'est par lui que la consolation et l'espérance entrèrent dans mon cœur.

Les comités venoient d'être renouvellés; on pouvoit sans effroi approcher du lieu de leurs séances et solliciter pour les malheureux. La voix de l'opprimé commençoit à s'y faire en- tendre. Les oreilles farouches des anciens mem- bres et commis, se familiarisoient enfin avec les mots humanité et justice.

Alors les bons habitans de Neuilly, que la terreur long-tems avoit comprimés, se rappel- lèrent qu'on avoit arraché à leur commune, à l'asyle qu'ils avoient offert à la proscription, cent-quatorze individus de tout sèxe, de tout âge, de tout état; ils s'ingénièrent pour leur être utile et les rendre à la liberté. Tous les habitans vinrent nous réclamer; les charriots et les brandons vinrent nous prendre; mais des formes, des lenteurs prolongèrent notre cap- tivité; on voulut nous rendre justice avec pré- caution. On avoit fait le mal avec tant de zèle! La municipalité fut interrogée, et un moment l'arbitre de notre liberté. Les officiers munici-

paux ne voulurent rien faire en notre faveur.
Le seul agent national sut être honnête homme,
et, suivi de deux membres du comité de surveillance, vint au comité de sûreté-générale
avouer notre innocence. Nous fûmes enfin rendus à la liberté.

Suite des anecdotes sur la maison d'arrêt du Plessis.

Cet ancien collège étoit devenu, pour ainsi
dire, l'entrepôt général de la Conciergerie ; on
y versoit, dans le tems du triumvirat, une multitude de victimes de tout âge et de tout sèxe,
que les cachots de la Conciergerie ne pouvoient
contenir ; et cependant, on faisoit sortir tous les
jours de cette dernière prison un grand nombre
de victimes, pour les envoyer à la boucherie. Le
Plessis étoit aussi le rendez-vous des accusés
des départemens, qui y arrivoient en foule,
de sorte que la maison ne fut plus assez grande
pour contenir les personnes qu'on y faisoit refluer :
on fut obligé de percer les murs qui touchoient
à l'ancien collège de Louis-le-Grand, et ces
deux édifices ne formèrent plus qu'une seule et
même bastille.

Les femmes habitoient les bâtimens du Plessis ; elles étoient renfermées dans des greniers
on les appercevoit à travers des lucarnes pres-

qu'entièrement bouchées. On leur accordoit une heure par jour pour respirer l'air dans la cour. C'étoit un spectacle déchirant, de voir de jeunes personnes, intéressantes par leurs grâces et leur beauté ; des enfans en bas âge, qui étoient élevés au milieu des larmes et du désespoir, et qui n'avoient pour toute nourriture que du pain et de l'eau ; car souvent leur mère infortunée n'étoient pas en état de se procurer quelques mets que vendoit bien cher un avide traiteur.

Dans les bâtimens de l'ancien collège de Louis-le-Grand, étoient les hommes ; ceux qui sortoient de la Conciergerie bénissoient presque leur destinée, puisqu'au moins ils trouvoient dans leur nouvelle demeure un lit pour se reposer, et ils n'étoient pas entassés, comme dans l'autre maison, sur une paille pourrie que l'on renouvelloit fort rarement.

Les portes du Plessis n'étoient point assiégées, comme celles de la Conciergerie, par une horde sanguinaire de femmes qui faisoient retentir aux oreilles des malheureux détenus le cri horrible, *à la guillotine*, et leur annonçoient, en vomissant les plus sales injures, le triste sort qui les attendoit.

Toutes ces horreurs n'existoient pas dans cette prison ; mais les agens de la tyrannie avoient su ménager aux prisonniers un autre genre de souffrances. En entrant, on les mettoit dans une espèce de boyau, où ils restoient debout quelquefois dix heures entières, en attendant qu'il plût au guichetier de venir faire l'appel, et de les envoyer dans un endroit particulier, où ils étoient préliminairement fouillés avant de communiquer avec les autres détenus. Cette opération ne se faisoit que trois jours après l'entrée de chaque nouveau prisonnier. On procédoit alors à une visite très-rigoureuse ; les assignats excédant 50 livres étoient enlevés ; couteau, fourchette, boucles, tout disparoissoit. J'ai vu un pauvre sans-culotte posséder une cuillier de fer, qu'il n'auroit pas cédée pour un très-grand prix, et qu'il baisoit avec attendrissement ; c'étoit tout son trésor. Il avoit eu l'art de la soustraire aux yeux de tous les argus. Il l'avoit applatie et avoit eu la patience d'en faire un couteau bien tranchant, en l'aiguisant sur un pavé.

Une nuée de guichetiers circuloient perpétuellement dans la prison, pour épier les actions, les paroles, les regards et même la pensée des détenus. Ils n'avoient pas précisément l'aspect dur et farouche des guichetiers de la Conciergerie ; c'étoient simplement d'anciens laquais qui n'étoient encore qu'à leur noviciat, et qui néanmoins avoient conservé la morgue et l'insolence des maîtres qu'ils avoient quitté.

Malheur à ceux dont la santé subissoit des al-
térations; la maladie les dévoroit. Peu ont pu
échapper, et cependant on avoit ordre de transporter les malades à l'hospice de l'Evêché; mais
on aimoit mieux laisser périr des malheureux
que de les secourir. J'ai vu un officier de cavalerie qui demandoit depuis trois jours à être
transféré, et qui fut trouvé mort dans son lit, sans
avoir reçu la moindre visite.

On avoit répandu dans le public que le Plessis
ne renfermoit que de grands conspirateurs, et
dévoués à une mort certaine ; c'étoit pour la plus
grande partie de vrais sans-culottes, d'intègres
cultivateurs, qui ne concevoient pas même l'idée
d'une conspiration. On y comptoit aussi des jeunes
gens qui avoient fait leurs études dans ce collège,
sous le despotisme des prêtres, et qui, en sortant, étoient bien loin de penser qu'ils y revien-
droient encore faire un cours de patience, sous
un despotisme plus dur. Ils se rappelloient les
plaisirs de leur enfance, et le jeu de balle auquel ils s'étoient exercés autrefois, servoit à tem-
pérer l'ennui de leur captivité.

Les mesures de sûreté générale avoient été
prises contre eux avec une sagacité admirable.
Ici, des portes énormes, de pesans verroux; plus
loin, des fenêtres surchargées de barreaux bien

épais et croisés en tous sens, où le jour avoit
peine à pénétrer.

Toute communication extérieure étoit interdite ; les papiers publics et les nouvelles étoient
consignés au guichet. Cependant on parvint à
avoir connoissance du décret qui déclaroit que la
France reconnoissoit l'Etre-suprême et l'immortalité de l'âme. « On va donc aussi reconnoître
la justice et l'humanité, se disoit chaque prisonnier ; notre sort va changer, on va nous
rendre une liberté si injustement ravie. Nous
pourrons célébrer avec nos frères, la fête qui
se prépare ; nous pourrions encore les serrer dans
nos bras, et ce jour sera le plus beau de notre
vie. »

Erreur funeste ! la fête est célébrée, et les
massacres, loin de diminuer, continuoient dans
une progression croissante, jusqu'au jour où le
supplice du tyran vint rendre encore une fois
l'espérance à des captifs qui n'avoient d'autre
perspective que l'échafaud.

Avant la révolution du 10 thermidor, personne ne se couchoit sans être poursuivi par la
crainte de recevoir pendant la nuit son *extrait
mortuaire*, c'étoit ainsi qu'on appelloit l'acte
d'accusation d'après lequel on paroissoit le lendemain au tribunal.

Si par hasard quelques individus n'étoient

pas frappés du glaive de la tyrannie, le saisissement que leur procuroit la nouvelle d'une liberté inattendue, l'ennui et le désespoir dont
ils avoient été la proie, le mauvais air qu'ils
avoient respiré, leur causoient quelquefois une
maladie longue et cruelle, contre laquelle venoient souvent échouer toutes les ressources de
l'art.

LA MAISON TALARU.

A MISS VILLIAMS.

VOUS qui des bords de la Tamis
Délaissant les brouillards épais,
Au milieu du peuple Français
Cherchâtes la terre promise ;
Vous, qui carressâtes long-tems
Cette illusion délectable,
Comme s'amusent les enfans
Des rêves brillans de la fable ;
Vous que les guichets, les verroux
Ont achevé de mieux instruire,
Mais qui voyez des jours plus doux
Enfin à l'horison reluire ;
Aimable élève d'Apollon,
Qui, sur le sommet du Parnasse,
Près des Pope et des Adisson
Avez déjà fixé votre place

Vous me demandez, citoyenne, quelques détails sur la maison d'arrêt où, sous la tyrannie de Robespierre, je me suis vu renfermer, comme soupçonné d'être suspect; et semblable, dans vos actives recherches, à votre compatriote Howard, vous voulez enrichir de mes renseignemens votre histoire de nos cachots révolutionnaires. J'obéis, citoyenne; car

> Peut-on rien refuser aux grâces,
> Quand la vertu, quand la raison,
> Inséparables de leurs traces,
> Par vos accens, commandent en leur nom?

Je ne saurois cependant vous promettre un récit bien intéressant : l'hôtel Talaru, converti en maison d'arrêt de la section Lepelletier, n'a vu, que je sache, aucun évènement remarquable éclater dans ses murs. Il ne fut jamais compté au nombre de ces funestes dépôts qu'on appélloit les anti-chambres de la guillotine. Probablement son tour seroit venu; il y a même lieu de croire qu'il n'auroit pas tardé, si le 9 thermidor n'eût dérangé, pour notre bonheur, certaines mesures antropophages, annoncées par Barrère dans la séance de l'avant-veille. Mais j'anticipe sur les faits, et comme j'ai un journal, et non un poëme épique, à écrire, je m'empresse à me resserrer dans l'ordre chronologique.

Quoique mon séjour à Paris ne remonte guères au-delà de douze années, j'ai vu construire, par le ci-devant marquis de Talaru, premier maître-d'hôtel de la ci-devant reine, l'hôtel qui porte son nom, rue de Richelieu (aujourd'hui de la Loi) près la bibliothèque nationale. Considérablement réduit dans sa fortune, par le nouvel ordre de choses, le citoyen Talaru avoit pris, l'année dernière (l'an 2), la résolution de quitter son hôtel et de se retirer dans la maison à côté, qui lui appartenoit également, et qu'on appelloit le petit hôtel Talaru. Il loua le grand à un nommé Gence, restaurateur, qui se proposoit d'en faire une maison-garnie. Ce Gence, m'a-t-on dit, se ravisa peu après, et réfléchissant qu'il n'arrivoit plus d'étrangers à Paris, et que la circulation intérieure elle-même étoit fort entravée, il craignit d'avoir fait une mauvaise affaire, et se retourna dans un autre sens. Nous étions parvenus à l'époque désastreuse où il falloit des maisons d'arrêt par-tout, où chaque section de Paris étoit jalouse d'avoir la sienne, particulièrement à la disposition de son comité révolutionnaire ; et Gence proposa au comité révolutionnaire de la section Lepelletier l'hôtel Talaru, à ce patriotique usage. Sa proposition fut agréée et le marché conclu, à je ne sais quelles conditions. On mit dans cette nouvelle prison un concierge allemand, nommé Schmidt, et la mine n'a pas dû être mauvaise à exploiter.

En effet, on faisoit payer dans cette maison des loyers exorbitans à tous ceux qui y étoient conduits par leur mauvaise étoile. Telle fut bientôt la destinée de Talaru lui-même. Il témoigna le desir d'occuper une chambre à lui seul, attendu son âge et ses infirmités, et il obtint cette rare faveur, mais au prix de 18 livres de location par jour, c'est-à-dire en payant presqu'aussi cher son chetif réduit, qu'il louoit sa maison entière.

J'ai été, moi huitième, logé dans un beau sallon, au rez-de-chaussée, donnant sur le jardin. Nous y payions chacun quatre francs de loyer par jour. Ainsi ce sallon rapportoit 320 liv. de loyer par décade, 960 liv. par mois, 10,520 l. par an, et tout l'hôtel étoit loué par son propriétaire 7000 liv.

Que devenoient ces loyers concussionnaires, et entre qui se partageoit le gâteau? Je n'ai jamais été du secret, et je ne puis vous en rien dire.

Au 10 thermidor, nous y étions environ 200 prisonniers.

Se plaignoit-on quelquefois de l'arbitraire de ces taxes? on vous répondoit: « Citoyen, vous êtes libre de ne pas rester ici, et si cela vous fait plaisir, on va vous transférer ailleurs. » Mais on craignoit d'être jetté dans quelqu'une de ces maisons qui étoient des tombeaux et des enfers anticipés, et l'on se soumettoit à payer.

Ce fut le 19 prairial que j'échangeai mon modeste appartement contre le beau sallon dont je viens de vous parler.

L'ordre du comité de sûreté-générale, en vertu duquel je fus arrêté, ne désignoit pas la maison où il falloit me conduire.

Je demandai à l'agent du comité, chargé de l'exécution conjointement avec deux membres du comité révolutionnaire de ma section, si, d'après ce silence, j'avois le choix.

Il répondit honnêtement, qu'il ne demandoit pas mieux que de m'obliger.

De m'obliger ! l'aimable politesse !
   Je demandai le Luxembourg.
   Il me fut fait ce refus net et court :
» Citoyen, je ne peux, car on s'y trouve en presse.
— Les Carmes, citoyens. — Hélas ! c'est même cas.
— Picpus ? — C'est encor pis, ainsi qu'à Saint-Lazare. »
     Enfin, pour sortir d'embarras,
Je pensai demander d'aller droit au Ténare.

Heureusement les choses n'en vinrent pas à cette extrémité. Je m'en rapportai aux connois-

sances et à l'humanité de mon honnête agent ;
et il me mena à l'hôtel Talaru.

Je trouvai, en y entrant, un tout autre ordre
de chose que celui auquel je m'étois attendu. Je
croyois toutes les maisons d'arrêt, à cette époque,
à-peu-près également resserrées et traitées avec
la même rigueur. Je me figurois l'isolement et
la gamelle par-tout. Ici je trouvai, non-seulement
les communications des prisonniers entr'eux par-
faitement libres ; tous se visitoient, circuloient
de chambre en chambre, sans aucune difficulté ;
mais même les communications assez faciles avec
le dehors. Je vis les uns recevoir leurs femmes,
leurs enfans ; les autres, leurs amis, leurs maîtresses. La société me parut agréable dans les
deux sexes. On jouoit sa partie, on faisoit bonne
chère. Si ce n'étoit pas l'image de la liberté,
c'étoit celle au moins de l'égalité et dé la fraternité ; et je me dis : « A la bonne heure ! S'il faut
bâtir ici des tabernacles, soit ! Combien j'en connois d'autres plus à plaindre que moi ! L'art du
contentement est de regarder au-dessous de soi,
et non au-dessus. »

Me voilà donc pour la troisième fois, depuis
la proclamation de la République, privé de la
clef des champs. On a plus de mérite que
d'autres à aimer la République, quand elle nous
a valu tant de tribulations personnelles, et des

tribulations d'un genre dont je me croyois à l'a-
bri pour jamais. Le jour même de cette bien-
heureuse proclamation (21 septembre 1791,
v. s.), je me trouvai pris à Séves, dans les liens
d'une consigne de 21 heures, pour avoir rencontré la municipalité et la force armée du lieu
chez un de mes amis qu'on devoit arrêter, et qui
étoit déjà allé à Paris, au-devant de ses persécuteurs, pour confondre la haîne et la calomnie
dans le sein même du comité de sûreté-générale.
Le premier anniversaire de ce même jour, vingt
fusiliers m'enlevèrent de mon lit à cinq heures
du matin, et je me vis pour huit jours logé a
l'horrible chambre d'arrêt de la Mairie (1). Mais
il faut avouer que cette troisième fois, la perspective étoit un peu plus alarmante, attendu les
progrès de la tyrannie, qui, sur-tout depuis l'ins-
titution du gouvernement révolutionnaire, marchoit à pas de géant et ne connoissoit plus aucunes bornes. J'avoue cependant avoir éprouvé

––––––––––––––––––––––––

(1) Nous y avons été entassés jusqu'au nombre ds 102.
Le lieu étoit beaucoup plus horrible encore avant qu'un
honnête Suisse, nommé Louis Mayeur, n'y eut établi
une espèce de corporation, sous le nom de *société de
la parfaite égalité*. Elle en avoit rendu le séjour supportable. J'eus l'honneur de la présider pendant deux
fois 24 heures.

que la prévoyance du mal, quand elle est revêtue
d'un certain degré de probabilité, est souvent
pire que le mal même. Le spectacle journalier
du malheur de tant d'hommes de bien que j'esti-
mois ou aimois ; l'idée toujours présente de ces
honorables vétérans du patriotisme, qui portèrent
leur tête sous la hache fatale ; l'insolente audace
des méchans dans toutes les assemblées populaires,
audace qui n'étoit égalée que par leur ineptie et
par la honteuse nullité des honnêtes gens, dont
le nom même étoit devenu un titre de proscription, ont bien plus empoisonné mon existence,
pendant les six derniers mois de ma liberté, que
n'ont fait les rigueurs de ma détention, tempé-
rées, j'en conviens, par un grand nombre d'adoucissemens inespérés et par une quiétude stoïque,
dont je ne m'étois pas cru capable. La société
étoit devenue pour moi le cap des Tempêtes ; la
maison d'arrêt a été le cap de Bonne-Espérance.

Je donnai mes premiers regrets à la fête du
lendemain, celle en l'honneur de l'Etre-suprême.
Ma séquestration forcée de cette solemnité nationale m'a fait une peine véritable. Malgré tout
ce qu'on a dit du décret de la Convention, expri-
mant l'adhésion du peuple français aux immuables
principes de toute morale et de tout culte, je ne
saurois dissimuler que ce décret est un de ceux
inspirés par Robespierre, que j'aie le moins dé-

sapprouvés. Les perturbateurs atroces, en portant à leur comble tous les scandales de l'impiété, avoient su jetter sur la France républicaine le blâme le plus odieux. Le glaive de la loi les avoient atteints; mais les despotes coalisés ne s'en efforçoient pas moins de décrier auprès des peuples la cause de la liberté, en traitant d'athées, c'est-à-dire de désorganisateurs universels, ses partisans et ses héros. La représentation nationale a voulu leur donner un démenti authentique, et il est de fait que, sous ce point de vue, son décret a opéré un grand bien. La Convention n'a jamais eu l'absurde idée de décréter que Dieu existoit et que l'âme étoit immortelle, et que les Français devoient le croire; parce que tel étoit son bon plaisir; mais par une déclaration d'un genre aussi nouveau que les circonstances où nous nous rencontrons, elle a voulu absoudre et disculper un grand peuple, d'imputations calomnieuses avidement saisies par ses ennemis, pour servir à leurs vues liberticides; et je le répète, tous les amis des principes lui en ont su gré, et je l'avois, pour mon compte, singulièrement applaudie et bénie à ce sujet.

Ce fut donc pour son objet, et non pour le mode de sa célébration, que je regrettai la fête du 20 prairial. Ce mode, je l'avois d'avance jugé comme une cohue et une pantalonade; et la

veille de mon arrestation, j'avois eu lieu de gé-
mir, pendant une grande course à la campagne,
de la dévastation des bois, et en particulier des
jeunes plans, dans tous les environs de Paris ;
dévastation qui s'est étendue sur toute la surface
de la République, et dont nos neveux, encore
plus que nous, éprouveront les déplorables
effets.

Je composai, deux ou trois jours après, les
couplets suivans, où j'essayai de peindre ma
situation morale, et que j'envoyai à quelques-
uns de mes amis, pour les rassurer à cet égard.
Ils sont sur l'air du *Vaudeville de la Soirée
orageuse*, que les touchans adieux de Mont-
jourdin à sa femme et à ses amis avoient singulièrement contribué à mettre à la mode :

> Si les riches appartemens,
> Si le luxe de la dorure,
> Des glaces, des tableaux charmans,
> Pouvoient adoucir ma clôture ;
> A mes regrets, à mon ennui
> Je devrois imposer silence :
> Mais en vain j'y cherche un appui,
> Propre à soutenir ma constance.
>
> O précieuse liberté !
> Première passion du sage,
> De ta paisible volupté,
> Rien, helas ! ne nous dédommage.

Nous

Nous ne respirons que pour toi,
Ta soif jour et nuit nous tourmente :
En nous soumettant à la loi,
Toi seule encore es notre attente !

Dernier asyle du malheur,
Espérance consolatrice,
De ton baume restaurateur
Prête-moi le secours propice !
Qu'il tremble, l'ami des tyrans,
Prêt à leur vendre sa Patrie :
La vertu venge ses enfans
Des forfaits de la calomnie.

Oui, par toi je dois triompher
D'une malveillance perfide,
Et que pourrois-je redouter,
Vertu ! couvert de ton égide ?
Quand la paix règne dans mon sein,
Que mon front en offre l'empreinte,
Il ne peut être que serein,
Alors que le cœur est sans crainte.

Ainsi, je m'accoutumois chaque jour davantage à ma nouvelle demeure, et chaque jour j'y voyois la bonne compagnie s'accroître par de nouvelles arrivées.

Mais peu-à-peu le régime de la maison devenoit plus sévère, et l'on nous retranchoit successivement une infinité de petites douceurs, bien dignes d'exciter nos regrets. D'abord, les communications avec des externes, dans l'in-

Tome III. E

térieur de la maison, cessèrent presqu'entièrement. Bientôt ce fut même une rare faveur de
pouvoir entretenir quelqu'un au guichet, seulement pendant quelques minutes. Peu-à-peu on
interdit l'entrée des papiers publics, et cette
privation n'a pas été des moins sensibles. Assez
ordinairement cependant, il s'en introduisoit
quelqu'un en contrebande, et alors il circuloit à
la dérobée ; on se l'arrachoit avec une curiosité
inquiette ; car on ne manquoit guères d'y apprendre
la perte d'une connoissance ou d'un ami ; mais il
nous instruisoit aussi des succès de nos armées,
et ces succès nous compensoient les peines et les
sollicitudes individuelles.

Au bout de quelque tems, nous eûmes dans
la chambre dont je faisois partie une ressource
précieuse pour rester à-peu-près au courant des
nouvelles. On logea avec nous un chef employé
à la liquidation, le citoyen Dutilleul, tellement
nécessaire à son bureau que le commissaire De-
normandie fut autorisé à le requérir toutes les
fois qu'il en auroit besoin. C'étoit presque le
cas journalier. On venoit le matin à 7 heures,
prendre Dutilleul à la maison d'arrêt ; on le conduisoit à son bureau ; il y passoit la journée à
travailler, et la République reconnoissante le
remettoit sous la puissance des verroux le soir.
Jugez combien il étoit questionné en rentrant !

et il se trouvoit assez souvent que, par distrac-
tion, il avoit laissé le journal des débats et des
décrets au fond de sa poche.

Cependant nous tuyions le tems présent et
nous nous étourdissions sur l'avenir avec le jeu,
avec quelques exercices du corps, tels que le
volant et le ballon, avec la bonne chère, les
bouts-rimés et la lecture. Je partageois sur-tout
l'avant-dernière ressource avec un jeune homme
fort aimable, nommé R...n, et nous avions une
muse qui établissoit chaque jour entre nous une
lutte de talent ou de facilité, dans laquelle j'a-
voue que mon concurrent remportoit assez com-
munément la palme. Hélas! nous ne nous étions
jusques-là douté, ni l'un ni l'autre, de notre
aptitude pour ce genre.

> Et voilà du malheur, l'utilité palpable.
> Il développe en nous le germe du talent.
> Rameau dit de Laborde : — « Hélas! c'est bien le
>   diable,
> » Que le sort à ce drôle ait prodigué l'argent!
> » Il nous effaçoit tous, si, loin de l'opulence,
> » Son génie eût connu l'aiguillon de la faim. »
> Amis, du bien, du mal, admirons la balance :
> Ils concourent ensemble à la meilleure fin.

Ce qui m'a fait penser ici à Rameau et à
Laborde, c'est que ce dernier, non pas l'émule
de Plutus, mais celui d'Orphée, a été aussi

notre compagnon d'infortune, et que j'aurai tout-à-l'heure à vous instruire de sa funeste catastrophe. Quand à nos jeux poétiques, je vous en communiquerai quelques-uns, aimable miss, à la suite de cette épître. Jusqu'à la charade et au logogriphe, et même l'acrostiche, devinrent de notre ressort.

L'ennuyeux loisir du couvent,
Parmi les moines les fit naître :
En dépit du bon goût, le même sentiment
En prison les fit reparoître.

Ainsi s'écoulèrent pour moi les longs jours de prairial et de messidor. Thermidor arriva. On nous avoit bercés jusques-là de la douce idée, que la maison Talaru n'étoit qu'un dépôt de personnes détenues par mesure de sûreté-générale, et non pas de suspectés, proprement dits, et qu'il n'y avoit pas à craindre d'aller de-là plus loin. Le 4 de ce mois nous arracha cette rassurante chimère. On étoit venu nous enlever la veille trois de nos camarades, Talaru, le propriétaire de la maison, Boutin, ancien trésorier de la marine, connu par son beau jardin anglais, qu'il avoit nommé Tivoli, et Laborde, ancien valet - de - chambre de Louis XV, renommé par son goût passionné pour les beaux-arts et en particulier pour celui de la musique, dans laquelle il a été compositeur fécond, et dont il a aussi écrit l'histoire. Le lendemain de leur translation fut le dernier jour de leur existence, et leurs têtes tombèrent avec 43 autres sous le glaive prétendu de la loi.

Un évènement de cette nature rembrunit un peu la teinte de nos idées par le présage qu'il offroit, sur-tout aux prisonniers d'une certaine caste.

Quand de l'être au néant le passage est si bref,
On tâte bien souvent si le tronc tient au chef.

Déçus dans les espérances qu'ils avoient nourries d'une sortie prochaine, la plupart de mes camarades de chambre, d'aimables et gais que je les avois vus d'abord, étoient devenus maussades et tristes. Ils s'étonnoient et s'impatientoient quelquefois de mon imperturbable philosophie. La maison s'engorgeoit par des charretées de prisonniers, que depuis peu on nous amenoit des départemens ; la surveillance devenoit plus active, les rigueurs et les privations plus multipliées. Je composai vers ce tems ce couplet, sur l'air de l'hymne des Marseillais :

Retranché dans sa conscience,
Le républicain généreux,
Doit bientôt de son innocence,
Voir briller le jour radieux.

> Equitable moins que sévère,
>   La Patrie, au gré des tyrans;
>   Auroit-elle pour ses enfans,
>   Cessé de vouloir être mère ?
> Courage, ô mes amis ! bravons les coups du sort.
> Vertu ! (bis) c'est avec toi qu'on méprise la mort.

Je ne doutois pas que ce régime de sang ne tendît à sa fin ; mais qui pouvoit s'assurer de la voir ? aucun de nous n'osoit croire qu'elle fut si prochaine. Le 8 thermidor aucun papier n'avoit pu franchir le guichet, et Dutilleul n'avoit pas été requis pour son bureau. Il le fut le 9. Comme il nous tardoit de le voir rentrer ! il arriva enfin, mais sa rentrée fut accompagnée de circonstances extraordinaires. Le concierge, le tenant sous le bras, lui fit rapidement traverser la cour, où nous nous promenions en l'attendant, et il le conduisit droit à sa chambre, sans lui permettre de s'arrêter. Quand nous l'y joignîmes, il eut, sans doute par des ordres très-exprès, la bouche close pour nous. On nous fit tous rentrer au gîte deux heures plutôt que de coutume et avec injonction de nous coucher. Mais un de nous, qu'un besoin conduisit momentanément dans la cour entre les 9 et 10 heures, entendit un colporteur de papiers distinctement crier dans la rue (1) : « la grande arrestation de Catilina-Robespierre, et de ses complices. Il nous en rendit compte, et vous estimerez sans peine l'effet que produisit une semblable annonce. Nous sûmes du moins à quoi attribuer les rappels et la générale que nous entendîmes battre peu après. On dormit peu, et le lendemain matin nous fûmes de bonne heure instruits de tout. C'étoit un épanouissement universel; la plupart des figures n'étoient pas reconnoissables. Je ne me pressai pas davantage de me livrer aux transports de l'allégresse, que je n'avois cédé à l'abattement.

On nous amena le 10 et le 11 des prisonniers d'un nouvel acabit, et qui faisoient assez disparate avec les anciens. « Il seroit plaisant, avois-je dit à mes camarades, que cet évènement conduisît ici la citoyenne C . . . e, enthousiaste extravagante du tyran supplicié, et que j'avois toujours soupçonnée de m'avoir desservi auprès de lui. Je

---

(1) Depuis quelques jours on empêchoit les colporteurs de papiers de les crier dans les environs de l'hôtel. Celui-ci fut averti par le factionnaire de passer son chemin et de passer en silence. Il répondit : « Va te faire f..., il y a des malheureux là-dedans; il faut qu'ils sachent ce qui se passe. » Je fus authentiquement instruit le lendemain de cette précieuse anecdote.

leur avois signalé ce personnage grotesque ; que la révolution avoit pour ainsi dire *demonisé*. Le 12, plusieurs de mes camarades accourent vers moi avec empressement, et me crient : La voilà ! la voilà ! Ils l'avoient reconnue au portrait. Je leur dis de s'en assurer auprès du concierge. Ils ne s'étoient pas trompés; mais ma ci-devant voisine n'avoit pas attendu que je vinsse renouveller connoissance et fraterniser avec elle ; déjà elle étoit allé cacher sa honte ou son dépit dans son nouveau logement, et je remis au soir notre joyeuse entrevue.

L'homme propose et Dieu dispose ; deux heures après, on m'annonça ma liberté. Je fus le premier de la maison qui la dût au changement de système, et j'étois un de ceux qui s'y attendoit le moins. Je ne me fis pas prier cependant pour sortir, et je retrouvai mes pénates, mes amis et mes livres, avec une volupté que l'expérience des revers est seule capable d'apprécier.

Avant de terminer ce récit, je rendrai justice aux gardiens à qui je fus confié pendant cinquante-trois jours. Ils n'étoient pas tous également recommandables, mais l'un portant l'autre, ils n'étoient pas mauvais, et les beaux yeux d'une bouteille de vin ou d'un assignat les humanisoient tout-à-fait.

Je caractériserai Schmidt par un seul trait.

Tandis que la plupart des geoliers se faisoient suivre par des dogues épouvantables, il avoit pour compagnon ordinaire un mouton (mouton à quatre pattes), qui ne le quittoit pas, et qui le faisoit plutôt ressembler à Saint-Jean qu'à Saint-Roch.

Ainsi de mes arrêts se termine l'histoire.
O siècles à venir ! daignerez-vous y croire ?

BOUTS-RIMÉS,

Remplis par divers prisonniers dans la maison d'arrêt de Talaru.

Mais voyez la mine *apocriphe*
De cet impertinent *magot*,
Qui pose gauchement sa *griffe*
Sur ma gorge et sur mon *gigot*.
Ah ! si d'un semblable *couvercle*,
L'hymen me régaloit la *nuit*,
Deux cornes à l'instant, formant un demi *cercle*,
De son amour seroit le *fruit*.

———————

Maint républicain *apocriphe*
A ce métier sait grossir son *magot*.
Malheur aux innocens qui tombent sous leur *griffe* !
Ils les mangent tous vifs, comme on mange un *gigot*.
J'ai de leur coffre-fort soulevé le *couvercle*;
J'ai vu l'or et l'argent extorqués jour et *nuit*.
De ces pestiférés, amis, fuyons le *cercle*,
Si de notre travail nous chérissons le *fruit*.

Celui qui de mes fers riva le premier *clou*,
Sans doute avoit sucé le lait d'une *tigresse*.
Qu'avois-je fait, hélas ! paisible dans mon *trou*?
Je vivois doucement éloigné de la *presse*.
Si mon voisin souffroit, je lui tendois les *bras*,
Et s'il manquoit d'asyle, il venoit dans ma *niche*.
Ce plaisir m'est ravi ; mais sur mon *matelas*,
   Je rime encore, et de tout je me *fiche*.

J'aurois bien du plaisir à te river mon *clou*,
   Si tu n'étois pas tant *tigresse*.
Plutôt qu'en un palais, c'est dans un pauvre *trou*,
Qu'à servir la beauté la volupté s'em-*presse*.
   Ah ! quand pourrai-je entre mes *bras*,
   D'amour t'enseigner mainte *niche*,
Soit sur ton canapé, soit sur ton *matelas* !
Je suis discret, Iris : crains-tu que je t'af-*fiche*?

   Tremblez, tyrans, voici ma *pique*,
   Elle va vous percer le *cœur*.
Ensemble ou séparés de votre lâche *clique*,
   Jamais je n'eus la moindre *peur*.
Bientôt vos corps pourris fumeront notre *treffle*,
   Et vos soldats, sur le *carreau*,
Epars, tels que la noix, les marrons ou la *neffle*,
   N'obtiendront pas les honneurs du *caveau*.

Des injures des sots bien nigaud qui se *pique*,
Qui de leurs plats caquets laisse affecter son *cœur*.
Pour moi, depuis long-tems je méprise leur *clique*,
Et leur méchanceté ne m'a jamais fait *peur*.

J'aime à fouler aux champs la luzerne ou le *treffle*.
Je n'étendrai jamais quelqu'un sur le *carreau*.
Mieux valent à mon goût une poire, une *neffle*,
Que les fines liqueurs ou glaces du *caveau*.

Qu'un instant seulement ici je sois *geolier*;
Mes captifs aussi-tôt sortiront sans *obstacle*.
Ce seroit, me dit-on, un vrai tour d'*écolier*:
J'en conviens; mais pas moins j'offrirois ce *spectacle*:
Dût-on me renfermer pour jamais, à mon *tour*,
Dût-on me racourcir comme un *liberticide*,
Quand à l'humanité je puis faire ma *cour*,
Mon cœur est à l'abri d'une crainte *perfide*.

Enfin le cri de la *clémence*
Va se faire entendre à son *tour*.
Rassurons-nous; notre *innocence*
Eclatera dans tout son *jour*.
Le triomphe de la *justice*
Promet un pardon à l'*erreur*.
Seul enfin le méchant subira le *supplice*,
Qui commençoit pour lui dans le fond de son *cœur*.

B. le 12 thermidor.

Couplets chantés à un dîner où je réunissois plusieurs
de mes anciens compagnons d'infortune, et quelques
amis qui s'étoient employés à ma délivrance. Sur
l'air de l'hymne des Marseillais.

Chers camarades d'infortune,
Compagnons de captivité,

E 6

A notre liberté commune
Trinquons avec fraternité.　　　　　*bis.*
Ils sont passés ces jours d'alarmes,
Où des scélérats, sans pudeur,
Arrachoient la vie et l'honneur
A l'innocent baigné de larmes.
Enfin brille à nos yeux un meilleur avenir.
Jurons (*bis*) haîne aux tyrans jusqu'au dernier soupir.

Naguère encor la république,
Couverte d'un manteau de deuil,
Au milieu de l'horreur publique,
S'acheminoit vers le cercueil.　　　　　*bis.*
Déjà Phalaris-Robespierre,
Tigre altéré de sang humain,
Croyoit à son sceptre d'airin
Avoir soumis la France entière.
Mais son trône écroulé ne peut se rétablir.
Jurons (*bis*) haîne aux tyrans jusqu'au dernier soupir.

Loin de nous des sermens frivoles,
Indignes de notre fierté!
Seules vous serez nos Idoles,
Vertu, Patrie et Liberté!　　　　　*bis.*
J'y joindrai la reconnoissance:
Vivement touché de ses droits,
Mon cœur sent combien je vous dois,
Chers auteurs de ma délivrance.
Je jure d'y garder, avec ce souvenir,
L'horreur (*bis*) pour les tyrans jusqu'au dernier soupir.

MA PRISON;

POÈME,

Suivi de notes historiques.

> Quod genus hoc hominum.
> VIRG. Eneid.

ARBITRE des humains, céleste Providence,
Tu daignes donc enfin protéger l'innocence!
La justice a tonné, le crime a disparu,
On va pleurer en paix l'amitié, la vertu.
Ainsi qu'un malheureux échappé du naufrage,
Des flots sur un rocher voit expirer la rage,
Nous que le ciel sauva, nous qui devions périr,
Connoissons le devoir qu'il nous reste à remplir;
Il ne se borne point à d'inutiles larmes,
A de justes regrets : sans doute ils ont des charmes ;
Mais au nom de la France et de l'humanité,
Chacun de nous doit compte à la postérité
Du règne des brigands que l'univers abhorre,
Mais sur-tout des forfaits que l'ombre voile encore (1).
A cent pas de nos murs, et suivant leurs contours,
S'élevoit à nos yeux une triple barrière :
Dans cet espace étroit et ces sombres détours,
On daignoit du Soleil nous laisser la lumière;
L'enceinte, la prison, le ciel et nos cachots,
En bornant nos regards nous peignoient tous nos maux;

Vers ce que nous aimons vainement attirée,
Notre âme des vivans se sentoit séparée.

Dans un de ces momens, trop fatal souvenir !
D'Hautvil, hélas !... de toi c'est tout ce qui nous reste ?
Auprès de celle à qui l'himen alloit t'unir,
Tu voyois s'écouler un jour lent et funeste ;
Ton nom dans les cachots tout-à-coup retentit ;
Ce cri, sans t'émouvoir, de la mort t'avertit ;
Ils t'avoient condamné. Tu devois, le soir même,
Aux juges assassins être conduit, livré ;
Leur banc de l'échafaud est le premier degré :
Tu n'en pouvois douter, mais ton courage extrême
Bravant de tes bourreaux la lâche iniquité,
Ne montre dans tes yeux que la sérénité.
De la vertu le vice et s'indigne et s'étonne ;
N'ayant pu t'effrayer, ton geolier te soupçonne ;
Il croit que tu veux fuir. Du fond de son guichet,
Il conçoit tout-à-coup un infâme projet :
» Calme-toi, te dit-il, je viens de voir la liste ;
» Sur la nôtre ton nom par une erreur existe :
» Ecoute... Ils t'ont rayé. » Dans l'instant mille cris
Partent de la prison ; « Est-il vrai, mes amis ?
» On fait grâce à quelqu'un ? » Un instant d'allégresse
Se mêle à nos tourmens, aux pleurs, à la tristesse.
D'Hautvil est dans nos bras ; vers le ciel suspendu,
Qui le connoît le moins se dit, il m'est rendu.
Et chacun s'enivrant d'une fausse espérance,
Croit qu'un hasard heureux peut sauver l'innocence.
Dieux ! qu'on va payer cher cet instant de douceur !
D'Hautvil, ... on t'abusoit ; ô moment plein d'horreur !
A peine le soleil finissant sa carrière,
A nos tristes regards dérobe sa lumière,

Au moment où le bruit des gonds et des verroux,
D'effroi , d'obscurité nous environne tous,
On annonce à d'Hautvil la vérité funeste,
« Que l'échafaud l'attend, qu'un seul instant lui reste. »
C'est peu d'avoir passé, dans un si court instant,
De la vie à la mort, et du jour au néant ;
On crie à son cachot jusqu'à l'heure fatale :
D'Hautvil, tu dors ! — Dors-tu, d'Hautvil ? Voix infernale,
Je crois t'entendre encor ! Lui, dormir , malheureux !
Ses larmes sont du sang ; peut-il fermer les yeux ?
Quoi ! Chénier ! quoi, Roucher ! vous périssez ensemble !..
Mais l'immortalité tous les deux vous rassemble ;
Comment espériez-vous d'éviter votre sort ?
Les talens, les vertus sont des arrêts de mort.
Mais quelle autre victime à mes yeux se présente ?
Ah ! vous allez frémir d'horreur et d'épouvante.
C'est un prêtre, un vieillard ; on ouvre son cachot
Un criminel arrêt l'appelle à l'échafaud.
Son féroce gardien, par un calcul perfide ,
Lui cache, en l'abordant, la sentence homicide :
« Viens, lui dit-il , accours, voilà ta liberté. »
Surpris, reconnoissant, de bonheur transporté ,
Le vieillard lui répond : « Mon ressentiment cède
A ce moment si doux. Prends ce que je possède ;
Ce peu d'argent, mon bien, mon lit, tout est à toi,
Puisses-tu par ces dons te souvenir de moi ! »
Il sort, ô trahison ! on l'entoure, on l'enchaîne,
Au tribunal de sang son guichetier l'entraîne ;
Et quand il lui demande , avec calme et douceur,
« Pourquoi m'as-tu trompé ? pourquoi tant de noirceur ? »
Le monstre, avec l'accent d'une amère ironie ,
Répond : « Sans cette erreur , je n'avois que ta vie ;
» Je possède ton bien , n'accuse que le sort ;

» Tout est dans l'ordre , et j'ai spéculé sur ta mort.»
Quel est donc ce vieillard.... et par quelle injustice...
Quoi Malsherbes ! c'est toi qu'on entraîne au supplice (2) !
Ta fille (3) y marche aussi ; son époux , leurs enfans,
Sont frappés à-la-fois l'un sur l'autre expirans ;
Trois générations s'éteignent comme une ombre.
Homme pur , calme-toi dans la demeure sombre ;
Qui connut tes vertus, pour toujours est en deuil ;
La tendre humanité gémit sur ton cercueil ;
Tes tombeaux sont flétris, ta mémoire est chérie,
L'honneur de ton supplice a couronné ta vie.
Libre dans ses regrets, chacun pleure aujourd'hui,
Le pauvre son soutien, la vertu son appui.
O mânes de Sylla , de Néron , de Tibère !
Je vous évoque ici , sortez de la poussière ;
Paroissez entourés d'échafauds , de proscrits :
Vous-mêmes frémirez à mes sanglans récits.
Je vous traîne avec moi dans cette nuit horrible,
Où , du fond d'un cachot obscur, inaccessible,
Des milliers d'innocens , ignorant leur destin ,
N'entendoient dans les airs qu'un sinistre tocsin.
On combattoit pour eux ; mais, sans nulle espérance,
Chacun ne s'occupoit qu'à s'armer de constance.
Le bruit sourd des guichets et du peuple agité,
Qui cernoit la prison d'un et d'autre côté ;
Les canons qu'on traînoit, les cris , jusqu'au silence,
Tout sembloit répéter : « C'est la mort qui s'avance ; »
Non la mort qu'on desire et qui finit les maux,
Que l'on eût mendiée auprès de nos bourreaux ,
Mais ce massacre affreux, dont l'exemple effroyable,
Le souvenir récent , hideux , épouvantable,
Retentissoit encor au fond de notre cœur,
Avec des traits de sang y gravoit la terreur.

Un verrou qu'on ouvroit, un pas, même une plainte,
Frappoient le moins timide et le glaçoient de crainte ;
En pensant aux poignards que l'on nous destinoit,
N'aller qu'à l'échafaud paroissoit un bienfait.....
Mais quel bruit tout-à-coup a frappé notre oreille ?
On répand qu'à la fin la justice s'éveille ;
Que, soulevant les fers et les voiles sanglans
Qui déroboient ses traits à nos regards mourans,
A travers des tombeaux elle approche en silence,
Et que sur des débris, élevant sa balance,
Son seul aspect a fait crouler les échafauds,
Trembler les assassins et pâlir les bourreaux.
O vous (4) qui gémissiez comme moi dans les chaînes,
Vous qui, morts à l'espoir, mouillés de larmes vaines,
Attendiez qu'un arrêt terminât vos malheurs,
Comment peindre l'instant qui suspendit vos pleurs ?
Je le voudrois en vain. Un crayon plus habile,
Le magique pinceau de l'immortel Delille
Ne suffiroit qu'à peine à ce touchant tableau.
L'homme prêt à périr, saisissant un roseau,
Le voyageur perdu qu'un foible jour éclaire,
Le pilote jetté près du port qu'il espère,
Ne sauroient comparer l'excès de leur bonheur
Au rayon d'espérance offert à notre cœur.
Par degrés, lentement circule la nouvelle ;
On n'ose s'y livrer, on s'écoute, on s'appelle ;
Chacun recueille un mot, dit ce qu'il peut prévoir ;
En le communiquant on double son espoir ;
De ce qu'on aime on craint de s'approcher encore :
Loin de marcher, le tems se traîne et nous dévore.
Mais ces doutes enfin sont tous évanouis ;
Ce cri perce les airs : « Les monstres sont détruits.
Eclairé tout-à-coup, le peuple armé s'enflamme ;

Robespierre aux enfers vient de rendre son âme,
Et n'a que précédé ses suppôts insolens,
Que réclament enfin des échafauds trop lents. »
O consolant tableau ! délicieuse ivresse !
On court, on se confond, on s'embrasse, on se presse;
On porte encor des fers, mais qui peut les sentir ?
Le présent s'embellit des biens de l'avenir.
Nous respirons. La joie où cet instant nous plonge,
Loin de nos yeux charmés emporte comme un songe
De tant de cruautés les tableaux déchirans.
Je n'en ponrsuis pas moins l'ombre de nos tyrans.
Nos écrits doivent faire abhorrer leur mémoire,
Dénoncer leurs forfaits aux fastes de l'histoire ;
Dans le calme des nuits écoutez ses accens,
Vous n'entendrez encor que des gémissemens.
Ah ! la France est en deuil ! Moi qui, dans ce naufrage,
Heureux, ai conservé des amis, des parens,
Au Dieu qui m'a sauvé, même en rendant hommage,
Je sens couler des pleurs qui triomphent du tems.
O vous, qui gémissiez dans l'ombre et le silence !
Victimes, qui pleurez la vertu, l'innocence,
Ah ! daignez m'appeller, tous mes soins sont à vous.
C'est en vain que pour moi le sort fut moins sévère;
Si je ne vous tiens pas par des liens plus doux,
Vous êtes malheureux, tout Français est mon frère.
La hache a moissonné tant d'êtres innocens,
Qu'elle semble du reste avoir fait des parens.
N'attendez de mon cœur ni fureur ni démence,
Je n'ai jamais senti l'attrait de la vengeance.
L'homme doit être humain, c'est au ciel à punir.
Connoissons nos devoirs, en sortant de ce gouffre,
Pleurons les innocens, soulageons ce qui souffre.

On vous secoure plus en recueillant vos larmes,
Qu'en vous offrant toujours la vengeance et ses charmes!
Des regrets partagés n'ont-ils pas leur douceur ?
Quelques méchans encor blessent-ils votre cœur ?
N'appellez pas sur eux une prompte justice ;
Non, non ; aux scélérats il faut un long supplice.
La hache tour-à-tour seroit teinte du sang
Des tigres exécrés et de l'homme innocent.
Ah ! d'un législateur saisissons la pensée.
Dans l'abîme des tems elle s'est élancée,
En demandant au ciel qu'ici chaque bourreau
Qui transforma la France en un vaste tombeau,
Pût voir pâlir cent ans le flambeau de sa vie.
O Justice ! entends-tu l'innocence qui crie?
Ces monstres entourés de débris et de morts,
N'ont vécu que de sang.... Qu'ils meurent de remords!
Par son propre poignard ou bien par la justice,
Il faut que tôt ou tard le scélérat périsse ;
Il n'a plus d'avenir ; et, veut-il fuir son sort,
Il traîne sur ses pas son arrêt et la mort.
Sans écouter ses cris et leur lâche impuissance,
J'entends dans les tombeaux la plaintive innocence
Demander le tribut de nos justes regrets.
Quoi ! dans ces lieux fumans de sang et de forfaits,
Nul monument encor ne peint notre tristesse!
Combien je répandrois de larmes de tendresse,
Lisant près du cercueil d'un monstre destructeur, (*Marat*)
Et de l'opinion coupable usurpateur,
Sur une urne modeste et d'arbres entourée,
Ces mots, accens plaintifs de la France éplorée:
« Ici, le peuple en deuil, éclairé par le tems,
Dévoile l'assassin, pleure les innocens. »

N O T E S.

(1) Le comité de délation de notre prison étoit composé de six hommes, qui, en apparence prisonniers comme nous, recevoient les *listes de proscriptions*, et servoient à dénoncer tour-à-tour les victimes que l'on choisissoit parmi nous.

Ils montoient au greffe de la prison, faisoient leur dénonciation ; le lendemain, ils étoient mandés au tribunal, avec les personnes que l'on destinoit à l'échafaud ; ils attestoient devant eux leur infâme délation ; et après avoir vu partir pour le supplice les innocens dont ils avoient hâté la proscription, ils rentroient dans la prison pour jouir de nos regrets et chercher d'autres victimes : il falloit voir ces monstres à toute heure, avoir la même chambre, partager le même repas. Ce supplice ne peut se peindre.

(2) Le nom de Malsherbes ramène la pensée sur un autre magistrat respecté, le citoyen Sarron, qui joignoit les connoissances les plus approfondies aux vertus les plus rares. Il périt regretté même de ceux qui l'assassinoient.

Tel étoit aussi Angran-d'Allerey, dont la vie fut l'exercice de toutes les vertus. Uniquement occupé à soulager les malheureux que le mainrien rigoureux des lois le forçoit de condamner, il payoit la dette de celui que, comme juge, il venoit d'envoyer en prison : sa fortune étoit uniquement consacrée à ces actes de bienfaisance.

(3) Il n'y a pas une des victimes de ce sèxe, qui ne méritât des éloges particuliers. Je ne parlerai que de celles que j'avois été à portée d'apprécier davantage.

La citoyenne Duchâtelet. Je ne puis rappeller ce nom sans une vénération profondément sentie. La femme rare qui le portoit avoit joui soixante ans de l'estime publique, de l'adoration de sa famille et de ses amis. Privée du bonheur d'être mère, elle s'étoit entourée de parens qu'elle regardoit comme ses enfans. Les bienfaits qu'elle leur prodiguoit n'enlevoient rien aux pauvres, aux malheureux qu'elle soulageoit à Paris, dans sa terre, et par-tout où ils s'offroient à sa vue. Il sembloit que le sort ne lui eût accordé la fortune que pour soutenir, vivifier et secourir tout ce que sa bienfaisante bonté pouvoit atteindre. Esprit juste, raison forte, caractère enchanteur, âme ardente pour le bien et active en amitié, courage inaltérable dans le malheur, sensibilité vraie, naturel attachant, en un mot, réunion exquise de toutes les qualités, qu'une modestie rare faisoit briller encore davantage. Telle étoit cette femme parfaite, que tous les gens de bien ont perdue. — Elle gémissoit en prison depuis la perte d'un époux adoré d'elle, que l'échafaud lui avoit enlevé. On pouvoit dire qu'elle vivoit sans existence, depuis cet horrible moment.

Rien, ce me semble, ne peint mieux la barbarie du régime dont nous sortons, que l'atrocité avec laquelle on lui laissa verser des larmes sur la mort de son mari. On n'eut pas la cruelle pitié de les réunir sous le même fer ; non, il falloit qu'elle perdît deux fois la vie, et que l'intervalle qui séparoit ces deux momens fût marqué à chaque minute, à chaque seconde, par des déchiremens et des larmes dévorantes qui la consumoient lentement. Eh bien, sa douceur inaltérable, son courage sublime jusqu'à son supplice, lui méritèrent l'admiration de toute notre prison ; et si je gémis encore en parlant d'elle, nos guicheiers mêmes ne pourroient lire sans émotion ce foible tribut de mes justes regrets.

La citoyenne Boufflers-Biron. Tout ce qui a connu cette intéressante femme si justement regrettée par ses amis, sait qu'elle réunissoit les qualités les plus précieuses, au charme d'un caractère aimable et doux. Occupée, dès sa plus tendre jeunesse, d'une mère infirme, elle avoit oublié tous les plaisirs d'un monde attrayant, pour ne se livrer qu'aux devoirs de la piété filiale.

Elle réunissoit l'esprit à la beauté ; plus instruite que son sèxe ne l'est ordinairement, tous les instans qu'elle ne consacroit pas à sa mère étoient employés à des lectures utiles et agréables , qui pouvoient peut-être ajouter aux charmes de son esprit , mais rien aux qualités de son cœur. Elle avoit fait son dieu de l'amitié, son bonheur de ses devoirs ; épouse vertueuse, fille tendre, amie sûre et sensible , les juges du tribunal , en prononçant son arrêt , assassinèrent en elle toutes les vertus réunies.

Stainville de Monaco. Jamais plus de grâces , de charmes , d'esprit et de courage , ne furent rassemblés dans la même personne.

Elle fut arrêtée par la loi du 17 septembre. Le comité révolutionnaire de la section du Bonnet-Rouge lui promit de la laisser chez elle avec des gardes ; mais manquant à la parole qu'on lui avoit donnée , on vint la chercher pour la mener en maison d'arrêt. Révoltée de cette mauvaise foi, sous un prétexte quelconque , elle passa par un cabinet et échappa à ses persécuteurs ; poursuivie par ces vils agens de la tyrannie, elle eut à peine le tems de se jetter dans la maison, dans les bras d'une amie bien digne d'elle , par son courage et ses rares qualités (la citoyenne Davaux) ; sa maison est bientôt entourée par cette horde de scélérats ; elle répond avec calme, sang-froid à la basse inquisition de ces suppôts de Robespierre, décidée à périr plutôt que de sacrifier son amie (qui respiroit à peine dans un endroit sombre) ; par sa seule énergie, elle parvint à éloigner de chez elle tous ces brigands, convaincus que leur victime s'étoit réfugiée dans un autre asyle, puisque son ange sauveur soutenoit sans effroi leur horrible présence.

La citoyenne Monaco erra long-tems dans les campagnes, en sortant imprudemment de chez son amie. Elle revint à Paris et fut arrêtée une seconde fois, conduite en maison d'arrêt, et peu de tems après condamnée à mort par le tribunal de sang. Elle avoit entendu son arrêt avec calme et sérénité; mais en pensant à ses enfans qui restoient sans soutiens, elle se déclara grosse ; bientôt ayant la certitude que quatre femmes dans la même position avoient été exécutées, elle ne voulut pas prolonger plus long-tems une inutile feinte, qu'elle crut indigne de ses principes. Elle écrivit à Fouquier-Tinville une lettre qui décida sa perte. A l'instant d'aller à l'échafaud, elle demanda du rouge: « Si la nature l'emporte, dit-elle, et que j'aie un instant de foiblesse, employons l'art pour le dissimuler. » En achevant ces mots, elle brisa avec vivacité un carreau de vître, hacha par morceaux

ses

ses beaux cheveux blonds qui faisoient sa parure,
les adressa à ses enfans, et marcha ensuite à la
mort avec ce calme, cette dignité touchante, ce
courage sublime mêlé de grâce et de décence,
qui rendirent ses derniers momens l'intéressante
image de sa vie.

Les citoyennes de Noailles, de Périgord,
d'Ossun, du Luc, de Bérenger, Chalgrin, fille
de Vernet; de Chimay, d'Ayen, de Grammont,
toutes victimes innocentes de la rage et de la
tyrannie, toutes méritant, à différens titres, les
pleurs éternels de ceux qui les connoissoient, et
m'inspirant également le regret profond de ne
pouvoir jetter quelques fleurs sur leurs tombes.

(4) Je puis certifier que dans le nombre incalculable de ceux que j'ai vu enlever de notre
prison pour aller à la mort, il n'y en a pas un
seul qui ait témoigné un instant de foiblesse. Le
sèxe, l'âge, les infirmités, rien ne pouvoit altérer leur courage; ils triomphoient de tout, et
c'étoit-là le supplice de nos bourreaux.

Moncrif, descendant de l'homme célèbre de
ce nom, oublia, pour l'instant, qu'il atteignoit
son treizième lustre, marcha à l'échafaud devant
nos yeux, avec toute la fermeté d'un jeune
homme qui va recueillir une palme méritée;
son fils le suivoit avec calme : on eût dit que ce

n'étoit pas la mort, mais la liberté qui les attendoit.

Thiard, homme inappréciable par les qualités
de son esprit, et le piquant de ses ouvrages trop
inconnus à la littérature ; il n'avoit jamais rien
fait imprimer. Le peu de pièces fugitives que l'on
étoit parvenu à dérober à son porte feuille, respiroient la grâce , le bon goût , et auroient pu
lui faire une réputation immortelle dans la république des lettres.

Bon père , ami rare et fidèle , il réunissoit
toutes les qualités aux agrémens ; il laisse des souvenirs attachans , à ceux mêmes qui n'avoient que
de simples liaisons avec lui. Il avoit servi sa patrie avec distinction pendant quarante ans, l'échafaud fut sa récompense. Je l'ai vu marcher à la
mort avec le même calme , la même gaîté qu'il
avoit en allant chez ses amis, faire le charme
d'une soirée , par cette fleur d'esprit , ces saillies
piquantes , cette originalité si rare , dont il étoit
le modèle.

Quelle liste désolante, innombrable , s'il falloit
nommer tous ces hommes vertueux et célèbres ,
sacrifiés depuis la loi du 22 prairial ! Un de ceux
que les gens de bien regrettent à plus juste titre,
est le citoyen Deyeux, notaire, homme probe ,
éclairé , généreux, bienfaisant, irréprochable ,
qui, réfugié pendant quelques jours chez un ami

courageux, et tourmenté du danger que celui-ci bravoit, s'échappa de chez lui pour ne pas le compromettre, et courut se présenter au comité révolutionnaire de sa section, qui l'immola.

André Chénier, jeune encore, homme irréparable et peu connu, frère du représentant du peuple et poéte dramatique, joignoit à l'érudition la plus étonnante, une raison forte, un esprit excellent, un goût sûr, une philosophie supérieure, un caractère plein d'élévation.

Roucher, dont le grand talent pour la poésie mûrissoit en silence, s'occupoit dans sa prison de revoir l'utile traduction du livre de Smith, quand on l'égorgea.

Lavoisier, chimiste célèbre, occupé d'une découverte intéressante, demandoit pour toute grâce qu'on lui donnât le tems de finir une expérience utile ; Coffinal lui répondit : « La République n'a plus besoin de science. » Les nouveaux Vandales l'immolent sans l'écouter, et ensevelissent avec lui ses vertus, ses talens, et la découverte précieuse dont il alloit enrichir les sciences qui le regrettent.

Dix jours plus tard, il ne restoit pas un des hommes de lettres détenus dans les cachots révolutionnaires. Laharpe, Bitaubé, Riouffe, Guinguené, Després, Vigée, Lachabeaussière, etc. etc. subissoient le même sort. L'on assure que les proscrits se succédoient dans un ordre indiqué, sans préjudice aux artisans, aux pauvres; en un mot, toutes les classes de la société dévastées pendant dix mois par ce systême destructeur.

Pourrions-nous passer sous silence tous les artistes célèbres du Théâtre français, que, peut-être deux jours plus tard, la France auroit perdus? O Corneille! Racine! Molière! Voltaire! quelles injures à vos mânes immortels! Par qui pouvoit-on jamais remplacer l'ensemble des talens qu'on vous enlevoit?

Ces inimitables artistes, après avoir gémi si long-tems dans les fers, tourmentés par l'envie, la tyrannie et la plus épouvantable injustice, n'employèrent les premiers momens de leur liberté qu'à hâter la délivrance de ceux avec qui ils avoient souffert, même des personnes qui, oubliées dans d'autres prisons, pouvoient peut-être leur inspirer moins d'intérêt.

Et voilà ceux que l'on a persécutés!

Rappellons-nous donc sans cesse que la noble profession des arts élève l'âme, ajoute à sa sensibilité, et ne peut que développer en elle le germe de toutes les vertus.

Je n'ai pu, dans ces notes, que suivre les mouvemens de mon cœur, en rendant un foible hommage à la mémoire de ceux que j'avois été

â portée de connoître, et que je regretterai toujours ; mais qu'il me soit permis de desirer que
l'une des plumes savantes dont la France s'honore, s'empare de tous les traits d'héroïsme, de
courage, d'élévation, de grandeur d'âme, dont
les victimes ont paré leurs derniers momens,
pour les livrer à la postérité. Leur nombre est
incalculable ; il semble que les vertus et le courage n'ont eu que plus de force et plus d'éclat
pour briller à nos yeux, en raison de la profon-
deur de l'abime que le crime avoit creusé pour
les anéantir. Eh ! qui peut consoler de plus d'une
année entière que l'histoire marquera en traits de
sang, si ce n'est le tableau touchant des traits su-
blimes que les monstres seuls vouloient ensevelir
dans l'oubli !

SUR LA MORT DE ROBESPIERRE.

Air : *Des Versaillois.*

QUELS accents, quels transports, en ce jour d'allé-
      gresse,
Succèdent tour-à-tour à la sombre tristesse !
Le supplice infamant d'un tyran détesté,
     Vient de venger la liberté.   *bis.*
Le cruel immoloit la timide innocence ;
Tout tomboit sous ses coups, la vieillesse et l'enfance.
Français ! n'obéissez désormais, sous vos lois ;
Qu'aux soutiens de la France, aux vengeurs de vos
      droits.

Que de sang fit couler l'amour du rang suprême !
Le crime épouvanté semble en frémir lui-même.
Le tyran parut croire à la Divinité
  Pour mieux trahir la liberté. *bis.*
Il n'eut de la vertu que la trompeuse image,
Et rien ne put jamais fléchir son cœur sauvage.
Français ! n'obéissez, en chérissant vos lois,
Qu'aux soutiens de la France, aux vengeurs de nos
   droits.

Tout plioit sous le joug de ce tyran perfide :
Il eût tout englouti dans sa rage homicide.
Il auroit enchaîné jusqu'à la volonté,
  Sans le Dieu de la liberté : *bis.*
Ce Dieu fit tout - à - coup éclater sa puissance ;
Il vint, frappa le traître, et sauva l'innocence.
Français ! n'obéissons désormais, sous nos lois,
Qu'aux soutiens de la France, aux vengeurs de nos
   droits.
     Par le citoyen Dubuc.

HYMNE A L'ETERNEL,

O U

PRIERE D'UN DETENU.

Air : *Des Marseillais.*

Être infini que l'homme adore
Comme le Dieu de l'univers,
D'un infortuné qui t'implore
Entends la voix et les concerts ; *bis.*
Que toute la terre frémisse
Devant ta sainte volonté :

Pour moi, j'espère en ta bonté,
Même en redoutant ta justice.
Brise aujourd'hui les fers de ma captivité,
Dieu bon ! (*bis*) et donne-moi la paix, la liberté.

Le coupable chargé de chaînes,
Est toujours prêt à murmurer.
Hélas ! quoiqu'abîmé de peines,
Je ne cesse de t'adorer :   *bis.*
De ta providence sévère,
Bénissant les sages décrets,
Sans interroger tes secrets,
Je sais obéir et me taire.
Brise aujourd'hui les fers de ma captivité,
Dieu bon ! (*bis.*) et donne-moi la paix, la liberté.

Dieu, protecteur de l'innocence,
Sois aussi mon consolateur.
Jamais la sombre défiance
N'a trouvé place dans mon cœur.   *bis.*
Non, une sainte confiance
M'a soutenu dans mes malheurs;
Et quand mes yeux versent des pleurs,
Mon cœur conserve l'espérance.
Brise aujourd'hui les fers de ma captivité,
Dieu bon ! (*bis.*) et donne-moi la paix, la liberté.

Par Dumontet-Lambertie.

F 4

VERS A MA SŒUR,

En lui remettant un anneau la veille de mon départ
pour le tribunal révolutionnaire.

A la Conciergerie, 10 prairial.

Le voici, cet anneau si brillant à mes yeux ;
    Je le tenois d'une amante fidèle ;
    Mais aujourd'hui que la parque cruelle
Menace de trancher des jours long-tems heureux,
Aujourd'hui que je vois approcher mon supplice,
    De mon doigt il faut l'arracher.
Hélas ! qu'avec regret j'en fais le sacrifice !
    Combien cet anneau m'étoit cher !
    Il fut le prix de ma constance.
    Je l'ai porté pendant dix ans,
    Et sur les plus beaux diamans
    Je lui donnois la préférence.
    Qu'il vous soit aussi précieux,
    O vous ! à qui je le confie ;
    Recevez-le avec mes adieux,
    Et portez-le toute la vie.

Par le même.

VERS A LA CITOYENNE ***,

A la Conciergerie, 30 prairial.

Pour t'éviter un entretien funeste,
Je suis parti sans prendre tes adieux.
J'ai remis à ma sœur cet anneau précieux
Que je reçus de toi : ton portrait seul me reste,

Ce doux portrait attaché sur mon cœur,
·De ton absence adoucira l'horreur :
D'une amante chérie il me peindra les charmes.
D'un amant malheureux il recevra les larmes.
Caché soigneusement aux yeux de mes bourreaux,
Il me consolera dans le fond des cachots.
Malgré mes ennemis, en dépit de leur rage,
Je pourrai contempler ta bienfaisante image,
La coler sur ma bouche, et de baisers brûlans
Couvrir cent fois le jour tes traits attendrissans.
S'ils pouvoient...... les bourreaux ! dans leur haîne im-
    placable !
S'ils pouvoient me ravir ce portrait adorable...!
 Mais c'est en vain qu'ils viendroient le chercher ;
 Jusqu'au tombeau je saurai le défendre ;
Et si malgré mes soins, je le laissois surprendre,
De mon cœur tout sanglant il faudroit l'arracher.

Par le même.

C H A N S O N

FAITE A LA CONCIERGERIE,

Par le citoyen M....., âgé de 17 ans et demi, la
veille de son jugement.

Air : De la croisée.

Non, rien ne peut se comparer
A la sombre Conciergerie,
Le soleil craint de pénétrer
La grille de barreaux garnie ;
Mais demain on me jugera,
On fixera ma destinée ,

F 5

Et le tribunal m'ouvrira
La porte..... ou la croisée...   *bis*

Là, le coupable et l'innocent,
Languissent sous la même chaîne,
L'un abattu, l'autre riant,
A chacun vient conter sa peine ;
Un autre, certain de son sort,
Badine avec la triste idée
D'aller bientôt braver la mort
Sous l'étroite croisée.   *bis*

Si ma tête, quoiqu'innocent,
Tomboit sous la hache commune,
Lecteurs, voici mon testament :
A la nation ma fortune ;
Pour les vers mon corps restera,
Et mon ame favorisée,
Pour aller au ciel, passera
Par la sainte croisée.   *bis*

Si tu critiques ces couplets,
Censeur, mets-toi donc à ma place
Entouré d'horribles objets,
Et de la mort voyant la trace,
Un lâche et triste sentiment
N'émeut point mon âme agitée ;
Je veux les chanter en altant
A la triste croisée.   *bis*

EPITRE

A MES AMIS.

Par un prisonnier à Sainte-Pélagie :

(Le citoyen Lafisse, médecin.)

OU croyez-vous, mes amis, que l'ennui,
Ce dieu de plomb, à la bouche béante,
Au regard fixe, à la marche traînante,
Qui, sans les voir, rassemble autour de lui
Des vains projets la troupe mensongère,
Mille beaux plans en Espagne tracés,
Maints beaux écrits chez Duchène entassés,
Et tant de vers faits pour une bergère ;
Où croyez-vous qu'il ait fixé sa cour ?

Il eut jadis un plus ample domaine ;
On le voyoit, dès la pointe du jour,
Sous la fourrure et la pourpre romaine,
Dormir encore au palais de Thémis ;
Puis lentement s'étendant sur Paris,
En longs cheveux, en épée, en jaquette,
De nos Laïs il ornoit la toilette,
Nonchalamment leur disoit des fadeurs,
Justifioit l'humeur de la coquette,
Et de la prude excitoit les vapeurs ;
Jusqu'à Versailles il suivoit l'étiquette ;
Bâilloit au bal, au parterre, au sermon,
Au thé d'Iphise, au souper de Damon,
Par-tout enfin, même à l'académie.

Mais de son puits la vérité sortie,
La liberté souriant aux Français,

F 6

Du dieu fallot ont renversé l'empire ;
Chez eux l'ennui ne trouve plus d'accès.
L'amour brûlant que la Patrie inspire ,
Dans tous les cœurs nourrit l'activité.
Vieillesse , enfance , et jeunesse et beauté ,
Tous réunis , courant même fortune ,
Sont occupés de la cause commune.
La liberté remplace tous les dieux.
De nos guerriers les exploits glorieux
Inspirent seuls Thalie et Melpomène.
Dans tous les clubs , aux temples , sur la scène ,
Le triste ennui seroit fort mal reçu.
Ce dieu banni par les fiers démocrates ,
Même au café rarement apperçu ,
Se traîne encor chez les aristocrates ;
De ses états le reste a disparu.
Car dans ce Louvre où , par la tyrannie ,
Il s'était vu si grandement traité ,
Dans ce palais qu'habite le Génie ,
Qui des humains fonde la liberté ,
Ne croyez pas qu'il eût l'effronterie
D'aller montrer son visage hebété.
Où donc est-il ? Hé quoi ! sans vous le dire ,
Mes chers amis , ne devinez-vous pas ?

Si devers l'Est vous dirigez vos pas ,
Dans ee quartier fameux par le délire
Dont Saint-Médard frappa tant de cerveaux ,
Dans ce fauxbourg appellé Saint-Marceaux ,
De Saint-Marcel qu'on ne fête plus guère ;
Si vous suivez presqu'entier le chemin
Qui mène droit au superbe jardin ,
Où l'œil surpris voit la nature entière.

La mousse et l'if, le platane et le lière,
Avec tant d'art mis en ordre par Thouin;
Montant, à droite, à très-peu de distance,
S'ouvre la rue à qui, non sans raison,
(De nos ayeux, voyez la prévoyance!)
On a donné de la clef le beau nom;
Ce n'est la clef que porte le saint-père,
Qui fait entrer au benoît paradis;
Ce n'est la clef de la porte où Cerbère
Mord tout venant; c'est encore bien pis.
Pour dévoiler cet horrible mystère,
Quelques instans différons, mes amis.

Dans cette rue est un vieux monastère,
Où, dans le tems des frivoles plaisirs,
Fille novice et femme peu sévère,
De la nature écoutant les desirs,
Dans un réduit obscur et solitaire,
Venoit payer, par de mortels loisirs,
Quelques momens d'une joyeuse vie,
En se vouant à Sainte-Pélagie.
Vous demandez pourquoi cette maison
De telle sainte avoit reçu le nom;
Mais sur ce cas légende ni vulgate
Ne disent rien. On croit que la béate,
D'après le sens du grec et du latin (1),

---

(1) Le nom de Sainte-Pélagie vient évidemment du
mot latin PELAGUS, ou du mot grec *Pelagos*, qui signifie la mer. De très-graves auteurs prétendent que cette
sainte est la même que Vénus, que des moines savans
ont logée en paradis sous ce nom par dévotion ou par
reconnoissance.

Eut des rapports, marcha sur mêmes traces,
Avec Cypris, qui, par un beau matin,
Du sein des mers naquit avec les grâces.

Pourquoi parler de Vénus, de l'Amour,
Dieux inconnus dans cet affreux séjour ?
Par d'autres soins mon âme est agitée.
Vous savez tous que de cette maison,
Jadis couvent, de nonnes habitée,
Ces derniers tems ont fait une prison.
En un seul point elle a changé d'usage :
Pour des nonnains, fille ou femme peu sage,
Vous y verrez au moins deux-cents reclus,
Dont la plupart ne péchèrent pas plus.
Vous attendez que d'un crayon fidèle,
De ce manoir je vous trace le plan ;
Que je vous dise, en style de roman,
Si des dehors l'architecture est belle ;
Mais arraché, dans la nuit, au sommeil,
Dans cet enfer devançant le soleil,
A la lueur d'une lampe funèbre,
Sous vingt guichets fort étroits et très-bas,
Courbant le dos, ne voyant que ténèbre,
Je dirigeois à grand peine mes pas.

J'arrive enfin à la porte fatale.
La lourde clef dont les énormes dents
Ont le pouvoir d'entr'ouvrir ce dédale,
Dans la serrure est mise en plusieurs tems ;
Le ressort fuit sous le fer qui le mâche ;
Le pêne crie, et trois fois de sa gâche,
En frémissant, s'arrache avec efforts.
Des longs verroux la tige raboteuse

Avec aigreur tourne dans ses supports.
La porte s'ouvre; une tempête affreuse
Semble gronder le long des corridors.
Ainsi Milton nous dépeint la barrière,
Qui, dans l'enfer, tient captifs les démons,
Avec fracas roulant sur ses vieux gonds,
En imitant les éclats du tonnerre.

J'entre: que vois-je? ô ciel! ô mes amis!
Le cœur me manque, une sueur glacée
Couvre à l'instant tous mes membres transis;
Sur cette paille en un coin ramassée,
Quel dieu, quel diable est lourdement assis?

A son massif, à sa figure blême,
Ses bras pendans, ses yeux appesantis,
Ses bâillemens l'un par l'autre suivis;
A tous ces traits puis-je le méconnoître?
Je veux le fuir; mais bientôt arrêté,
Dans tous les yeux je le vois reparoître,
Et par lui seul tout me semble habité.
Le jour obscur, la triste oisiveté,
Et le silence, et l'uniformité,
Ont dans ces lieux établi son empire;
On s'en pénètre avec l'air qu'on respire;
De son fardeau chacun est tourmenté.

Car que fait-on dans ce fatal repaire?
On boit, on mange, on rêve et l'on digère.
On s'est levé pour se coucher le soir;
Le lendemain de même on recommence.
On ne voit point, dans ce sombre manoir,
D'où vient le vent qui souffle sur la France.

La promenade est un corridor noir,
Qu'éclaire à peine une seule fenêtre,
En tout portant douze petits carreaux,
Qui laissent voir six monstrueux barreaux,
Bien traversés, scellés en fort salpêtre.
Vous jugez bien que les ris et les jeux
Sont exilés, pour jamais, de ces lieux.
Un jour pourtant, quand l'heureuse nouvelle
Du lâche Anglais expulsé de Toulon,
Nous arriva, soudain dans la prison,
La joie alors devint universelle ;
Et dans le sein de la captivité,
Chacun crioit : *Vive la Liberté !*
Mais cette joie, hélas! fut passagère.

Au point du jour, un pesant balayeur,
Du corridor vient gratter la longueur,
Et lestement déplace la poussière.
Lorsque Phébus entame sa carrière,
D'un guichetier l'officieuse main,
De chaque porte explorant la ferrure,
De nos verroux vient ouvrir la serrure.
Chacun alors peut se mettre en chemin,
Mais sans beaucoup s'éloigner de son gîte.
Dans le quartier, une horloge maudite,
Dont le marteau paresseux et traînant,
A chaque coup hésitant de s'abattre,
Semble à regret frapper l'airain sonnant,
Annonce une heure au plus au bout de quatre,
Et sonne encor plus de vingt fois par jour.
Lorsque la nuit revient dans ce séjour,
Trois fois la cloche annonce la clôture.
Un guichetier, avec un gros pillon,

Semblable à ceux des enfans de Purgon,
De nos barreaux sonde la contexture.
Sur la traverse il frappe lourdement ;
Sur les barreaux mis verticalement,
En ligne oblique, il coule avec adresse,
Faisant tinter, à son tour, chaque pièce,
Pour être sûr que le tout soit entier ;
Puis le concierge, avec des yeux sévères,
Regarde encor après le guichetier,
Si ses dindons sont tous dans leurs galères,
Et poliment nous dit : bon soir, mes frères :
Tout cela fait, on ferme les verroux.

O des plaisirs le plaisir le plus doux !
Divin sommeil, au moins sur ces retraites
Si tu pouvois répandre tes pavots !
Je ne veux point de tes faveurs secrettes,
Mais donne-moi l'oubli de tous mes maux !
Toi, de l'ennui le compagnon fidèle,
Toi seul ici n'as point suivi ses pas ;
Toujours je bâille en ces nouveaux états,
Sans que tes doigts y couvrent ma prunelle ;
Ou si jamais je dors quelques momens,
De vingt gros chiens, renfort de nos gendarmes,
La voix bruyante et les longs hurlemens,
Dans tous mes sens réveillent mes alarmes.
Qui me l'eût dit, que cinquante ans d'honneur,
Un zèle ardent à servir ma patrie,
Et l'innocence inutile au bonheur,
Me conduiroient à Sainte-Pélagie ?

ENVOI.

AMIS, l'Apollon que je sers
N'est pas l'Apollon des bons vers ;

Vous l'avez déja dit, peut-être.
J'ai voulu vous peindre l'ennui :
Je crains, en vous parlant de lui,
De vous l'avoir trop fait connoître.

Adieux de Philippeaux à son épouse.

HÉROÏDE.

ARME-TOI de courage, épouse infortunée;
C'en est fait, j'ai rempli, ma triste destinée.
Ils m'ont jugé coupable!... Un tribunal de sang,
Egalement funeste au crime, à l'innocent,
Me condamne à mourir.... Divine Providence,
Toi qui lis dans les cœurs, tu vois mon innocence.
Ils la connoissent bien eux-mêmes, les cruels!
Ceux qui m'ont imputé des projets criminels.
Mais ils vouloient ma mort; elle étoit résolue.
Au tyran qui me craint, ma tête étoit vendue.
Depuis qu'en plein sénat, témoin de leurs excès,
J'osai de ces agens dévoiler les forfaits;
Que malgré lui, leur chef, leur infâme complice,
Je provoquai l'arrêt de leur juste supplice;
Il jura de venger ses coupables amis :
A leurs mânes sanglans tout mon sang fut promis;
Il s'acquitte envers eux. Le fer, vengeur du crime,
Va prendre également l'innocent pour victime.
L'ami de la Patrie, et ses tyrans vaincus,
Dans le même tombeau vont être confondus....
Ah! du moins, que mon nom, survivant dans l'histoire,
Chez la postérité recouvre un jour sa gloire.
O mes concitoyens, mes frères, mes amis,

Avec qui j'ai vécu sur des bords plus chéris;
O vous qui dans mon cœur toujours avez su lire!
De la justice, un jour, quand renaîtra l'empire,
En ma faveur, alors, élevez tous la voix;
Vous direz si je fus sincère ami des lois,
Fidèle à mon serment, à la chose publique.
Mes amis, que par vous la vérité s'explique;
Vous sur-tout, indigens, dont, jadis tant de fois,
Contre l'avide orgueil j'ai défendu les droits.
A votre estime encor, ah! si je puis prétendre,
Pour appaiser mon ombre, et consoler ma cendre,
Consolez mon épouse; et par vos soins flatteurs,
Faites-lui, s'il se peut, oublier ses malheurs....
Attends-toi, tendre amie, à perdre l'héritage
Des biens dont je t'ai fait le modique avantage,
Du peu de biens, hélas! par mon travail acquis;
Au fisc, après ma mort, ils seront réunis.
Mais du moins, en faveur de la veuve indigente,
Il existe une loi plus juste et bienfaisante:
Quelque peu que l'Etat veuille bien m'accorder,
Vas, l'on te rendra plus que l'on ne peut t'ôter.
Mais hélas! chère épouse, en ce tems où nous sommes,
Compte peu sur l'appui, sur les secours des hommes.
Dieu seul te reste encor dans ce triste univers.
Les hommes! ils sont tous ou foibles, ou pervers,
Ou trompés, ou trompeurs. C'est au sein de Dieu même
Que tu dois rechercher un protecteur qui t'aime.
De la veuve, sa main daigne essuyer les pleurs,
Et du foible orphelin confond les oppresseurs...
Auguste! tendre fruit de nos chastes caresses;
Daigne le Ciel sur toi répandre ses largesses!
Et toi, veille avec soin sur cet aimable fils:
Rends-le digne de nous, digne de son pays.

Parle-lui quelquefois des malheurs de son père;
Dis-lui combien j'aimois et l'enfant et la mère!....
Alimente en son cœur le germe des vertus,
Et qu'il retrouve en toi la mère des Gracchus.
Mais sur-tout, parle-lui de cet Être-suprême,
Qui veut moins être craint, qu'aimé de ce qu'il aime;
Inculque en son esprit, par ta voix exalté,
Le dogme consolant de l'immortalité,
D'une nouvelle vie, espoir qui me ranime!
Où l'innocence enfin est à l'abri du crime.
Oui, c'est-là, qu'à l'abri de mes juges cruels,
Nous serons réunis par des nœuds éternels.
C'est où je les attends bientôt pour les confondre:
Bientôt.... hommes de sang, qu'aurez-vous à répondre
Devant ce tribunal d'un Dieu juste et vengeur?
Tremblez; vous m'y verrez pour votre accusateur.
Cet espoir consolant, dernier appui du sage,
Au pied de l'échafaud, ranime mon courage......
Qu'entends-je? l'heure sonne... Un bruit sourd et fatal..
De mes derniers momens c'est l'horrible signal...
On ouvre... L'on m'appelle... O Dieu, reprends ma vie;
Mais protège ma femme, et sauve ma Patrie!

Par Benoit Lamothe.

Un père étant détenu à Port-Libre, fit cette romance pour son fils unique âgé de 4 ans, ayant perdu sa mère à trois mois

ROMANCE A MON FILS.

Air : *Pauvre Jacques, etc.*

O mon cher fils, faudra-t-il, loin de toi,
Traîner long-tems mon existence?

Un siècle, hélas! chaque jour devant moi,
   S'écoule en doublant ma souffrance.
En vain, en vain, un Dieu consolateur
   Sans cesse m'offre ton image.
Auprès du tien est demeuré mon cœur;
   Puis-je compter sur mon courage?

O mon cher fils! faudra-t-il loin de toi, etc. (1)

Chaque matin, je voyois mes rideaux
   S'ouvrir sous ta main innocente;
Et j'oubliois plaisirs, peines, travaux,
   Bercé de cette douce attente.
Mis en prison,... en proie au désespoir,
   Sans toi je vois lever l'aurore;
Et t'appellant, te cherchant jusqu'au soir,
   Sans toi je me retrouve encore.

Le col pressé par tes deux petits bras,
   Je courois les champs, le boccage;
Et cent baisers donnés à chaque pas,
   Des oiseaux couvroient le ramage.
Mais lorsqu'un songe, au milieu de la nuit,
   Sur mon sein t'apporte et te place,
Au bruit des clefs soudain ton ombre fuit;
   Je m'éveille et mon sang se glace.

Le Ciel, souvent terrible en ses décrets,
   M'ôta la moitié de moi-même.
Je résistois... Mon fils, tu m'ordonnois
   De calmer ma douleur extrême.

---

(1) On ne répète ce rondeau que cette fois seulement,
le reste se chante de suite.

Mais d'un exil, s'il faut subir la loi,
   Comment supporter ma misère?
Comment mourir, si je ne puis, de toi,
   Porter un baiser à ta mère?

E P I T R E

A MON AMI.

Vous dont les jours sereins du bonheur sont l'histoire,
Vous qui seriez heureux, si vous vouliez le croire;
Vous avez évité ce spectacle d'horreur
   Qui glaçoit l'âme et déchiroit le cœur.
   Mais vous voulez, ami, qu'on vous rappelle
   De nos tourmens le tableau trop fidèle,
Et de la longue mort que l'on nous préparoit.
Fremissez, j'y consens, jugez ce qu'on souffroit.
Je ne parlerai pas de l'enceinte fatale,
Où d'une dure loi la rigueur infernale
   Avoit jetté tant d'êtres innocens:
Que font des guichetiers, des verroux et des grilles,
Quand un jour, un instant voit périr des familles,
Sans qu'un seul homme échappe, et que leurs corps sanglans
Sont les derniers témoins qu'ils furent existans?
Je ne veux présenter à votre âme sensible
Que le vrai dépouillé d'images, de couleur:
Dans ces simples détails il n'est que trop horrible,
Un seul de nos dangers inspire la terreur.
A peine notre perte eut-elle été jurée,
Qu'il fallut nous trouver des crimes apparens:
La justice est encor forcément révérée
Dans les profonds replis de l'âme des tyrans.

Ceux de nous dont l'active et constante prudence,
Avoit de tous soupçons sauvé leur innocence,
Ne goûtoient pas non plus cette tranquillité
Qui fait voir l'avenir avec sécurité.

De nos bourreaux l'exécrable industrie
Inventa contre nous ce que la barbarie
A produit de plus vif en ses sombres fureurs.
Un comité secret de dénonciateurs
Jusqu'au fond des prisons, préparoit nos supplices;
    Unir le crime à tous les vices,
    Suffisoit pour s'y voir admis.
A ces hommes de sang notre sort fut soumis;
Murmures innocens, craintes, jusqu'aux pensées,
Tout étoit épié pour nous faire périr,
Et les proscriptions, avec ordre classées,
Mesuroient les instans qui restoient à souffrir.
J'ai vu plus d'une fois, et la sœur, et le frère,
L'époux près de sa femme, un fils près de son père,
Goûter le seul plaisir connu dans les cachots:
La douceur de pleurer qui soulage les maux;
Je les ai vus, cherchant de foibles espérances,
Dérober au malheur ces tristes jouissances;
Je partageois de loin tous leurs empressemens;
Je croyois me mêler à leurs embrassemens,
Souffrir ensemble attache et dans la même peine:
Nul n'est indifférent, s'il porte notre chaîne.
Tout-à-coup ces brigands attachés à nos pas,
Ces précurseurs affreux du plus honteux trépas,
Paroissoient... A l'instant ils glaçoient jusqu'aux larmes.
L'une, prête à couler, retomboit sur le cœur;
Celle qui s'échappoit, fixe par la terreur,
Se gravoit dans les traits et sur les plus doux charmes;
La nature un instant avoit repris ses droits,

Elle étoit étouffée, et trop sourds à sa voix,
Père, fils, frère, sœur, époux, femme tremblante,
Sans croire se revoir, tous fuyoient d'épouvante;
Et dispersés, dans l'ombre on se précipitoit,
Sans un dernier regard que même on redoutoit.
J'ai toujours repoussé l'idée humiliante,
Que l'hommme pouvoit naître atroce et scélérat;
Mais tous ces délateurs par calcul, par état,
Prouvent de ce malheur la vérité constante.
    Un d'eux un soir dormoit dans la prison,
J'approche avec horreur de ce monstre sauvage.
      On remarquoit sur son visage,
Même au sein du sommeil, cette altération
Qui rappelle à-la-fois le crime de la veille,
Celui qu'il méditoit, l'autre à l'instant commis,
Dont le calcul horrible affaissoit ses esprits.
Quand l'honnête homme dort, avec lui tout sommeille,
Qualités ou défauts; mais l'être vicieux
N'a qu'un demi repos; c'est un arrêt des cieux:
Ce tourment de la nuit, en fermant sa paupière,
Peint les remords du jour qu'apporte la lumière;
    En vain son corps est dans l'accablement;
Les vices près de lui restent en mouvement.
    Ecartons ce tableau d'images affligeantes;
      Il en est de plus consolantes.
Ah! du moins si le ciel a permis nos malheurs,
    Que de vertus entouroient tant d'horreurs!
Que de traits attachans, de grandeur, de tendresse,
De dévoûment profond, de touchante noblesse!
Si nos maux ont causé tant d'admiration,
Quelle source d'estime et d'admiration!
Oublîra-t-on jamais cette parfaite amie
Qui contr'elle n'ayant ni délits, ni soupçon,

Force

Force les murs de la prison,
Demande, obtient des fers, et méprisant sa vie,
Dans les plus forts dangers de nos proscriptions,
Au milieu des bourreaux et des délations,
Vient soigner un ami si tendre, si fidèle,
Mourant (non de ses maux) mais d'être éloigné d'elle ?
Modèle de courage et de grand dévoûment,
D'éternelles douleurs en ce fatal moment,
O toi, jeune Sombreuil ! toi qui n'eus point d'égale,
   Dans aucun tems, en piété filiale,
   Parois !... Ton deuil et tes pleurs impuissans
Peindront mieux que mes vers nos féroces tyrans.
L'âme des assassins par toi fut attendrie,
Leurs mains teintes encor de tant de barbarie,
Mélant du sang aux pleurs qu'ils vouloient retenir,
Te rendirent ton père !... Et des loix sanguinaires
Commandant une horrible inflexibilité,
Par les féroces voix de juges mercénaires,
De crêpes éternels couvrent ta pureté.
Que dis-je ? on te refuse... Ah ! quelle barbarie !
   Le lit d'un père arraché de tes bras ;
Est-ce pour le repos que ton cœur le mendie ?
Non, c'est pour l'arroser de pleurs jusqu'au trépas.
Je ne finirois pas, si je cherchois à peindre,
Tant de détails touchans, qui perdent trop décrits ;
L'ensemble suffira, sans que je puisse craindre,
En vous intéressant, de lasser vos esprits.
Les plus cruels instans de nos tristes journées,
Etoient ceux où notre œil pouvoit voir arriver
Ces ministres de mort, qui venoient enlever
Les victimes du jour, à périr condamnées.
Sans nuls momens réglés ce supplice naissoit ;
Et l'âme, du repos jamais ne jouissoit ;

Tome III.   **G**

Un de nous s'écrioit... *J'apperçois des gendarmes:*
Ce seul cri devenoit l'affreux signal des larmes.
Est-ce vous ? Est-ce moi ? dit un être isolé ;
Sauve ma femme, ô Dieu, dit l'époux désolé !
O mon frère ! ô mon fils, objets de ma tendresse !
Ciel ! dit tout bas l'amant, conserve ma maîtresse !
Tantôt l'air retentit de ces cris douloureux ;
Tantôt la prison reste en un silence affreux.
De ce greffe effrayant qui peut percer l'enceinte ?
Pour vouloir s'éclairer, le cœur a trop de crainte ;
L'incertitude tue, on veut la prolonger.
Quelle position.... Dieux ! Pour se soulager
Il faut être barbare, et desirer qu'un autre.....
Ce seul penser déchire..... O comble de tourment !
On répand un faux bruit. — C'est lui. — Quel nom ? Le
        vôtre....
On en nomme encor six. — Ciel !... Qui donc ? On attend...
    Quand tout-à-coup des *voix de cannibale,*
Chantant deans les guichets leur orgie infernale,
Mêlent le bruit des clefs, des verres, des verroux,
Aux soupirs étouffés qui nous suffoquent tous.
La vérité funeste enfin se fait entendre.
    Aux larmes que l'on voit répandre,
On devine déjà tous les noms des proscrits.
Que d'horribles tableaux ! L'un pousse de vains cris ;
L'autre frappe son sein en des transports de rage ;
Ceux qu'on traîne au trépas.... Eux seuls ont du courage.
A voir ces deux partis, à juger de leur sort,
On pourroit croire absous ceux qu'on mène à la mort.
Gendarmes, guichetiers, alors près d'eux s'agitent,
Des plus touchans regrets, il semble qu'ils s'irritent ;
L'un transcrit un arrêt d'un air froid et serein ;
L'autre, s'il est possible, encor plus inhumain,

Presse en l'injuriant l'innocente victime,
A qui d'un seul regard il ose faire un crime.
A leur affreux devoir ils sont tous assidus;
Une fois appellés, ils ne vous quittent plus,
Et des derniers instans qu'on donne à la tendresse,
Leur présence corrompt la douloureuse ivresse:
Des pleurs sont profanés en tombant sur leur sein,
Des bras en vain unis, ils arrachent leur proie,
De ce triomphe horrible ils témoignent leur joie.
On marche.... La victime apperçoit en chemin,
Les lits des malheureux qu'on égorgea la veille,
Leurs meubles, leurs habits qu'on va vendre à l'encan,
De leur fatal destin triste avertissement.
S'ils chassent la terreur, en eux tout la réveille.
D'autres moins malheureux, épargnés pour l'instant,
Auprès de leurs amis respirent un moment:
Comme les mêmes coups ensemble les menacent,
Involontairement ils s'approchent, s'embrassent;
Mais voyant arriver ceux qu'attend l'échafaud,
Par une humanité touchante et délicate,
Ils disent: évitons que par un geste, un mot,
Notre contentement devant leurs yeux éclate;
Séparons-nous plutôt et privons notre cœur
De ce qui peut paroître insulter au malheur.
Cependant des guichets on s'approche, on s'avance;
Par de honteux liens, on attache en silence
Deux à deux les proscrits, indignés, courageux,
Se soutenant l'un l'autre et s'animant entr'eux.
Nos fenêtres donnoient sur cette cour horrible
Qu'il falloit traverser et dont l'aspect terrible
Disoit au prisonnier... Tes vœux sont superflus,
En sortant de ces murs tu n'existeras plus.
Eh bien! nous remplissions ces places effrayantes,

Nous nous les disputions ; des larmes consolantes
Arrêtoient les regards des êtres malheureux ,
Qui de loin , sans frémir , nous faisoient leurs adieux.
Eux calmes, nous en pleurs, ah ! quel spectacle étrange !
De force et de tendresse , on faisoit un échange ;
Admirant leur courage en les voyant partir ,
Nous nous répétions tous, *apprenons à mourir.*
Les condamnés sont près de la fatale porte ;
Jamais pour revenir on n'a vu qu'on en sorte ;
Le geolier la fermant avec tranquillité ,
Entr'eux et les vivans a mis l'éternité.

Par le citoyen S É G U R.

LA VIE DE LA PRISON.

Sur l'air du Menuet d'Exaudet.

Le Matin.

EN prison ,
Sans raison
On s'éveille ,
On trouve en sortant du lit
Sous son bonet de nuit
Tout l'ennui de la veille ;
Tout besoin
Est un soin
Qui vous pèse ;
On descend pour avoir l'eau ;
On remplit son fourneau
De braise.

On fait son lit et l'on frotte,
Et ses souliers on décrotte,
    Puis les plats,
    Qui sont gras
    On récure;
Contre la malpropreté,
Chacun de son côté
    Murmure.

    Pour le pain
    Et le vin
    On vous sonne;
Chacun à son numéro
Va chercher le frico
Qu'un gargotier vous donne;
    Soupe à l'eau,
    Mauvais veau
    Bœuf ou vache,
Chaque plat s'en va nageant,
Et la sausse en tombant
    Vous fâche.

Le Soir.

    Pour le soir
    Il faut voir
    La tristesse
Et l'ennui se tourmenter,
En croyant éviter
Le chagrin qui les presse;
    On attend,
    On apprend
    Une histoire,
Dont le conteur ne sait rien,

Pourtant chacun veut bien
Là croire.
Lorsque l'on sonne à la porte,
Aussi-tôt chacun s'y porte ;
Le desir
De sortir
Etincelle ;
Chacun d'aise transporté ,
Croit que la liberté
L'appelle.

Au coucher
Sans souper
On arrive ,
A moins qu'on n'ait sur sa faim ,
Fait au dîner larcin
D'un plat dont on se prive.
Puis au lit
Tout finit :
Sans lumière. ,
Chacun s'y rend de son mieux ,
Et de fermer les yeux
Espère.

VERS EN INSCRIPTION

Sur un arbre planté en l'honneur de la Liberté.

UN arbre, si l'on croit aux contes de Moïse,
Nous rendit tous sujets de Belzébuth ;

Un arbre, si l'on croit aux dogmes de l'Eglise ,
   R'ouvrit pour nous le chemin du salut.
Mais sur ces arbres-là quelle étrange croyance ,
Quels souvenirs cruels ils offrent au chrétien !
L'un devint par son fruit l'écueil de l'innocence ,
L'autre vit sur son bois périr l'homme de bien.
L'arbre auquel tout Français consacre un juste hom-
      mage ,
N'offrira pas au moins ces pensers déchirans ;
L'auguste Liberté , par un plus digne usage ,
En fera désormais et la palme du sage ,
      Et le supplice des tyrans.

EPITRE AUX PETITS OISEAUX

Qui viennent sous la fenêtre de ma prison aux
Magdelonnettes.

GENTILS oiseaux que la rigueur du tems
Fait seule abandonner vos champêtres asyles !
Sans doute vous venez attendre dans nos villes
Le moment plus heureux de revoler aux champs.
   Près du séjour de l'esclavage ,
   Vous voltigez en liberté ,
Et vous faites percer, par votre doux ramage,
Jusqu'au lieu de douleur, l'accent de la gaîté.
Quand, par mon trou grillé qui me sert de fenêtre ,
Juché sur la goutière et dominant les toits,
   Je vous entends ou je vous vois,
   Mon cœur s'émeut et retrouve son être ;
Et vous ne savez pas tout ce que je vous dois.
Vous avez rappellé mon âme à la nature,

A ce dieu de bonté, votre auteur et le mien,
Qui veut, en la formant, que chaque créature
L'admire, aime son sort et goûte le vrai bien ;
Mais à qui chaque jour les hommes font injure,
En mettant leur ouvrage à la place du sien.
Vous faites désormais mon unique entretien,
Peuple ailé, vous calmez le tourment que j'endure.
Plongé par mes pareils dans cette tour obscure,
Loin de ce qui m'est cher, je languis sans soutien.
Ils m'ont persécuté ; pourquoi ? Je n'en sais rien.
Comblant d'un faux devoir la rigueur sans mesure,
Ils ont flétri des fers de la captivité
L'ami de la nature et de l'humanité.
Vous seuls, vous entendez mon inutile plainte.
Venez donc, chaque jour je saurai vous nourrir
Des restes d'un repas que je fais sans plaisir.
Approchez. Vous n'osez ! D'où vient cette contrainte ?
Je vois votre desir balancer par la crainte.
Ah ! vous avez raison, les hommes sont méchans ;
Mais je ne le suis pas ; venez sans défiance ;
Ces grillages, ces fers, sont ceux de mes tyrans :
Je n'en menace point votre aimable innocence.
Moi ! je séparerois vos ménages touchans !
J'oserois arracher la mère à ses enfans !
Cela fait trop de mal, j'en ai l'expérience.
Livrez-vous donc sans crainte à mes soins bienfaisans.
La main que tous les jours vous voyez suspendue,
Travaille à vous servir, non à vous décevoir.
Son mouvement léger brise, broie, atténue
L'aliment qu'en débris elle vous fait pleuvoir.
Cette main n'a jamais outragé la nature.
Des goûts purs, innocens, lui prescrivant la loi ;
Dès mes plus jeunes ans j'en consacrai l'emploi

A l'étude des arts et de l'agriculture.
Au sol creusé par elle, amendé par ses soins,
On la vit mainte fois confier l'arbre utile,
Ecarter ses dangers et servir ses besoins,
Changer le sable ingrat en limon plus fertile,
Et fière d'en avoir enfanté les produits,
Courir chez l'indigent pour en verser les fruits.
C'étoit-là ses plaisirs. Jamais armée en guerre,
D'un tube meurtrier dirigeant le tonnerre,
Lançât-elle la mort sur les hôtes des champs?
La timide perdrix, la colombe fidelle,
N'eurent en aucun tems rien à redouter d'elle.
Non, elle ne s'armoit que contre les méchans.
Ou si l'acier tranchant a paru s'y produire,
Ce fut pour séparer ce qui ne vivoit plus,
Enlever aux brebis leur toison, sans leur nuire,
Dégager l'arbrisseau des rameaux superflus,
De Prairial vieilli rajeunir la verdure,
En cônes odorans transformer sa parure,
Dépouiller dans son tems le fécond Messidor
De l'ondoyant fardeau de ses longs cheveux d'or,
Ou cueillir ces rubis, que l'ami de la joie,
Le gai Vendémiaire arrondit et déploie;
Et quand l'affreux Borée exilant les zéphirs,
Ne lui permettoit plus ces paisibles loisirs,
Reprenant tour-à-tour et la plume et la lyre,
Elle aimoit à tracer ou d'utiles leçons,
Ou de simples tableaux qu'égayoient des chansons,
Pour amuser son siècle et par fois pour l'instruire.
Cependant, quand lassé de se voir opprimé,
Contre ses vils tyrans tout un grand peuple armé,
A de la liberté déployé les banières,
Elle a saisi le fer et juré des premières,

De mourir pour sa cause ou d'en être l'appui ;
Et pour sa récompense, on la prive aujourd'hui
Du plaisir de s'unir à celles de ses frères,
Du droit de partager leurs travaux triomphans ;
Des voluptés enfin si douces et si chères,
De serrer, de servir ma femme et mes enfans !
O mes chers commensaux ! c'est-là ce qui m'accable.
    Si du moins le ciel favorable,
Vous faisoit un moment comprendre mes accens,
Vers le séjour qui tient mon épouse enfermée,
Vous pourriez diriger vos pas compatissans,
    Vous lui diriez combien elle est aimée,
Et vous consoleriez ses douloureux tourmens.
Le plaisir de la voir paîroit seul le voyage.
Mais vous pourriez encor ouïr son doux langage,
Et vous verriez enfin ses doigts reconnoissans,
D'une double pâture acquitter le message.
Vœux superflus ! Hélas ! vous ne m'entendez point.
N'importe, venez tous au lever de l'aurore,
Venez quand le soleil est en son plus haut point.
Quand il finit son cours, venez, venez encore,
Par vos gazouillemens suspendre mon regret,
Et recevoir le prix que vaut un tel bienfait.
Quand Germinal viendra par sa sève féconde
Réveiller la nature et ranimer le monde ;
Quand Floréal paré de l'écharpe d'Iris,
Parfumera des bois les renaissans lambris,
Vous m'abandonnerez et je vous y convie.
Chacun de vous, d'amour éprouvant les douceurs,
Ira jouïr, chanter auprès de son amie,
    Préparer avec industrie
    Le berceau de ses successeurs,
Et goûter librement ce charme que j'envie,

De vivre pour aimer et de donner la vie.
Ainsi de l'Eternel remplissant les décrets,
Vous n'immolerez pas les vrais biens aux chimères,
   Et pour mériter ses bienfaits,
Vous n'arracherez pas les aîles à vos frères.
Peut-être un jour viendra que les miens moins cruels,
   Reconnoîtront leur injustice,
De mes vils ennemis confondront l'artifice,
Et de ma liberté, de mes droits naturels,
   Me rendront enfin l'exercice :
Alors, ainsi que vous regagnant les hameaux,
J'irai goûter aussi l'air pur de la campagne.
Au sein de ma famille, auprés de ma compagne,
Retrouvant le bonheur, j'oublîrai tous mes maux.
Je m'environnerai d'utiles animaux.
Ils ne sont point ingrats. Dans notre solitude,
A faire leur bonheur nous mettrons notre étude.
En être aimés, sera le prix de nos travaux.
Que ce moment est loin du moment où nous sommes !
Il nous en paroîtra plus doux et plus heureux.
J'apprends en attendant, par l'étude des hommes,
Qu'il faut, sans les haïr, savoir se passer d'eux.

EPITRE.

A LA CIT. VAUBERTRAND.

Concierge des Magdelonnettes.

TOI dont le jeune cœur paroît doux et sensible,
Qui joins cet heureux don au don de la beauté ;
Combien tu dois souffrir dans ce séjour horrible,
Et de notre destin plaindre la cruauté !

Quel aspect! tu n'y vois que des visages sombres,
Des fronts décolorés, des yeux chargés de pleurs,
Et comme Proserpine au manoir des douleurs,
Tu vis dans les tourmens et gouverne des ombres.
Ce hideux appareil de grilles, de verroux,
Ces farouches gardiens, ces guichets, ces murailles,
Ce discord cliquetis de criardes ferrailles,
Ces tombeaux à grand bruit se refermant sur nous,
Toucheroient des tyrans s'ils avoient des entrailles.
Quel spectacle pour toi! quand tes pas généreux
Bravant le triple seuil de ces antres affreux,
Visitent par pitié nos asyles funèbres,
Tu suspends un instant le morne désespoir.
Ton regard consolant nous calme et nous fait voir
Un ange de lumière au séjour des ténèbres.
Tu rappelles pourtant à nos cœurs éplorés
Des souvenirs cruels dont les douleurs sont chères,
Des sentimens profonds et des liens sacrés,
Que n'ont pas respecté ceux qui font nos misères.
Hélas! n'ont-ils donc pas des épouses, des mères?
Non, de la liberté ces fils dénaturés
Outragent ses autels en enchaînant leurs frères.
Je vois avec regret ton fils suivant tes pas,
S'accoutumer si jeune au tableau de nos peines,
Et faire, sans effroi, dans ses joyeux ébats,
Ses jeux habituels de nos fers, de nos chaînes.
Ah! crains de l'endurcir. Qu'il connoisse nos maux;
Mais qu'il les plaigne aussi. Ton âme douce et
    bonne
Saura former la sienne à chérir ses égaux,
A plaindre le malheur, à n'affliger personne.
Si le sort lui destine un emploi de rigueur,
Qu'à ses devoirs toujours l'humanité préside;

Qu'il sache les remplir sans cuirasser son cœur.
Qu'à servir l'infortune il ne soit point timide ;
Qu'il craigne d'aggraver , négligemment perfide,
Les maux d'un accusé. L'oubli d'un simple égard ,
A l'innocent qui souffre est un coup de poignard.
Mais je suis rassuré si tu deviens son guide.
Ah ! puisse-t-il jamais n'éprouver mes revers.
Qu'il ne soit point trahi , vexé par ses semblables ,
Sur de simples soupçons chargé d'injustes fers,
Livré , quoiqu'innocent , au destin des coupables ,
Et qu'il ne trouve point les cœurs sourds à sa voix !
S'il réclame justice en invoquant ses droits,
Ciel ! sauve-lui sur-tout l'affliction amère
De se voir arracher son épouse , sa mère ;
Et qu'en paix un cœur pur dorme à l'abri des lois !
Son âge lui permet ses douces espérances.
C'est lui qui jouïra du fruit de nos souffrances.
Heureux , heureux du moins si notre adversité
Conduit nos successeurs à la félicité !
Toi qui sais réunir avec le don de plaîre ,
Un cœur franc et sensible , un esprit juste et droit,
Tu consoles le mien , quand ici même il voit
Qu'à l'humanité sainte il reste un sanctuaire.
Oui , si jamais le sort m'arrachant de ces lieux ,
De mes droits méconnus me rend enfin l'usage,
Bravant pour toi l'aspect de ces murs odieux ,
Je reviendrai , pour prix de tes soins précieux ,
D'un cœur reconnoissans t'offrir le libre hommage,
Puissé-je voir bientôt ce souhait s'accomplir ,
Voir mon navire au port après ce long naufrage ,
Voir aborder aussi mes frères de voyage ,
Et ne garder du mal qu'assez de souvenir
Pour trouver plus de prix au bonheur d'en sortir !

Puissent enfin ces lieux trop féconds en victimes,
Fermés pour l'innocence, être ouverts aux seuls crimes!
Liberté, liberté, c'est le premier des biens,
Quand d'un injuste arrêt la rigueur se déploie.
Combien d'infortunés maudissent leurs liens!
Il n'est qu'un seul mortel qui peut bénir les siens;
Je conçois qu'ici même il les porte avec joie :
C'est l'être assez heureux pour n'avoir que les tiens.

―――――――――

COMPLAINTE

D'UN PRISONNIER.

Air : *De la Belle Fermière.*

Il est minuit : tout m'abandonne,
Je n'ai d'amis que ma douleur ;
Et dans l'effroi qui m'environne,
Je suis seul avec mon malheur.
Le ciel, insensible à ma peine,
Ferme l'oreille à mes accens ;
Chaque jour resserre ma chaîne ;
Et j'appelle en vain mes enfans.

Oh ! que la nuit dans sa carrière
Est lente à ramener le jour !....
Eh ! que m'importe la lumière ?
Je vais la perdre sans retour.
Mes ennemis vils et perfides,
Par un attentat tout nouveau,
De leurs mains trois fois homicides
Ont déjà creusé mon tombeau.

L'imposture et la calomnie,
Versant leur poison tour-à-tour,
Voudroient en vain noircir ma vie;
Mon cœur est pur comme le jour.
Il me reste mon innocence;
Elle m'accompagne au trépas ;
Et ce bien , malgré leur vengeance,
Avec moi ne périra pas.

Mais c'en est fait, le sacrifice,
Hommes cruels, va s'achever ;
Bientôt contre votre injustice
Mon sang aussi va s'élever ;
Le ciel saura se faire entendre,
Et vengeant mes tristes destins,
Sur ma tombe on verra répandre
Le sang de mes vils assassins.

L'HUMANITÉ MÉCONNUE,

OU

LES HORRIBLES SOUFFRANCES

D'UN PRISONNIER.

Sous le règne affreux des tyrans qui ont désolé la France par leurs brigandages et leurs fureurs, mon nom fut couché sur les listes fatales de proscription que dressoient, dans les départemens, de farouches proconsuls. Ma mort avoit été promise ; on m'envoya à Paris pour être égorgé par les assassins que Robespierre avoit érigés en tribunal.

J'arrive à l'Abbaye, dans cette prison dont les murs étoient encore teints du sang des malheureuses victimes massacrées dans les journées des 2 et 3 septembre (1). On me fouille avec

---

(1) J'ai lu une brochure dans laquelle sont racontés quelques évènemens arrivés lors de cette épouvantable époque ; on a eu l'impudeur d'y faire l'éloge de Danton. J'affirme que c'est Danton, qui, aidé du génie infernal de Fabre Desglantines, a conçu et fait exécuter cette horrible boucherie.

la plus scrupuleuse exactitude ; je suis dépouillé
et jetté dans un cachot où le désespoir sembloit
avoir fixé son séjour. Une table vermoulue et
dégoûtante de malpropreté ; un amas de vieille
paille hâchée et un méchant grabat soutenu par
une sangle à demi-déchirée , formoient tout
l'ameublement de mon nouveau séjour. Je voulus me reposer ; une vermine abondante vint se
disputer mes membres défaillans , et excitoit en
moi les douleurs les plus aigues : je ne respirois
que pour la souffrance.

Vingt-quatre heures s'écoulent , que dis-je ,
un siècle se passe et mon énorme porte reste
immobile sur ses redoutables gonds ; le silence
de la mort m'environnoit ; il est tout-à-coup inter-
rompu par l'arrivée d'un effroyable guichetier. —
« Tiens , me dit-il avec son accent rauque ,
voilà une cruche remplie d'eau , tu pourras
boire à la santé de tes amis ; voilà aussi un
morceau de pain : ça n'est pas trop régalant ;
mais que veux-tu , frère , nous sommes dans
un tems de pénitence. »

Je jette machinalement les yeux sur la cruche,
les araignées avoient ourdi leurs toiles dans l'intérieur ; pour le pain il étoit si mal-propre que
je crus qu'il avoit été ramassé dans un égoût.
Je n'osois fixer mon guichetier , je croyois en-
trevoir dans cet homme un de ces bourreaux ,

dont le sublime Rubens a peint les traits dans
sa descente de croix. Je tressaillis ; puis me remettant un peu, j'osai lui demander, les larmes
aux yeux, comme une grâce singulière, qu'on
eut l'humanité de faire nettoyer mon antre. Je
le priai de me faire accorder une chaise gros-
sière, pour asseoir mon corps exténué, une
plume, de l'encre, du papier et de la chandelle.

« Tu es au secret et tu ne peux rien avoir
de ce que tu demandes, » me répondit le guichetier, et aussi-tôt les verroux se referment
sur moi avec un bruit effrayant qui retentit au
fond de mon âme.

Me voilà donc livré aux réflexions les plus
accablantes, seul avec mon infortune ; une éternité de douleur s'ouvroit devant moi Je fus deux
jours sans recevoir la visite de mon terrible
guichetier ; enfin il arriva : il m'apporta du pain
dont l'aspect étoit peu fait pour exciter l'appétit ; je lui témoignai mon dégoût, il me dit
que si je n'étois pas accoutumé à me nourrir
de pain sec, il m'apporteroit ce que je lui de-
manderois, et qu'avec de l'argent, il y avoit
bonne cuisine en bas. Je le remerciai, en lui
répétant que je n'exigeois rien de sa bonté qu'en
payant ; mais que je ferois tout au monde pour
me procurer une chaise, du papier, de l'encre,

des plumes et de la chandelle. Le tigre me répondit que je pourrois avoir tout cela quand j'aurois été interrogé.

J'étois à jeun depuis trois jours, une fièvre brûlante me consumoit ; aussi j'approchois d'heure en heure de ma destruction ; en un mot ma situation étoit si déchirante, que je parvins à amolir le cœur de bronze de mon guichetier ; il parut s'attendrir sur mon sort. J'avois opéré un prodige ; il retourne auprès du geolier, son maître, et lui fait sans doute le tableau fidèle de mon triste état ; il vint bientôt m'annoncer, comme une grâce insigne, que j'avois obtenu la permission de sortir de mon cachot. Je veux marcher : mes jambes, tout mon corps s'affaissent sous moi ; mon guide me prête son aide, et je me trouve transporté dans une espèce de salon décoré du produit des dépouilles des victimes encombrées à l'Abbaye.

Arrivé devant le premier visir et déposé sur une chaise, j'entends bégayer quelques paroles, car ce despote étoit presque ivre-mort. « Ah ! ah ! me dit-il, tu n'es donc pas accoutumé aux prisons..... Je suis concierge, je suis greffier, je suis magistrat, je suis tout ici...... Mes gens m'ont rendu compte que tu ne voulois pas manger..... J'en ai informé le comité, c'étoit mon devoir ; on m'a répondu : Eh bien ! il faut le laisser crever et le faire conduire à Bicêtre.... A cette heure, arranges-toi, mange, ne mange pas.... cela m'est bien égal. Il baisse la tête, puis la relevant : « Ecoute, j'ai un bon chef dans ma cuisine, on trouve tout chez moi, tout ce qu'on desire (puis, comme s'applaudissant d'une saillie d'esprit), avec de l'argent s'entend.... D'où es-tu, que fais-tu ? (Sur ma réponse que j'habitois Lille). Ah ! ah ! je connois cette ville..... j'y ai été avec Caumartin. (Vous observerez qu'en effet il devoit le connoître, il avoit été son laquais) Et..... que diable, tu pus la fièvre ! retires-toi..... pouah ! »

Il appelle le guichetier, qui me prend, me charge sur son dos ; il me portoit à mon cachot, lorsque d'infortunés détenus qui avoient entendu les propos interrompus du geolier à la porte du sallon, restée entr'ouverte, m'arrêtent : — Quoi, citoyen, vous vous laissez abattre de cette sorte ! Au nom du ciel, nous vous prions, nous vous conjurons de prendre quelque nourriture ! —

Il est donc des consolations dans les peines les plus accablantes ! Je me trouve suffoqué de reconnoissance ; je voulois exprimer ce sentiment délicieux, ma voix expire au milieu d'une abondance de larmes ; je n'ai que la faculté d'indiquer par des gestes, combien je suis touché, pénétré de ces témoignages de sensibilité.

Mes compagnons d'infortune m'enlèvent de dessus les épaules de mon guichetier et me rapportent au sallon, où leurs sollicitations pressantes, leurs vives instances me forcent, après huit jours d'une abstinence absolue, à prendre quelque nourriture.

La vie étoit devenue pour moi un fardeau insupportable ; je voulois mourir, et j'espérois qu'en mangeant et en mangeant beaucoup, je me procurerois une indigestion qui mettroit fin à une existence qui m'étoit à charge. Mon extrême foiblesse et une fièvre ardente qui me consumoit sembloient me promettre une arrivée assez prompte au terme où j'aspirois. Je mangeai donc avec excès. Plein de cette assurance qui me flattoit, on me replongea dans mon cachot; et ce qui me surprit et me consterna, je ne ressentis aucune incommodité : il me fallut donc rentrer malgré moi dans la vie.

Le lendemain, je reçus la visite de mon guichetier plutôt que de coutume, et je fus redevable de cette sorte d'empressement à la sollicitation des hommes sensibles que mon état avoit intéressés. Vers les deux heures, on vint me chercher, et l'on me conduisit au sallon. J'eus la douleur de ne point revoir mes bienfaiteurs. Etant au secret, il ne me fut pas permis, malgré mes prières, mes supplications, de jouir de leur présence ; j'appris que l'intérêt que je leur avois inspiré ; ne perdoit rien de sa vivacité, et qu'ils demandoient continuellement de mes nouvelles.

Après mon deuxième repas, je fus totalement abandonné à moi-même plus de 50 heures. Je me plaignis au guichetier d'un délaissement si rigoureux : il me parut étonné. Ces messieurs jouissent dans la décade d'un jour de congé pendant lequel ils vont divaguer dans la ville. Dans l'absence de mon guichetier, j'avois été oublié par son camarade : c'étoit la cause de ce mal-entendu. Dans la crainte que je ne portasse mes plaintes au chef suprême, il se dépêcha de m'apporter à dîner.

Le lendemain j'éprouvai de la part du même homme, un changement d'humeur, il avoit l'air menaçant, et, après quelques altercations que nous eûmes ensemble, il voulut me frapper avec le trousseau de clefs qu'il tenoit à la main. Aussitôt mon sang s'allume, l'indignation me prête des forces, la querelle s'échauffe, son arrogance devient extrême, je lui lance à la tête une bouteille, et profitant de son étourdissement, je le précipite sur les marches de l'escalier.

Le bruit de notre combat attire dans mon ca-

ehot toute la meute des guichetiers. Tous vomissent contre moi des torrens d'injures, s'exhalent
en menaces et en imprécations : aucun n'ose
approcher. Après s'être épuisés en vociférations ,
ils se retirent.

Cette aventure alluma contre moi toutes les
vengeances , et mes bourreaux m'en firent
ressentir les cruels effets pendant dix mois entiers que je fus condamné au secret le plus
sévère dans cette infernale demeure.

Dans l'impossibilité où j'étois de donner de
mes nouvelles à mon épouse , j'eus recours à
l'industrie, qui semble être la science du malheur. Je composai de l'encre avec de la rouille ,
du charbon que j'avois trouvé dans un tas d'ordures, et du noir que je grattai sur les murailles
et sur la porte ; des chalumeaux de paille que
j'avois taillés avec mes dents devoient me servir de plumes, et quelques chiffons de papier
que j'avois démêlé dans cette même paille, me
tenir lieu de celui dont j'étois privé. J'allois
me servir de mon invention, lorsque j'apperçus
un clou dans le mur ; je l'en arrachai, et je
l'employai à me tirer du sang ; c'est avec cette
encre que je me hâtai de tracer à mon épouse
le tableau de ma déplorable situation.

J'ignorois comment je pourrois lui faire tenir
ce billet ; le besoin de lui communiquer ma

pensée travailla extraordinairement mon imagination, et lui fit trouver un moyen pour y parvenir. Les détenus, pour satisfaire à leurs besoins naturels, montoient jusqu'à la troisième porte de mon cachot; on n'avoit point fermé les deux autres. Je priai un prisonnier de faire remettre à la poste une lettre que j'étois prêt de lui faire passer par-dessous la porte; mais elle étoit si épaisse, et mon billet si petit, qu'il ne put l'appercevoir, ni me rendre le service que j'attendois.

Désespéré d'avoir échoué dans mon projet, je laissois couler mes larmes, lorsqu'un bruit sourd vint frapper mes oreilles. C'étoit les prisonniers habitant la chambre au-dessous de mon cachot qui frappoient au plancher; je leur répondis avec le talon de ma botte. Je m'occupai ensuite à lever un carreau du pavé, à creuser dans le ciment, afin de pouvoir établir une conversation avec mes voisins; mais l'épaisseur du plancher étoit telle qu'il fallut renoncer à cette espérance.

Le soir, les prisonniers avec lesquels j'avois voulu lier conversation, revinrent aux lieux d'aisance, et me suggérèrent l'idée de faire descendre nuitamment par ma fenêtre une ficelle à laquelle ils attacheroient du papier, une plume, de l'encre : je devois me servir du

même

même expédient pour leur faire tenir ma lettre
et leur demander les petits services qu'ils étoient
en état de me rendre.

Je saisis avidement le moyen qu'ils venoient
de m'indiquer. Je déchirai des bandes de ma
couverture, et j'en formai une espèce de corde
que je suspendis à travers les barreaux de ma
lucarne. Au signal convenu, je retirai ma corde,
et j'eus le plaisir inexprimable d'y voir attaché
un petit cornet d'encre, des plumes et du papier.

Je m'applaudissois du succès de notre heureuse invention ; j'epanchois avec ivresse mes
pensées sur le papier ; je conversois avec mon
épouse, le cours de mes douleurs étoit suspendu. J'attendis la nuit avec cette impatience
qu'on sent mieux qu'on ne peut l'exprimer ;
enfin elle couvrit l'univers de ses ombres, et
j'en profitai pour faire descendre une lettre dans
laquelle étoit renfermée l'expression de ma reconnoissance pour mes serviables voisins, et un
billet adressé à mon épouse.

Le billet parvint à son adresse ; mais la réponse qui étoit arrivée à l'Abbaye excita contre
moi le plus terrible des orages. Un détachement
de guichetiers, précédé du geolier et de la geolière
fond dans mon cachot ; fouille par tout, renverse
tout, sans m'adresser la moindre parole. Si leur

bouche étoit muette, leurs regards étoient étin-
celans, et indiquoient assez la fureur qui les
transportoient de ne recueillir aucun fruit de leur
très-active perquisition. J'avois mis à l'abri de
toutes recherches les instrumens de ma correspondance ; je les avois caché dans le trou
que j'avois pratiqué dans le plancher, et qui
étoit recouvert avec adresse du carreau que
j'avois déplacé. La tourbe de mes inquisiteurs,
furieuse de n'avoir rien trouvé, éclata en menaces et en invectives plus grossières les unes
que les autres. Le geolier tenoit en ses mains
la lettre de mon épouse, je me précipite sur lui,
je la lui arrache et la mets dans mon sein ; la
fureur étincelle dans les yeux de mes bourreaux,
des imprécations se font entendre. Je ramasse
toutes mes forces, et me retranche derrière la
porte ; le geolier veut s'avancer, je m'élance
sur lui, et le saisissant d'un bras vigoureux, je
parvins à le rouler sur l'escalier. C'étoit la ré-
pétition de la scène qui s'étoit passée quelques
jours auparavant entre moi et un de ses satellites. L'alarme se répand aussi-tôt dans la maison ; c'est un feu dévorant qui a gagné toutes
les parties d'un édifice. Les prisonniers appellent
à leurs secours, et crient qu'on les assassine ;
enfin, après un torrent d'injures on ferme ma

porté, et je me trouve seul dans ma triste habitation.

Après un pareil acte de violence ; je m'attendois à ressentir les cruels effets de la vengeance du geolier et de ses guichetiers ; mais quelle fut ma surprise, lorsqu'on vint me demander si je voulois prendre mon repas chez moi ou en bas ! Cette invitation me parut si singulière, que je gardai le silence. La geolière vint elle-même escortée de trois guichetiers et de quatre chiens. Elle n'étoit plus fière ni arrogante comme le matin ; mais adoucissant son ton, elle me dit avec bonté, que ce qui s'étoit passé n'étoit arrivé que faute de s'entendre. Elle finit par me parler beaucoup de son humanité, et par me prier en grâce de tout oublier, ajoutant avec un air aimable de protection, que, quoique je fusse au secret, elle prendroit sur elle, à l'insçu de son mari, de me laisser écrire à ma femme, pourvu que je me bornasse uniquement à ne lui demander que ce qui étoit relatif à mes besoins.

Je souscrivis de bon cœur à cette inespérée conciliation ; je représentois que depuis près de trois semaines, je n'avois pas changé de linge, que j'étois dévoré de vermine ; je la suppliai de me procurer les moyens de pourvoir aux besoins de la plus rigoureuse nécessité. L'officieuse geolière m'apporte elle-même papier, plume et encre ; je trace quelques lignes à mon épouse, le billet est porté à son adresse, et je reçois quelques heures après un paquet de linge.

Je continuois à prendre tous les jours mes repas dans le sallon ou dans la chambre de la geolière, jusqu'au moment où deux détenus vinrent partager les horreurs de mon cachot. Mes nouveaux hôtes étoient un agent d'un commissaire de police, et un commis du bureau de la guerre. Ce dernier a été mon compagnon d'infortune pendant plus de six semaines. Voici quelle étoit la cause de son incarcération : le député Chabot l'avoit rencontré donnant le bras à une de ses maîtresses, à lui Chabot, l'avoit dénoncé comme suspect, et fait jetter dans les fers. Le supplice de ce moine paillard mit fin à sa détention, il fut reclamé par les jeunes gens de sa section qui le délivrèrent.

Je n'avois pu jusqu'alors obtenir la faveur qu'on nétoyât mon cachot et qu'on m'apportât de la lumière : mes deux collègues plus heureux que moi à cet égard, me firent jouir de ce double avantage. A cette époque, je cessai de descendre dans le sallon. Le dîner de ces deux prisonniers étoit plus abondant que le mien, et ils ne payoient point. J'ignorois la cause de ce privilège, je la leur demandai ;

ils me répondirent que c'étoit la nation qui les défrayoit, et ils ne furent pas peu étonnés, lorsque je leur appris qu'on m'extorquoit quatre francs pour un mauvais breuvage qu'on appelloit bouillon, pour un très-petit morceau de viande détestable et une bouteille de vinaigre baptisé du nom de vin.

Mes camarades écrivirent à leurs parens, pour se procurer un ordinaire un peu moins économique que celui de la prison. Quelque tems après, ils obtinrent leur liberté. Cette séparation fut pour moi douloureuse, je retombai dans mon accablement, borné à mes repas solitaires et toujours rançonné avec la même effronterie, sans que la moindre plainte me fut permise.

Deux autres citoyens vinrent dans mon cachot remplacer ceux, que leur heureuse étoile en avoit retirés ; c'étoient des municipaux de la commune de Paris ; l'un d'eux me demanda comment l'on étoit nourri dans cette maison ; je leur donnai les mêmes détails qu'à mes anciens camarades ; alors ils lèvent les mains et les yeux au ciel, et frappant du pied, ils s'écrient avec une sorte de colère : « que je devois jouir de cinquante sous par jour, somme que la nation accordoit à chaque prisonnier de l'Abbaye, et

H 3

que ce qu'on m'avoit fait payer étoit un vol manifeste. »

Dans ce cas, répondis-je, on me vole donc impunément quatre francs par jour, depuis trois mois et demi que je vis enterré ici, excepté les premiers jours où je n'ai pris aucune espèce de nourriture.

On apporta à dîner pour trois personnes ; les deux municipaux demandèrent à parler à la geolière, parce qu'ils n'entendoient pas payer comme moi quatre francs par jour. La très-arabe geolière se garda bien de monter. Le lendemain, même invitation et même obstination : elle aima mieux ne plus me faire payer que de s'exposer à la honte d'une avanie.

Alors je fus nourri comme mes deux compagnons d'infortune ; mais cet état dura peu ; les deux municipaux sortirent de mon cachot (1) ; je fus replongé dans une nuit de douleurs,

____

(1) Mes deux compagnons furent appellés au tribunal révolutionnaire. Nos adieux furent touchans et arrosés de nos larmes ; elles ne cessèrent, de mon côté, que lorsque j'appris qu'ils avoient eu l'insigne bonheur d'avoir été acquittés. L'un d'eux nommé Jobert a été guillotiné comme membre de la municipalité rebelle de Paris, et l'autre est le citoyen Moille, père de quatre enfans en bas âge, bon époux, citoyen vertueux, homme instruit, d'une société à rechercher, aimant à faire le bien comme

et réduit aux horreurs de ma solitude ; le seul adoucissement que j'éprouvai dans mes tortures, fut d'obtenir tous les quatre jours une très-petite chandelle, en la payant.

Ma nourriture étoit toujours exécrable et très-insuffisante ; on ne me donnoit pour toute substance, pendant la journée, qu'un hareng pourri, ou un morceau de viande mal cuite, à peine du poids de deux onces, et qui ressembloit plutôt à de la chair humaine, qu'à de la chair de bœuf (1).

---

un besoin qui lui est naturel. Il a constamment pris part à mes maux, il m'a aidé à les supporter en les allégeant par tous les services qu'il étoit en son pouvoir de me rendre, et sur - tout en me procurant des livres de sa bibliothèque.

(1) On ne pourra jamais ôter l'idée au détenus de cette abominable prison qu'on n'y mangeoit pas de la chair humaine. Je fus un jour averti que les commissaires devoient pénétrer dans mon cachot ; je leur mis sous les yeux ma portion ; l'un d'eux, tout barbares qu'ils étoient, recula en faisant un mouvement d'horreur, et ne put s'empêcher de dire, en ma présence et celle de mes compagnons, au geolier qui avoit grand soin de les accompagner : « qu'on ne nourrissoit pas des hommes de cette manière. » Malgré ce reproche, je n'apperçus aucun changement dans ma trop malheureuse situation ; cela ne fit au contraire qu'aigrir les esprits contre moi. Ce qui donnoit lieu à cette croyance, au sujet de la viande,

Le froid étoit déjà très - rigoureux ; je demandai du bois et du feu, on me refusa ; une toux opiniâtre étoit venue se joindre à mes autres souffrances ; elle ne me donnoit trève ni jour ni nuit ; elle étoit si violente que les prisonniers qui habitoient au-dessous de moi, et ceux même de l'autre côté de la cour, se plaignoient de ce que je les empêchois de reposer.

A force de sollicitations, je parvins à obtenir un poêle ; seulement on me donnoit par jour pour l'alimenter un bâton de falourde de deux pouces de diamètre au plus, et qu'on me faisoit payer douze sous. Ma poitrine étoit très-affoiblie ; les efforts de la toux provoquèrent un crachement de sang très-abondant, et, pour comble d'infortune, je fus attaqué de la dissenterie. J'étois tombé dans un état de foiblesse, voisin de la mort ; mon existence étoit un fardeau que je ne pouvois plus porter, je résolus de m'en affranchir. Toute mon imagination se tendit vers ce but desiré.

J'avois un chandelier de cuivre ; je m'étois procuré du vinaigre : j'essayai de composer du

____

parmi les détenus, c'est qu'il est arrivé souvent que pendant la nuit on entendoit des voix gémissantes qui sembloient s'éteindre dans les tortures et le râle de la mort.

verd de gris. Je remplis de cette liqueur les rainures du pied du chandelier ; je la laissai dessécher , et je gratai ensuite cette composition meurtrière avec la pointe du clou avec lequel je m'étois tiré du sang , lorsque j'écrivis pour la première fois à ma femme.

J'avois déjà recueilli une forte dose de poison, quand mon projet fut découvert. J'avois laissé le chandelier sur la table ; le guichetier voulant y poser quelque chose, renverse la liqueur homicide sur ma serviette qui tout-à-coup prend une couleur verte. Le guichetier paroît frappé de surprise ; il me fait plusieurs questions auxquelles je ne réponds pas ; il fronce les sourcils , murmure entre ses dents , emporte le chandelier , et me laisse dans une profonde stupéfaction.

La méfiance, depuis cette aventure, s'empara de mes geoliers ; ils me donnèrent le même jour trois compagnons Hongrois, et prisonniers de guerre, un officier, un trompette et un hussard. Tous parloient allemand, l'officier et le trompette savoient le latin. Nous parvînmes à nous entendre dans cet idiôme.

Cette nouvelle société apporta quelques adoucissemens à mon sort. Le malheur rend les hommes confians et sensibles. Après quelques ouvertures mutuelles sur les causes de notre détention, ces militaires compatissans, plus occupés de mes maux que des leurs, s'empressèrent de me prodiguer tous les soins qui dépendoient d'eux. Ils m'aidèrent à nétoyer mon grabat des ordures et de la vermine qui l'infestoient ; ils se chargèrent même de servir d'appui à ma foiblesse, jusques dans ces besoins dégoûtans où la nature défaillante se répugne à elle-même. Les services que j'ai reçus de ces hommes généreux seront toujours présens à mon souvenir.

Cependant, mon état empiroit de jour en jour ; déchiré par des souffrances aiguës, je demandai un médecin, qu'on me refusa ; on voulut bien, pour tout remède, m'accorder un morceau de bois de réglisse, dont je me composai une tisanne froide ; le feu me manquoit pour la faire bouillir, et la prudence impitoyable de mes geoliers, n'auroit pu se ployer à m'accorder ce léger secours.

Il y avoit à-peu-près dix mois que je luttois ainsi contre la mort, et que les tristes restes d'une santé robuste s'épuisoient dans cette longue agonie, lorsqu'une nuit, à deux heures du matin, nous entendons ouvrir à grand bruit les portes de notre cachot, et nous voyons entrer quatre gendarmes, le sabre nud à la main, une cohorte de guichetiers venoient ensuite, et après eux, quelques hommes se disant officiers municipaux, avec leur écharpe. A cette apparition terrible, nous crûmes qu'une nouvelle septembrisation alloit commencer et que nous touchions à notre dernière heure. Le jeune trompette se jette à genoux sur son lit, les mains jointes, et demandant grâce. L'officier et le hussard se lèvent sur leur séant, et moi, revenu de ma première émotion, cherchant à recueillir le peu de forces qui me restoient, je me mets en état de défense. Mon sang bouillonnoit dans mes veines ; j'étois déterminé à vendre chèrement le souffle de vie qui m'animoit encore ; mais que pouvoit un malheureux, sans armes, affoibli par la maladie, contre dix ou douze sbirres armés, auxquels il n'échappoit point de mouvement, point de regard qui ne portât la terreur et la certitude de la mort ? Mon attitude hostile les intimida cependant de telle sorte, qu'en une minute ils disparurent tous. Un instant après, un municipal se hasarda d'entrer. Il avoit eu la précaution de se décorer de son écharpe. Son premier soin fut de me rassurer, en m'annonçant qu'on n'en vouloit qu'à mes assignats. Je jettai mon porte-feuille avec humeur et me recouchai. Il fallut signer sur je ne sais quel registre. Je sollicitai inutilement une reconnoissance des assignats et des effets. On me promit seulement de prélever sur mon argent, une somme de cinquante livres par décade que je toucherois avec exactitude.

H 6

Les cinquante livres et le porte-feuille sont encore attendus.

Quelques jours après cette scène, un huissier
vint me chercher pour me conduire au palais où
je devois subir mon premier interrogatoire. J'arrivai devant le juge ; il m'interpelle sur mes nom,
prénom, âge et qualité. Mes réponses le convain-
quirent que je n'étois point l'accusé qu'il avoit à
interroger. Il alloit me renvoyer à l'Abbaye.
Mais je fis des instances si vives, j'exposai d'une
manière si énergique, et mon état et celui de
l'affreux cachot que je venois de quitter, que
j'obtins par grâce d'être conduit à la Conciergerie. Hélas! j'ignorois que je changeois un tombeau contre un tombeau.

En descendant le grand escalier du palais, je
voulus engager l'huissier qui me conduisoit à me
faire donner place, parmi d'honnêtes gens ; cet
homme, avec une froide naïveté, me répondit
que rien n'étoit plus facile que d'exaucer ma
demande, tous les détenus qui se trouvoient dans
cette prison étant d'honnêtes gens. —Comment?
lui dis je, et l'on enguillotine tous les jours! —
Ah! cela est vrai ; mais l'on guillotine ici pour
les opinions. Les fripons et les voleurs sont à la
force. J'allois me répandre en nouvelles questions;
mais le fatal guichet s'entr'ouvre, et je suis précipité dans ce nouveau gouffre.

Un sombre cachot m'y étoit encore destiné ; j'obtins, avec beaucoup de peine, d'être admis dans une espèce de salle moins horrible, appellée le chauffoir. On me donna, moyennant vingt - cinq livres, un lit de sangle et un matelas, au pied duquel étoit un baquet destiné à recevoir les ex-crémens de vingt personnes. Mon état de foiblesse m'a forcé d'y rester couché jusqu'au moment de ma translation.

De quel spectacle, grand Dieu, j'ai été le témoin, pendant les trois jours et demi que j'ai passés dans cette prison ! A l'Abbaye, je buvois sans mélange la coupe de ma propre infortune ; ici, j'avois à dévorer encore le spectacle journalier de celle des autres. J'ai vu des malheu-reux entassés pêle-mêle sur de la paille pourrie, en proie à la vermine, aux rats et aux souris qui venoient dévorer jusqu'aux souliers de leurs pieds, et tout cela, pour ne pouvoir payer cinquante écus, un lit de sangle et un matelas, qui souvent ne servoient qu'une nuit. Quelques-uns de ces in-fortunés ont expiré sous mes yeux, victimes d'un traitement si barbare. Il falloit bien se gar-der de les plaindre. La peine de mort étoit pro-noncée contre quiconque auroit osé leur donner la plus légère marque de compassion.

Le soir, on distribuoit, par un soupirail, les actes d'accusation aux victimes destinées à l'holocauste du lendemain. Les distributeurs, dans les épanchemens d'une gaîté féroce, appelloient cela le journal du soir. Souvent il étoit impossible aux accusés d'en prendre connoissance, faute de lumière. Qu'étoit-il besoin, au reste, de les lire? En voir un, c'étoit les connoître tous. La formule, les chefs d'accusation et les témoins, étoient les mêmes pour chacun. Le nom seul de la victime lui étoit particulier. L'embarras étoit ensuite de faire parvenir les extraits mortuaires aux défenseurs officieux. Les guichetiers exigoient jusqu'à 15 livres pour les leur remettre. Si par hasard il se rencontroit identité de nom, on ne se donnoit point la peine de chercher l'individu qu'on avoit eu dessein d'accuser. Bon, bon, disoit-on au malheureux à qui sa mauvaise étoile faisoit échoir un tel cadeau, prends toujours ; que ce soit aujourd'hui ou demain, il faudra bien que tu y passes. Un monstre femelle gouvernoit ce sombre repaire, dont les murs dégouttent encore du sang des victimes des 2 et 3 septembre. Malheur au prisonnier qui déplaisoit à cette mégère, ou refusoit de se laisser dépouiller par elle. On m'a assuré que, liée de commerce avec Fouquier, elle lui payoit douze-mille livres par décade sur le produit des pirateries et des vols sans pudeur auxquels les malheureux détenus étoient soumis. Si le fait est vrai, on aura une idée de ce que les autres prisons devoient rapporter à Fouquier.

Après 4 jours et 3 nuits, je fus transféré à l'hospice national (l'Hôtel-Dieu). Je n'eus besoin que de quelques heures pour apprécier au juste ma nouvelle demeure. Des grilles, des verroux, des guichets, des maçonneries propres à obstruer l'air, la transformoient en une bastille menaçante. Il me fut aisé de juger que l'hypocrisie avoit seule décoré du beau nom d'Hospice national, cet asyle dégoûtant de la misère. Chaque jour la mort y moissonnoit cinq à six personnes. J'ai vu des gens se bien porter la veille, souper avec appétit, et le lendemain gissant sur leur lit de mort. On me plaça dans une salle où en moins de dix heures, trois infortunés expirèrent sous mes yeux. Il eût fallu plus que de l'indulgence, pour attribuer tous ces évènemens à des causes naturelles. L'idée de poison se présenta soudain à mon imagination et la remplit des plus noires terreurs.

Le matin, il me fallut essuyer la visite des médecins de la maison, quoique bien résolu de n'exécuter aucune de leurs ordonnances ; je ne pouvois me dispenser de me soumettre à cette formalité. Ils me tâtèrent le pouls. Je crachois le sang ; une oppression de poitrine m'empêchoit de respirer et même de me tenir couché : ils me prescrivirent la saignée, la diète et la tisane. Dieu sait l'effet qui seroit résulté de l'exécution d'une telle recette.

J'avois, la première nuit de mon entrée, lié connoissance avec un officier de santé, dont la physionomie douce appelloit la confiance. Ce brave homme que je m'empresse d'offrir à l'estime publique, se nomme Bayard, chirurgien-major de la section de l'Indivisibilité, rue Louis, au Marais. Il avoit, dans l'hospice, ce qu'on appelloit un département, c'est-à-dire une salle de malades sous son inspection ; je m'adressai à lui dans la cruelle anxiété où m'avoit jetté l'ordonnance et la visite des médecins. Je lui fis part du régime qu'ils m'avoient imposé. Il ne voulut pas me porter le coup mortel en me révélant le danger que je courois d'exécuter ce qui m'étoit prescrit. Il se borna à me faire placer dans son département. Tous les soins alors me furent prodigués ; il me visitoit trois ou quatre fois le jour et très-souvent la nuit. Je restai long-tems dans un état qui lui fit craindre pour mes jours. Dès qu'il eut saisi quelque espoir de me rendre à la vie, il m'avoua que j'eusse été perdu, si l'ordonnance du médecin, relative à la saignée, eût eu son exécution. Il me conseilla de me procurer quelques sirops qu'il m'indiqua, et qu'on ne trouvoit point à l'hospice ; je n'osois pas d'abord lui avouer que j'étois sans argent. Sa bonté toute fois me rendant moins timide, je hasardai cet aveu. Je lui déclarai que je n'avois aucun moyen de faire tenir mes lettres; que le geolier de l'Abbaye, prison où j'avois essuyé le plus rigoureux secret pendant dix mois entiers, étoit venu une nuit, avec une escorte armée, m'enlever mon porte-feuille. Je le priai de m'indiquer la marche à suivre pour le recouvrer; il se chargea avec bonté de cette commission. En attendant, il me fit offre de toutes les avances qui m'étoient nécessaires et employa toute la délicatesse imaginable pour ne pas effaroucher la mienne, et m'engager à accepter. Il parvint, peu de tems après, à me faire remettre un paquet que ma malheureuse épouse m'envoyoit au hasard; car il y avoit plus de quatre mois que je me voyois dans l'impossibilité de lui donner de mes nouvelles; mais quelque adresse qu'il employât, il ne put parvenir à me procurer la rentrée de mon portefeuille et d'une partie de mes effets, restés entre les mains de la geolière de ma première prison.

Sur ces entrefaites, cet homme que les circonstances me rendoient si précieux, quitta l'hospice, victime de quelque manœuvre odieuse. Sa retraite me laissa dans l'abandon le plus absolu. Je ne parlerai point de ma douleur et de mes regrets; tous mes compagnons d'infortune les partagèrent. De convalescent que j'étois, je

retombai dangereusement malade. Ma rechûte
fut encore plus terrible que ma première maladie ne l'avoit été. On me parla de nouveau de
me faire saigner. Les aveux de Bayard m'avoient
rendu plus que suspecte cette opération ; je refusai
sans balancer. Cependant, comme on me menaçoit de me garotter pour me la faire subir,
et que j'avois vu exercer envers quelques autres
cette barbarie, la crainte du même sort me fit
prendre le sage parti d'entrer en négociation
avec mon chirurgien. C'étoit un détenu, comme
moi, qui s'étoit chargé volontairement de pan-
ser les malades, sans autre récompense que celle
d'être utile ; je l'engageai à m'apposer au bras
une ligature teinte de sang. Ce sensible jeune
homme qui savoit que j'étois inscrit sur la liste
de proscription, ne fit aucune difficulté de se
prêter à mon stratagême. Le lendemain, à la
visite, le médecin, persuadé que j'avois été
saigné, ne manqua pas de trouver chez moi un
mieux sensible. Il prononça qu'il falloit encore
me rouvrir la veine et ne pas m'épargner une
opération dont les résultats étoient si heureux ; on
observa que j'avois alors une transpiration si abondante, que les infirmiers furent, pendant huit
jours consécutifs, obligés de me changer toutes
les heures, de chemises, de draps et même de
matelas ; tel étoit le mieux sensible que mon mé-

decin avoit remarqué en moi depuis ma prétendue saignée.

Je me rétablis cependant peu-à-peu ; je fus
redevable de cette espèce de miracle à mon
tempérament robuste ; il me falloit en effet toute
l'énergie de la nature, pour résister si long-tems
à des maux sans nombre, joints à l'horrible
puanteur des cadavres qu'on ne suffisoit pas à
enlever ; des mourans, des femmes enceintes ou
accouchées depuis vingt-quatre heures. On eût
dit qu'on avoit pris plaisir à accumuler ainsi dans
cette étroite enceinte, toutes les images terribles
de la mort. On venoit à chaque instant enlever
celles des victimes désignées pour le sacrifice
du jour. On les jettoit sur des civières et ou les
portoit ainsi au tribunal.

Les chaleurs de l'été triplant encore le nombre
des malades, on résolut d'en transférer une partie dans un autre hospice, qui serviroit comme
de supplément au premier. On choisit pour cet
établissement la maison du ci-devant évêché. A
peine les premiers arrangemens furent pris, qu'on
y entassa à la hâte ceux d'entre nous qui purent
supporter le trajet. Je fus de ce nombre. On y
amena bientôt quelques détenus de la Conciergerie, atteints d'une maladie épidémique qui s'y
étoit manifestée. Des réglemens sages avoient
d'abord été dressés pour arrêter les progrès de la

contagion. Ils furent exécutés, dit-on, les premiers jours. Mais quelque profusion qu'on ait
mis à en tapisser les coins des rues de Paris, je
suis témoin qu'ils cessèrent bientôt de l'être.

On nomma aussi des officiers de santé. Théri,
membre du comité de santé, créature de Robespierre, son compatriote et son fidèle, coopé-
rateur, fut mis à leur tête. Le meilleur remède
qu'on put attendre de ce nouveau docteur, étoit
sans contredit d'être privé des siens. Heureusement son règne ne fut pas de longue durée.
Nommé par le crédit de son exécrable protecteur, secrétaire du comité, il fut obligé d'abandonner l'hospice. On doit être bien persuadé qu'il
n'emporta aucun regret.

Le second officier fut Naury, homme ignorant,
saigneur impitoyable, d'une avidité effrénée ; au
reste, ami de Fouquier, et membre épuré des Jacobins. Il pouvoit marcher de front avec son collègue Théri. Enfin, le troisième fut ce Bayard,
qui avoit déjà acquis tant de droits à ma reconnoissance. Ma joie fut inexprimable, de me voir encore une fois sous la direction de cet homme sensible. Il étoit en effet l'ange tutélaire des détenus.
Sa femme et ses filles le secondoient. On m'a assuré qu'elles prodiguoient aux prisonnières malades les soins les plus assidus, et versoient sur
leurs plaies le baume des plus douces consolations.

Théri ayant décidément abandonné l'hospice, le jour qui suivit sa sortie fut un jour de fête pour les détenus. La Providence les avoit délivrés d'un de leurs premiers bourreaux. Effectivement il est prouvé que, dans l'espace de deux mois, soit ineptie, soit scélératesse, plus de soixante individus, la plupart cultivateurs, ont péri dans les mains de ce misérable. Ses malades ne s'élevoient guères qu'à ce nombre. Mais à mesure que la mort en enlevoit, ils étoient sur-le-champ remplacés par d'autres, tirés des diverses prisons de Paris. Par ce moyen Théri trouvoit toujours son compte. Ceux que leur heureuse étoile porta dans le département de Bayard, éprouvèrent un sort bien différent. Je puis dire que, pendant cinq décades, il n'est point venu à ma connoissance qu'il y ait péri un seul individu. La mort n'avoit confié sa faulx qu'à Théri. Je ne suis pas le seul qui rende cette justice à Bayard. Plusieurs détenus, dans des mémoires imprimés pour leur justification, se sont plu à consacrer son nom et leur reconnoissance.

De jour en jour l'hospice de l'évêché prenoit des accroissemens considérables, par la multitude de malades que l'on tiroit de la Conciergerie et des autres prisons. Fouquier nomma, pour remplacer Théri, un nommé Enguehard, chassé de plusieurs hôpitaux, et notamment de celui de

Compiègne. Sa figure, sa manière de se coëffer, son maintien, tout, aux moustaches près, annonçoit un de ces hussards qu'on expose quelquefois sur nos théâtres à la récréation publique. Ce coupe-jarret avoit indubitablement le mot d'ordre pour exécuter les *empoisonnades*, comme Carrier les *noyades*, Collot les *fusillades*. La grande recette de celui-ci étoit la saignée, encore la saignée, et toujours la saignée. Ce fut lui que je trompai à l'hospice national, avec une ligature teinte de sang.

Cet Enguehard et Naury se liguèrent bientôt pour faire éliminer Bayard, dont l'humanité contrastoit si fort avec leur barbarie. Ils s'associèrent à cet effet l'apothicaire Quinquet, autre Jacobin à face jésuitique, bien digne de figurer dans ce sanguinaire triumvirat. La grande cause de leur haîne contre Bayard étoit l'attention qu'ils lui voyoient prendre, à ce que ses malades ne se gorgeassent point de drogues avant qu'il les eût examinés. Il prenoit même une espèce d'autorité pour leur prescrire cette précaution. C'est ainsi qu'il en a usé plusieurs fois à mon égard. On voit que les griefs de ces scélérats étoient bien légitimes.

Tous les jours des actes d'accusation arrivoient dans ce sépulcre anticipé. La mort y étoit à l'ordre du jour, sous toutes les formes et de toutes

les manières. Bayard refusoit souvent de livrer
aux messagers du crime les victimes que le tribunal réclamoit. Il s'y transportoit lui-même pour
y certifier leur malheureux état et l'impossibilité
absolue où elles se trouvoient d'arguer un seul
mot pour leur défense. Sur cent exemples que
je pourrois citer des malheureux qui doivent leur
vie à Bayard, je choisis celui-ci comme plus frappant. La municipalité de Sedan, composée de dix-
sept pères de famille, ayant plus de quatre-vingts
enfans, chefs, pour la plupart, des premiers ateliers de la ville, fut guillotinée sans exception,
le 10 prairial. Le procureur de la commune étoit
à l'hospice, on l'envoya chercher cinq fois de
suite. La civière étoit devant son lit, la dernière
fois, pour le porter à l'échafaud; Bayard survint,
refusa de livrer son malade, et dans le pourpar-
ler, il s'écria : Si l'on est si altéré de sang,
qu'on me guillotine moi-même. Le citoyen
dont il s'agissoit se nomme Veyrier, il est ac-
tuellement en liberté. J'ai vécu long-tems avec
lui, nous nous sommes voués une amitié ré-
ciproque.

Voici un second fait qui n'intéressera pas moins
les bons cœurs en faveur de Bayard. Le sexe,
fait pour dompter la férocité des plus farouches,
ne trouvoit point de grâce devant Fouquier. Les
femmes enceintes, ces objets si respectables aux

yeux des nations , étoient également entraînées à ce tribunal de sang. Un jour on vint pour exécuter un arrêt de cette nature en présence de Bayard ; cet homme courageux se lève ; s'y oppose, et court plaider lui-même au conseil , avec toute l'énergie du sentiment , la cause des infortunées qui alloient subir leur sort. Il prouve , appuyé des autorités de tous les collèges de médecine, qu'une femme qui se déclaroit enceinte devoit être crue sur sa parole , et que les officiers de santé ne pouvoient prononcer définitivement sur son état de grossesse qu'après quatre mois et demi , cinq mois révolus. Le conseil est forcé de prendre un arrêté conforme à la décision de la faculté.

Il ne fut pas exécuté long-tems. Les calomnies des trois monstres ayant produit leur effet, Bayard est obligé d'abandonner l'Hospice, et c'est Enguchard qui le remplace. Aussi-tôt les horreurs précédentes se renouvellent ; les cadavres sont à chaque instant promenés dans les salles; les civières reparoissent; les moribonds sont emportés sans pudeur et sans pitié à l'échafaud; les femmes enceintes, ou accouchées depuis quelques heures, sont traînées au tribunal ; la ciguë et le poison sont distribués largement aux misérables marqués du sceau de la mort, et tombant d'inanition.

Il est des personnes dont l'âme sensible ne

pourra

pourra se faire à l'idée de ces empoisonnemens ;
et qui rejetteront comme les produits d'une imagination exaltée , ce que j'en dis ici. Je les prie
de se rappeller l'anecdote des saignées. J'y ajou-
terai un fait dont je puis certifier l'exactitude , et
que je livre à leur scrupuleuse méditation.

Un certain Blamont , fourrier d'un bataillon
en garnison à Landrecies , mon compagnon d'infortune, essuie une maladie des plus graves. Une
espèce de miracle le rend à la vie, les plaies que
les vésicatoires avoient laissées à ses jambes, ne
guérissant point faute des remèdes nécessaires ,
il osa se plaindre un peu trop vivement au médecin. Sur-le-champ une potion est ordonnée ,
qui le rejette bientôt dans les convulsions de la
mort. Vainement ce malheureux dévoré par une
soif ardente , réclamoit des boissons rafraichis-
santes, il fut obligé de mettre à contribution
toutes les cruches de tisanne qu'on donnoit aux
malades. Il n'est revenu de cet horrible état
qu'avec des ménagemens infinis. Des attaques
épouvantables de mal caduc en sont les suites.

Je puis dire que, d'après la retraite de Bayard
et de Rey, économe, il n'est point de forfaits
qui n'ait souillé ce séjour. Une femme condamnée
à mort étoit accouchée , tandis que Bayard y étoit
encore ; il cache son fruit pour la soustraire , au
moins pour quelque tems, à l'impatiente avidité

Tome III. I

des bourreaux. A peine fut-il sorti, que, sur la déposition de l'infirmière, l'infortunée victime fut agrégée à la première hécatombe.

Une fille de dix-sept ans, condamnée, se déclare enceinte ; on la conduit, après la lecture de son arrêt, à l'Hospice ; elle subit la visite, et sur le rapport d'Enguchard et de Nauri, qu'elle ne cherchoit qu'à gagner du tems, elle est guillotinée le lendemain.

Une jeune princesse Polonaise, belle comme on nous peint Vénus, et très-évidemment reconnue grosse, s'abandonne à un trop juste ressentiment. Elle reproche à ses geoliers leurs assassinats et leurs crimes. Ces monstres, sans indulgence pour son désespoir, la dénoncent à l'accusateur public, et elle est conduite au supplice.

Dans les journées des 7 et 8 Thermidor, huit femmes des plus intéressantes par leur jeunesse, leur beauté, leur air de candeur, sont aussi condamnées ; elles se déclarent enceintes ; le soir on les conduit à l'Hospice. Le lendemain matin elles subissent l'humiliante visite, et dans l'après-midi sept sont suppliciées.

Parmi ces dernières se trouvoit la ci-devant princesse de Monaco. Je n'oublierai jamais le spectacle déchirant dont elle me rendit le témoin. Elle sortoit, à la file, du quartier des femmes,

sans montrer d'autre émotion que celle d'une indignation légitime contre ses assassins. Elle adressa
ces paroles aux détenus qui se trouvoient sur son
passage : « Citoyens, je vais à la mort avec toute
la tranquillité qu'inspire l'innocence : je vous souhaite à tous un meilleur sort. » Puis se tournant
vers l'infâme guichetier qui l'entraînoit à la voiture, elle tire de son sein un paquet de ses beaux
cheveux, et lui dit en le lui remettant: « J'ai une
grâce à te demander, promets-tu de me l'accorder ! » Celui-ci l'ayant promis : « Voilà, conti-
nua-t-elle, un paquet de mes cheveux; j'ose
l'implorer de ta pitié, je la réclame en mon nom,
et au nom de tous ceux qui m'entendent, envoye-
le à mon fils, l'adresse est dessus ; me le promets-
tu ? jure-moi, en présence de ces honnêtes gens
que le même sort attend, que tu me rendras ce
dernier service que j'espère des humains. » S'adressant ensuite à une de ses femmes, enveloppée dans
la même proscription, mais dont l'abattement
contrastoit beaucoup avec la fermeté de sa maîtresse : « Du courage, ma chère amie, du courage ! il n'y a que le crime qui puisse montrer de
la foiblesse. » Tous les détenus, le cœur navré
de douleur, fondoient en larmes ; et quoique ces
horribles scènes dussent nous être familières,
jamais après-midi ne fut plus sombre. Vingt-quatre
heures plus tard cependant, les journées des

I 2

et 10 Thermidor sauvoient ces infortunées. Continuons cette galerie de tristes tableaux.

La femme Quetineau, dont le mari étoit mort sur l'échafaud, accablée de chagrins, fait une fausse couche. Douze ou quinze heures après, elle subit le même sort que son époux.

Dès les premiers instans de mon séjour à l'Hospice, on s'étoit occupé de former une apothicairerie. Le hasard voulut un jour que je me trouvasse sur l'escalier à peu de distance des officiers de santé, qui s'entrenoient de cet établissement. Quinquet, l'apothicaire de la maison, disoit qu'il lui manquoit encore beaucoup d'objets pour le perfectionner; « mais j'espère, ajouta-t-il, qu'on guillotinera quelques apothicaires pour que rien n'y manque. » Ce bon mot fut accueilli par des éclats de rire. Je pris ma route vers le jardin, la tristesse sur le visage et les larmes aux yeux. Quelques détenus m'abordèrent, et me demandèrent le sujet de ma tristesse. Je leur fis part, en frémissant, de ce que je venois d'entendre ; ils reculèrent d'horreur.

Je ne finirois pas, si je voulois raconter toutes les anecdotes de douleur dont j'ai été le témoin, ou qui m'ont été racontées. Je sais bien qu'il en est d'inconcevables, et que la vraisemblance rejette. Mais j'accuse ici publiquement, j'accuse à haute voix, en présence de ma patrie, que

cès horribles cannibales ont ensanglantée ; je
les défie de me poursuivre juridiquement ; si je
n'appuie pas tous ces faits des pièces authentiques,
par des témoins irréprochables , j'appelle sur ma
tête le glaive des lois , je consens à être puni
comme un vil calomniateur.

Une circonstance imprévue occasionna ma translation au collège Duplessis, appellé (sans doute
par dérision) prison de l'Egalité ; je fus enlevé avec
un grand nombre de détenus ; cet évènement fut
plus heureux pour moi que je ne devois l'espérer ;
voici pourquoi : dans la visite du matin il m'avoit
été ordonné des remèdes qu'on devoit me forcer
à prendre le lendemain ; c'étoit une vengeance
éclatante que les médecins et le geolier vouloient
tirer des sanglans reproches que je leur avois
adressés quelques jours auparavant, dans un accès
de désespoir ; le geolier m'avoit soustrait une
lettre de ma femme ; je le sus et m'en plaignis
avec amertume. L'indignation me fit sortir des
bornes de mon caractère, j'allai jusqu'à mettre
sous les yeux de cet homme le parallèle de son
état passé et de son métier actuel ; métier qui le
dégradoit au-dessous des scélérats dont il servoit
les vengeances. Je ne m'en étois pas tenu à cette
explosion, j'avois écrit à Fouquier ; c'étoit la
cinquantième lettre au moins ; celle-ci ne gardoit
plus de mesures ; je lui marquois que puisque

j'étois une victime destinée à l'abreuver de mon sang, je préférois l'assassinat ou d'être traîné à l'échafaud, au poison lent que ses agens faisoient journellement couler dans mes veines ; ma lettre étoit adressée à l'exterminateur public ; j'espérois que cette adresse singulière commanderoit en quelque sorte la lecture ; car je n'avois reçu aucune réponse à toutes celles que je lui avois écrites précédemment, soit pour implorer un jugement prompt, soit pour réclamer mon porte-feuille et mes effets. C'est cette lettre qu'on communiqua, selon toutes les apparences, au médecin Enguchard, et qui m'attira de sa part, avec une abondante dose d'injures, la certitude d'être empoisonné le lendemain.

Heureusement Fouquier me réclama comme sa proie ; je fus transféré au Plessis pour y attendre la première place vacante à la Conciergerie. Je n'eusse pas sans doute langui long-tems dans mon nouvel asyle, si le jour des vengeances nationales n'eût été moins prochain.

Un grand nombre de mes camarades, aussi malades que moi, furent engloutis dans la même bastille. On nous assigna pour demeure, un local appellé la Souricière. Nous y trouvâmes au moins cent malheureux arrivés des départemens, et qui, depuis 24 heures, attendoient leur tour pour être fouillés, volés et écroués, et précipités ensuite dans leurs cachots respectifs. Pour nous, un peu moins maltraités du sort, nous en fûmes retirés au bout de deux heures, et placés dans des corridors, sans lits et sans matelas. La sueur avoit inondé tous mes vêtemens ; je changeai de linge et m'étendis sur le pavé.

Le lendemain, les détenus des autres quartiers s'empressèrent de venir nous rendre visite. Ils étoient à-peu-près dix-neuf-cents, tristes successeurs des écoliers, et malheureux usurpateurs des classes. On voyoit des septuagénaires à cheveux blancs en sixième, tandis que des sourds et muets, des enfans, des femmes et des jeunes filles étoient en réthorique, en philosophie. Ces rapprochemens eussent prêté matière à des allusions plaisantes, s'il eût été permis de rire dans ce grave sujet.

Je fus assez heureux pour être reconnu par un grand nombre d'incarcérés ; je me liai plus particulièrement avec mes anciens amis. Un détenu d'Amiens, père de six à sept enfans qui m'avoit servi à l'Hospice, me saute au cou ; voyant que j'étois sans logement et que je pourrois attendre encore long-tems à me procurer un lit, il me mène dans la chambre qu'il occupoit lui sixième, et me force d'accepter son lit ; il coucha par terre. Ce brave homme se disposoit à me continuer les mêmes services

qu'il m'avoit rendus à l'Hospice ; mais le lendemain fut un jour heureux pour lui , il obtint
sa liberté après un séjour d'une année dans les
cachots. Mes regrets de le quitter furent adou-
cis par la satisfaction de voir le terme de ses
malheurs.

Je ne m'étendrai pas beaucoup sur cette prison,
j'ai eu le bonheur de n'y pas rester assez long-
tems pour en faire l'essai. Je ne dirai qu'un mot
du geolier Haly. On m'a rapporté qu'avant d'exercer son noble métier, ce digne ministre de
Fouquier gagnoit sa vie à promener dans le
monde, une ménagerie affricaine : c'étoit ,
comme on voit, au milieu des bêtes féroces
que Haly avoit fait l'apprentissage de geolier.
Haly, d'ailleurs, avoit plus d'un talent. Les cons
pirations étoient son fort. Personne ne dénonçoit
avec plus d'audace, ne servoit de faux témoin
avec plus de sang - froid. Lorsque j'entrai au
Plessis, quinze à seize prisonniers alloient porter la tête sur l'échafaud, victimes de ses dépositions , si Fouquier n'eût été arrêté lui-même.
Haly s'étoit affidé quelques brigands qu'il lançoit
parmi les détenus pour les épier, et jouer ensuite le rôle de dénonciateurs et de témoins. Le
défaut de mémoire ou d'ordre dans les enre-
gistremens fit découvrir la ruse ; ils dressèrent
une liste de proscriptions sur laquelle ils ins-

crivirent un certain nombre de détenus. Il se
trouva que parmi ces prétendus conspirateurs
plusieurs avoient déjà été guillotinés ; d'autres
avoient été transférés dans des prisons différentes;
d'autres enfin avoient été élargis. Des méprises
pareilles n'étoient pas rares. J'ai vu dans cette
prison, ainsi qu'à la Conciergerie, des malheureux
qu'on appelloit pour briser leurs fers, et ils venoient
d'être guillotinés. Un jour on apporte plus de
quatre-vingt mises en liberté, délivrées par le
comité de sûreté-générale , et il se trouve que
le tribunal en avoit fait égorger soixante-deux.
Quelques-uns des dénonciateurs d'Haly , ayant
trop parlé , ont été guillotinés ; lui même est
encore en place.

Enfin arriva l'époque à jamais mémorable du
9 et 10 thermidor. Les craintes que nous con-
çumes d'abord furent bientôt converties en cris
de joie, lorsque nous apprîmes la victoire éclatante remportée par la Convention nationale ,
sur la faction exécrable qui avoit couvert la
France entière de bastilles et d'échafauds. Nous
cherchons à nous assurer de notre résurrection ;
nous nous serrons dans nos embrassemens ré-
ciproques ; l'excès du sentiment nous suffoquoit.
Tout ce que nous pouvions faire, c'étoit de
nous embrasser de nouveau et de lever au ciel
nos yeux ranimés. On pense bien que les gens

préposés à notre garde n'étoient pour rien dans ces transports. Consternés, anéantis, ils avoient sur leur front la pâleur de la mort. Ils ne perdirent cependant rien de leur avidité. Nous payâmes jusqu'à 150 livres une feuille qui rapportoit les évènemens les plus marquans de la journée.

Notre élargissement survint quelques jours après; je dus le mien aux représentans Legendre et Bourdon, de l'Oise (1).

____

(1) Le lecteur a dû voir avec surprise, dans cette déchirante relation, page 182, la manière dont s'exprime le détenu au sujet de la concierge, qui devoit être alors la citoyenne Richard, femme dont tous ceux qui l'ont connue n'ont cessé de louer l'humanité. Il est à présumer que l'auteur de ce dernier récit, confiné dans un cachot dès en arrivant à la Conciergerie, se sera imaginé que la geolière de cette prison ressembloit à la plupart des autres. Voyez ce qui en a été dit, tome II, page 4 et 5, etc., etc. (Note de l'Editeur.)

MAISON D'ARRÊT

DE BLANCHARD,

A Picpuce, près de Paris.

TOUS les détenus renfermés dans la maison d'arrêt de Blanchard, à Picpuce, ont eu à se louer de cet honnête concierge. Doux, serviable, humain, il ne pouvoit convenir au régime de la tyrannie ; aussi fut-il mis en arrestation pendant trois mois ; voici qu'elle en fut la cause.

Lors des premiers transfèremens, à l'époque du 26 frimaire, l'an II, cette maison jouissoit de la liberté promise aux suspects, c'est-à-dire qu'il n'y avoit point de gardes, que les parens et amis pouvoient y entrer facilement et en sortir comme chez eux.

Dans ces circonstances, on y transféra plusieurs prisonniers, entr'autres un grand jeune homme condamné à garder prison pendant une année, on ne sait pour quel délit. Il s'étoit enveloppé du manteau d'un de ses amis, et au-moment de son entrée on lui fit voir la chambre qu'il devoit occuper. C'étoit un réduit très-humide, qu'on venoit à peine de réparer à neuf. —

Quoi, s'écria le jeune homme, c'est ici qu'on nous loge ! Il est impossible d'y demeurer. — Il tâte les murs, et dit, du plus grand sang-froid : — Je n'y resterai pas, cela est certain ; il y a de quoi mourir avec ces plâtres. — Il dépose le manteau qu'il avoit sur les épaules, prend la porte, et s'évade ; on n'en a jamais entendu parler. Il lui fut facile de passer librement ; on le prit pour un homme de la maison. Depuis lors, les prisonniers furent beaucoup plus resserrés dans la maison d'arrêt de Blanchard, qui, malgré l'incarcération que lui avoit valu son trop de bonté, ne fut pas moins rempli d'égards et de complaisances pour les détenus confiés à sa garde.

Chappui, l'un des commissionnaires de cette maison, ci-devant doreur de son métier, donnoit le spectacle extraordinaire de l'honnêteté et du désintéressement. Il refusoit presque toujours ce qu'on lui offroit pour ses commissions. Il disoit même à ceux que la fortune mettoit en état de reconnoître ses services : « Gardez, citoyen, ce que vous m'offrez, un prisonnier n'a jamais trop d'argent. Ces petits services que je vous rends ne me coûtent rien ; c'est un plaisir que je me fais à moi-même, et j'y trouve ma récompense. »

Dupommier, administrateur de police, chargé

de la surveillance de cette maison, donna plusieurs fois l'occasion de connoître son ignorance et l'atrocité de son caractère.

Il vint un jour faire une visite. Il entre dans la chambre d'un prisonnier qu'il trouve occupé à lire. — Qu'est-ce que tu fais-là? — Vous le voyez. — Ce n'est pas ainsi qu'il faut répondre. Qu'est-ce que tu fais-là? — Vous en êtes témoin, je lis. — Eh! quelle est cette lecture? — Tenez, voyez. — Il lui présente le livre. Dupommier qui ne savoit pas lire, lui dit avec colère : — Ton procédé est de la dernière insolence; songes à me répondre, f....., car sans cela je verrai ce que je dois faire. — Je ne pouvois mieux faire que de vous présenter ce livre; et si vous ne savez pas lire, je vais vous apprendre quel en est le titre. — Oui, f....., je veux le savoir tout de suite. Ces b...... là sont si insolens, qu'on n'en viendra jamais à bout. — Puisqu'il faut vous le dire, c'est..... — Eh bien, dis donc. — C'est *Montaigne.* — Oh! puisque c'est de la Montagne, continue de lire; voilà ce qu'il faut; mais une autre fois ne sois pas si impertinent. Malpeste, un livre fait par la Montagne! Bravo, bravo!

VOYAGE

De cent-trente-deux Nantais, envoyés à Paris par le Comité révolutionnaire de Nantes.

L'AN deuxième de la République française, le 7 frimaire (27 novembre 1793, *vieux style*), nous sommes partis de la maison de l'Eperonnière, située à l'extrémité de la ville de Nantes, sur le chemin de Paris, au nombre de cent-trente-deux, conduits par un détachement du onzième bataillon de Paris, que commandoit le citoyen Boussart.

Réveillés dès cinq heures du matin, à sept heures rangés sur deux lignes dans la cour, on nous ordonna de remettre nos couteaux, ciseaux, rasoirs, etc. lesquels ne nous ont pas été restitués, et dont nous n'avons jamais connu les dépositaires. Le citoyen Borgnier, qui est mort à Paris, et dont l'épouse s'est, de désespoir, jettée par une fenêtre dans la rue du Temple (1), réclama contre son envoi à Pa-

---

(1) Hôtel de l'Europe.

ris , et protesta qu'il n'étoit point inscrit sur la liste ; mais bien un nommé Borgnis, auquel on le substituoit. Nous nous attendions si peu à partir, que nous n'avions, la plupart, que des sabots. Il fut permis à chacun de nous de prendre une paire de souliers de munition. La consigne nous défendoit de rentrer dans les chambres ; ceux qui restoient nous jettèrent, par les fenêtres, nos couvertures ; c'est tout ce que nous pûmes emporter ; quelques-uns avoient eu la précaution de descendre leurs paquets. Toute communication, avant le départ, nous fut refusée ; on repoussoit nos femmes éplorées, nos parens consternés. Pour la première fois les tyrans furent, sans le vouloir, humains par l'excès même de leur barbarie : ils nous épargnèrent l'horreur des adieux ! Une épouse ne pouvant voir son mari, lui écrivit sur un chiffon, au dos d'un très-court mémoire de blanchissage : l'officier de garde porta le scrupule jusqu'à refuser de remettre ce billet, dans la crainte que les chiffres ne fussent des caractères secrets. Nous partîmes à midi ; on nous avertit que quiconque s'écarteroit d'un pas seroit fusillé. Onze voitures avoient reçu le plus grand nombre des vieillards, des malades et infirmes ; à trois-quarts de lieue de Nantes, ceux qui avoient leurs paquets purent les déposer sur un chariot. Nous

nous examinions les uns après les autres, notre surprise étoit extrême ; nous ne nous connoissions point ; nulles relations d'aucune espèce n'avoient existé entre nous. Nous arrivâmes à Oudon vers les neuf heures du soir, au milieu de l'obscurité la plus profonde, en marchant dans la boue, et n'ayant pris, depuis le matin, ni repos ni nourriture. A la descente d'Oudon, l'un de nous disparoît ; il étoit également facile à tous les autres de s'échapper : le chemin étoit si mauvais et la nuit si noire, que soldats et citoyens tomboient pêle-mêle dans les fossés, et s'entr'aidoient à se relever. Tiger, l'un de nous, s'égara ; une vieille femme lui offrit un asyle sûr ; il refusa cette offre, et se fit conduire à Oudon. On nous y avoit logés dans l'église, sur de la paille. On nous distribua du vin, du pain très-noir et du lard rance, si mauvais que les volontaires s'en servoient pour graisser leurs souliers. Plusieurs furent obligés de rester assis ou debout pendant toute la nuit ; elle fut mauvaise pour tous : déjà nous avions plusieurs malades. Le citoyen Fleuriot, natif d'Oudon, passa la nuit couché sur la tombe de son père !

Le lendemain le rappel battit à cinq heures ; nous partîmes à sept ; à Ancenis, où nous ne fîmes que passer, des volontaires, trompés par des rapports mensongers, nous accablèrent d'injures violentes. A une demi-lieue de cette ville, nos plaintes nous obtinrent une halte de quelques minutes, pour dévorer les restes de notre repas de la veille. Quelques-uns étoient si fatigués qu'ils restoient en arrière, malgré la lenteur de la marche; à défaut de voitures, il fallut les monter sur des chevaux d'officiers. Notre entrée à Varades fut très-inquiétante. Nous y entendîmes des injures et des menaces encore plus fortes et plus multipliées qu'à Ancenis. On nous logea dans l'église, sur du foin mouillé; nous éprouvions l'extrême incommodité de ne pouvoir sortir qu'un à un pour satisfaire aux besoins les plus pressans : on nous donna du vin, du même pain qu'à Oudon, et du bœuf salé.

Le 9 frimaire, nous nous mîmes en route à huit heures (1). Nous devions coucher à Saint-

____

(1) L'un d'entre nous dormoit dans un confessional, au moment où, sortis de l'église, nous allions nous remettre en route. Il fut éveillé par les menaces de Bologniel, membre du Comité révolutionnaire de Nantes, et l'un de nos conducteurs. « Les b..., les f... geux, disoit-il, si j'en trouvois encore un ici, je lui abattrois la tête avec mon sabre. » Alors Bologniel étoit seul dans l'église avec quatre gardes nationaux. Notre compagnon d'infortune n'osa quitter son confessional; il ne sortit de l'église qu'après Bologniel, et se mettant en route, seul, il nous rejoignit peu après.

Georges ; mais nos conducteurs y furent informés que les brigands se disposoient à attaquer Angers, ce qui leur fit craindre d'être coupés dans leur route, et les détermina à la poursuivre. Après une halte d'une demi-heure, à deux-cents pas au-delà du bourg, on nous distribua le reste des provisions de Varades, avec du vin blanc qui ne ressembloit pas mal à de l'eau de lessive. Il faisoit un froid rigoureux ; nous fûmes obligés d'allumer un feu d'épines sèches sur le grand chemin. Un grand nombre d'entre nous fut chargé sur des charrettes, et porté de la sorte à Angers, où nous fûmes déposés au Séminaire : il étoit dix heures du soir.

On en avoit d'abord fait descendre plusieurs vis-à-vis l'ancienne cathédrale, déjà remplie de prisonniers. Comme la foule étoit très-grande pour les voir, les injurier et les menacer, la fuite eût été facile à quiconque en eût eu le dessein. Un habitant d'Angers se précipita sur l'un de nous, en le qualifiant de brigand, et voulut le frapper. Quatre volontaires s'opposèrent à sa violence. Nous devons déclarer que les braves Parisiens ont eu pour nous tous les égards que leur commandoient la justice et l'humanité. Persuadés que tant que la loi n'a pas frappé un citoyen, il est sous sa sauve-garde, ils proclamèrent qu'ils périroient tous plutôt que

de laisser violer le dépôt qui leur étoit confié.
Boussard, leur commandant, en fit la protestation en son nom et en celui de son bataillon (1).
Lorsqu'au séminaire il eut fait l'appel nominal,
qu'il nous eut tous comptés les uns après les
autres, et vérifié qu'il n'en manquoit aucun,
hors celui dont il avoit appris la fuite à Oudon,
sa joie fut telle qu'il nous témoigna hautement
que nous paroissions dignes de toute la confiance
des républicains, puisque nous n'avions pas trahi
la sienne, lorsque mille circonstances inévitables
nous en avoient fourni l'occasion.

Le peu de vivres qui nous avoit été distribué à Saint-Georges étoit consommé. Nous
comptions sur une distribution nouvelle, que nos
fatigues nous rendoient indispensable. Notre espoir fut déçu. Le concierge fut seulement autorisé à nous vendre ce qu'il auroit ; cela se ré-
duisit à de mauvaise soupe, de plus mauvais
vin, et quelques morceaux de lard, en si petite
quantité, que le plus grand nombre n'y put avoir
part. On nous accorda l'usage de toute la maison ; nous couchâmes, les uns sur la paille, les

____

(1) C'est lui qui ayant été témoin et présent à la
séance du Comité révolutionnaire de Nantes, raconta à
plusieurs d'entre nous la manière dont s'étoit fait le
triage des 132 Nantais envoyés sur la route de Paris.

autres sur des paillasses et matelas appartenans à des détenus que nous remplacions.

On parloit alors d'échanges de détenus entre les départemens. Nous crûmes que notre translation étoit le résultat de cette mesure, et que nous séjournerions à Angers (1). La maison étoit commode ; nous pouvions, au travers de la double porte du porche, parler aux citoyens qui nous venoient voir. On nous permettoit de faire venir du dehors des alimens ; nous profitâmes de cette permission. Nos dîners étoient arrivés, nous nous mettions à table, avec un sentiment de joie, fondé sur notre bien-être relatif, et sur celui bien plus grand encore de notre parfaite inocence. Tout-à-coup une garde d'environ deux-cents hommes, entre dans la cour ; on nous annonce notre départ prochain : mille inquiétudes se propagent (2). Nous mangeons à la hâte et

____

(1) Quelques expressions du citoyen Boussard, lors de l'appel nominal fait à Angers, nous laissèrent beaucoup de doutes sur la réalité du voyage de Paris ; et ces doutes furent accrus par une scène violente qui eut lieu au séminaire, en notre présence, entre Boussart et un membre du comité révolutionnaire d'Angers.

(2) Le bruit s'étoit répandu que les détenus que nous avions remplacés au Séminaire, avoient été fusillés et noyés au Pont de Cé le même jour.

nous faisons nos paquets. Nous descendons. Des
gendarmes se présentent avec des pelotes de
cordes sous le bras, et nous annoncent qu'elles
nous sont destinées. A cette nouvelle, les larmes
coulèrent des yeux de quelques-uns d'entre nous ;
ils avoient vu lier ainsi les scélérats et les assassins ; ils étoient innocens, le désespoir les saisit.
Aux demandes que nous fîmes, on répondit avec
un mystère effrayant ; sans doute quelques plaintes
un peu vives leur échappèrent, car un gendarme
tira son sabre, et tous les autres à son exemple;
plusieurs volontaires, le fusil armé, sortirent de
leurs rangs, et il seroit arrivé quelque évènement
sinistre, si deux d'entre nous n'eussent appaisé
les gendarmes en les avertissant qu'ils trouve-
roient dans les détenus la plus grande docilité.
Ils se firent lier les premiers, et la chaîne fut en
un instant formée ; un gendarme pleuroit.

Nous sortîmes. Les gendarmes, à notre tête,
s'opposoient à ce qu'on nous invectivât, et écar-
toient les hommes violens. Nous parcourûmes
plusieurs rues ; on nous fit traverser la place de
la Révolution. La manière dont nous étions conduits, et les horreurs commises par les brigands
dont on nous croyoit complices, peuvent à peine
excuser les menaces et les imprécations faites en
ce lieu contre nous. On nous conduisoit aux prisons ci-devant royales d'Angers.

Là , nous cessâmes d'être sous la surveillance de quatre citoyens (1) , d'ont l'un étoit membre, et les autres commissaires du comité révolutionnaire de Nantes. Ils étoient chargés de nous préparer des logemens et de pourvoir à notre subsistance. Ils connoissoient assez particulièrement plusieurs d'entre nous ; aussi notre surprise fut quelquefois extrême. Naud, l'un d'eux, étoit dans la cour du séminaire , lorsqu'on nous lia de cordes. Il nous accompagna jusqu'aux prisons, et ses collègues s'étoient placés dans la rue, pour nous voir passer. Nous rencontrâmes encore Naud entre les deux guichets, où il nous fit défiler et compter en sa présence.

Nous étions dans la cour ; il étoit cinq heures ; c'étoit l'instant du crépuscule : nous gardions le plus profond silence , et notre stupéfaction ne peut se dépeindre. Nous remarquâmes le long de la muraille opposée au plan sur lequel nous étions rangés en espèce de demi-bataillon carré, des chemises, chapeaux, habits, etc. qu'un bruit vague, qui se répandit avec la rapidité de l'éclair, nous fit considérer à tous comme les dépouilles d'hommes qui venoient de cesser de vivre.

---

(1) Naud, Bologniel, Joly et Dardar.

Enfin on ouvrit une chapelle qui étoit vis-à-vis de nous ; on nous y poussa jusqu'à ce qu'il ne fut plus possible d'y en faire entrer, et nous y étions pressés au point qu'il en fallut faire sortir plusieurs pour pouvoir fermer la porte. Cette chapelle avoit douze pieds et demi de largeur sur vingt-quatre pieds de longueur : nous étions quatre-vingt-un ; chacun avoit par conséquent à sa disposition, trois pieds six pouces de surface ; nous étions obligés de nous tenir dans les positions les plus gênantes et les plus douloureuses. Quelques bottes de paille nous furent jettées ; on nous avoit enfermés sans vivres et sans lumière ; nous avions par bonheur un briquet, de l'amadou et quelques paquets de petite bougie. Malgré la rigueur de la saison et l'ouverture de la fenêtre, nous étouffions de chaleur. On nous avoit donné, pour nos besoins, un seul seau de grandeur ordinaire ; il nous étoit presque inutile, vu l'état d'immobilité auquel nous étions condamnés : cependant quelques-uns furent forcés de s'en servir ; mais comme les besoins n'étoient pas circonscrits au voisinage du seau, on le demanda à l'autre extrêmité de la chapelle : on le faisoit passer de main en main, par-dessus les têtes, et nul ne pouvant agir librement, il fut versé, inonda cinq à six personnes et remplit d'infection toute la chapelle. Nous ne pouvions croire qu'on dût nous

faire passer la nuit dans une situation si pénible.
Nous attendions à chaque instant notre translation dans un local moins mal-sain et plus étendu.
Nous nous trompions: qu'on juge de ce que nous
avons souffert pendant cette nuit! La porte ne
fut ouverte qu'à huit heures et demie du matin ;
on la referma aussi-tôt.

Alors, nous apprîmes que le citoyen Boussard
avoit été arrêté par le comité révolutionnaire d'Angers, pour avoir, disoit-on, mis trop de chaleur
dans un débat qui nous concernoit. On disoit encore qu'il avoit rendu de nous le meilleur compte;
qu'il avoit assuré que nous n'étions pas tels qu'on
nous désignoit, et même que, témoin de la manière dont le triage des détenus s'étoit fait à
Nantes, principalement fondé sur le caprice, la
vengeance, les haines personnelles, la passion
et l'arbitraire le plus effroyable, il avoit pensé
et déclaré qu'il ne croyoit pas possible que rien de
sinistre arrivât à des hommes qui s'étoient com-
portés comme nous sur la route.

A notre sortie de la chapelle, les premiers objets qui frappèrent nos regards, furent un égoût
infect, qui traversoit, à découvert, la cour dans
sa largeur, et un énorme tas de fumier, composé
d'excrémens humains et de pailles pourries, qui
occupoit au moins le huitième de sa surface ; enfin un puits qui chaque soir étoit épuisé, dont
l'eau

l'eau fort mauvaise étoit la seule boisson légale des prisonniers, et où plusieurs de ceux-ci s'étoient noyés de désespoir.

Nous avions pour co-habitans des hommes condamnés aux fers, des scélérats, des brigands (1). Au moment où tous les prisonniers sortoient de leurs cachots, contraints, à défaut de latrines, de satisfaire, dans la cour, à leurs besoins, forcés de vider les seaux sur ce tas de fumier, qui n'exhaloit déjà que trop de miasmes pestilentiels; obligés de brûler de la paille humide pour faire bouillir l'eau que ces misérables appelloient leur soupe, il en résultoit une telle infection, que l'homme de la santé la plus robuste en étoit affecté. Peu de jours avant notre départ, deux officiers municipaux, chargés de vérifier si notre situation étoit aussi affreuse que nous l'avions exposée, se bouchèrent le nez dès l'entrée de la cour, et n'auroient pu pousser plus loin leur visite, si nous ne leur avions donné du vinaigre des quatre voleurs. Nous les vîmes répandre des larmes.

Après midi, on nous distribua du pain qui n'étoit pas mangeable. Il résulta de notre communication avec la geole, que nous apprîmes l'arrivée de

____

(1) Au bout de vingt-quatre heures, nous fûmes couverts de leur vermine.

Tome III.   K

cinq autres détenus Nantais (1), et la répartition du reste de notre troupe dans deux cachots de l'intérieur. Nous fûmes touchés d'un trait d'amitié fraternelle : Devay, jeune, célibataire et infirme, avoit comparu à l'appel qui s'étoit fait lors de notre départ, et s'étoit ainsi dévoué pour son frère aîné, père de sept enfans en bas-âge, et l'unique soutien de toute la famille. Celui-ci est mort à Paris, après sept jours d'agonie, et l'autre resta long-tems parmi nous. Il semble cependant qu'un acte aussi généreux lui méritoit un meilleur sort.

Lorsqu'on sut que la geole pouvoit contenir d'autres prisonniers, douze demandèrent à y être admis ; sept autres voulurent aussi changer de local. On leur ouvrit un cachot, voisin de la chapelle, dont l'air étoit si épais, que l'un de nous, que la foiblesse de sa vue oblige à se servir de lunettes, les vit, en un instant, se couvrir d'une vapeur fétide. Telle étoit pourtant la cruelle situation de ceux qui occupoient la chapelle, que seize

____

(1) Il sembloit que le nombre de 152 eût, pour le comité révolutionnaire, un attrait singulier. Il avoit l'ordre de relâcher cinq d'entre nous, on ne sait par quel motif ; car, ou il n'y en avoit d'autres pour les mettre en liberté, que la corruption et l'arbitraire. Il s'empressa d'en faire partir cinq autres, qui ne furent pas peu surpris de cette étrange substitution.

d'entr'eux préférèrent d'aller s'enfouir dans ce cachot. Il étoit si mal-sain, que la moitié des infortunés qui y ont résidé sont morts, l'autre moitié a été très-dangereusement malade. La situation des détenus, dans l'intérieur, n'étoit guères moins fâcheuse ; à quatre heures du soir, nous étions renfermés dans nos cachots, qui ne s'ouvroient qu'à huit et dix heures du matin : c'est le régime que l'on nous a fait suivre pendant les dix-neuf jours de notre résidence à Angers ; seulement le nombre des prisonniers de la chapelle fut réduit successivement à quarante-trois. Jusqu'au matin du troisième jour, nous éprouvâmes une gêne insupportable, qui ne cessa qu'à la prière de ceux de nos camarades qui habitoient la geole ; c'étoit d'être forcés de rester dans la cour. Nous n'avions alors d'autre abri qu'un chauffoir au premier étage, propre à peine à contenir vingt-cinq personnes, et où en affluoient plus de cent-cinquante, pour acheter le mauvais vin que le geolier faisoit vendre ; et au niveau de la cour, une espèce de porche de six pieds de largeur, dans l'angle duquel étoit le guichet, et qui servoit de dépôt aux cadavres. Le nombre de ces cadavres étoit chaque jour de quatre, de cinq ou de six. Plusieurs fois, ceux qui occupoient l'intérieur, n'ont pu sortir de leur cachot sans en enjamber quelqu'un ; nous en avions tous les matins le déchirant spectacle.

Un jour même, nous devons le dire, nous avons vu déposer, sur trois cadavres, un misérable qui n'avoit pas encore exhalé le dernier soupir. Souvent des hommes qui se traînoient sur le fumier pour leurs besoins, y sont tombés morts. Un des nôtres (1), qui conchoit sur l'autel de la chapelle, à côté de son père, tomba, dans les convulsions de l'agonie, sur le pain de ses voisins, qui dînoient en ce moment, et mourut sous leurs yeux l'instant d'après. Un acte de bienfaisance n'est pas un titre; nous ne devons ni ne pouvons nous féliciter du don que nous nous empressâmes de faire à un prisonnier qui se précipita dans le puits pour en retirer un malheureux qui venoit de s'y jetter dans un accès de fièvre chaude; mais on peut observer que tel étoit le malheur de notre destinée, que nous n'avions sous les yeux que des objets d'horreur.

Déjà nous commencions à être dévorés par la vermine.

Lorsqu'après l'ordre du geolier ou de son guichetier, nous tardions de quelques secondes à rentrer dans nos cachots, nous étions menacés

____

(1) Castellan, fils, âgé de dix - neuf à vingt ans; après une agonie de quinze jours, il s'éteignit sous les yeux de son père, sans avoir reçu aucune espéce de secours.

d'être mis aux fers, dans un cachot plus horrible encore, et que fermoit une triple porte.

Un jour de pluie, le tas de fumier fut tellement lavé, qu'un grand nombre de ruisseaux se forma depuis cette masse jusqu'à l'égoût, et c'étoient des excrémens humains qu'on voyoit ruisseler ainsi ; l'air s'épaissit, se chargea de miasmes pestilentiels ; le lendemain, nos lèvres étoient coupées, nos gencives saignoient ; nous avions le visage pâle, enflé et couvert de pustules. Toutes les variations de la saison nous étoient également préjudiciables : la chaleur et la pluie rendoient l'air infect ; le froid rigoureux, qui seul nous convenoit, avoit cet inconvénient que, contraints de tenir, pendant la nuit, notre fenêtre ouverte, il nous falloit ou suffoquer de chaleur, ou beaucoup souffrir du froid. Dans les tems humides, les murs de la chapelle et des cachots dégoûtoient d'eau. Nous fûmes tous attaqués de rhumes violens ou de douleurs rhumatismales. Trente-cinq compagnons de nos misères sont morts probablement des suites de cet affreux séjour, et plusieurs y ont contractés des infirmités pour le reste de leur vie.

Nous n'avons pu nous louer que d'une chose, nous avions la liberté de faire venir du dehors des vivres.

Le 13 frimaire, au matin, la générale battit,

et le canon ne tarda pas à se faire entendre. Les brigands attaquoient Angers (1). Dès la veille, nous avions rédigé une pétition, afin d'obtenir de l'humanité et de la justice une autre habitation; mais des rebelles menaçoient la Patrie, nous ne devions plus nous occuper que du soin de la défendre. Nous rédigeons, à la hâte, une pétition nouvelle, pour demander des armes: nous engagions notre parole de républicains de rentrer en prison aussi-tôt après le combat. Cette pétition portée à la Municipalité, y fut lue avec intérêt, mais on n'y fit pas droit: les jeunes gens sur-tout en furent au désespoir; tous avoient porté les armes contre les rebelles, et plusieurs s'étoient trouvés à dix-neuf et vingt actions. Cette pétition, présentée à l'instant où l'on parloit de rendre la ville, et pendant le feu le plus vif, étoit notre arrêt de mort, si les brigands eussent été vainqueurs. Le lendemain l'attaque continue, et nous réitérons nos offres. Des Brigands détenus se flattoient d'une prochaine reddition de la ville, blasphêmoient la République, et menaçoient de dénoncer les républicains. Nous vouâmes à l'infamie

---

(1) Une des principales attaques se faisoit près de la prison. Les balles et la mitraille pleuvoient dans la cour où nous étions réunis; les boulets passoient, sans relâche, au-dessus de nos têtes.

quiconque auroit la lâcheté d'abjurer cette République, à laquelle nous n'avions pas cessé un seul instant d'être fidèles, et quiconque n'auroit pas le courage de ce dénoncer lui-même aux Brigands. Le 18 frimaire, nous fîmes une collecte ; et quoique presque tous ruinés par les Brigands, nous prîmes sur notre nécessaire 2,400 livres que nous adressâmes au Comité révolutionnaire, pour le soulagement des blessés.

Notre position ne changeoit pas ; par une suite nécessaire des maux qu'elle nous avoit causés, plusieurs des nôtres, dangereusement malades, étoient à l'infirmerie, si l'on peut appeller de ce nom un cachot, un repaire enfumé, qui contenoit six mauvais grabats, dans chacun desquels les malades étoient entassés par trois, sans distinction de maladies, manquant de tout, ne pouvant se procurer rien, et ne recevant la visite d'aucun officier de santé. Ce n'étoit même qu'avec la plus grande difficulté, qu'un médecin et un chirurgien, nos compagnons d'infortune, et aux soins desquels nous devons le salut d'un grand nombre d'entre nous, pouvoient se procurer, pendant le jour, la facilité de les aller voir. Un vieillard étoit attaqué de goutte ; il falloit lui attacher les vésicatoires : à la demande qui en fut faite, on répondit : s'il en a besoin, qu'il les aille chercher. Durant nos dix-neuf jours de station à Angers, quatre Nantais sont morts, entr'autres Charette-Boisfoucault, âgé de soixante-treize ans, dont on avoit affecté de mettre le nom en tête de notre liste, sans doute afin que sa conformité avec celui de l'infâme Charrette nous fît regarder comme des scélérats de la Vendée, et attirât sur nous l'indignation des républicains. On a du moins fait courir ce bruit parmi nous; et comme nous avions plus de motifs de concevoir des craintes, nous avons dû être plus crédules.

Le 21 frimaire, quatre de nos compagnons ont été rappellés à Nantes; celui qui avoit disparu à Oudon devoit l'être aussi; pour le punir de son évasion, il a fait avec nous le voyage : il a été traduit au Tribunal révolutionnaire. Cet évènement faillit nous coûter à tous la vie; car on nous a assuré qu'il y avoit ordre de nous fusiller tous si un seul manquoit (1).

----

(1) Le 26 frimaire, nous vîmes un jeune homme sortir d'un cachot souterrein; il luttoit contre le trépas; il chancelle; il tombe......... Des guichetiers l'enlèvent, le traînent par les pieds, et le jettent sur un tas de cadavres, trouvés morts dans leurs cachots, ensevelis dans une serpilière, et déposés au bas de l'escalier. En vain cherchâmes-nous à surprendre un mouvement d'humanité dans les garçons de la geole; ils refusèrent de transporter l'infortuné mourant à l'infirmerie. Une heure s'écoula; et il acheva son agonie sur un lit de cadavres!

Deux jours avant notre départ, le guichetier
étant remonté à la geole, après avoir fait la couchée, annonça àquelques-uns d'entre nous, avec
un air de mystère, propre à inspirer les plus
vives alarmes, qu'il venoit de recevoir l'ordre
de ne pas se coucher, parce que, dans la nuit,
on devoit venir chercher quarante prisonniers.
On lui demande s'il sait la destination de ces
prisonniers; il répond que non, d'une manière
à augmenter les craintes sur notre sort. Cette
confidence faite d'abord à deux ou trois, et prise,
par eux, pour un avertissement salutaire, ne
tarda pas à être connue de plusieurs autres. Les
inquiétudes augmentèrent, et l'extrême agitation
de ceux qui étoient du secret, tourmentoient pro-
digieusement ceux qui ne le savoient pas; lorsque
ce même guichetier, interprétant sa nouvelle,
fit naître un peu de calme. Néanmoins comme
son interprétation étoit peu satisfaisante, on
convint de surveiller les mouvemens de la nuit.
Un de nous fut mis en sentinelle, et la garde fut
continuée jusqu'à ce qu'environ une heure du
matin, on entendit le geolier dire à son guichetier, de s'aller coucher, que ce ne seroit pas pour
cette nuit. Cette annonce prolongea nos inquiétudes et nos précautions pendant les deux nuits
suivantes. Enfin le 28 frimaire, à dix heures du
soir, s'ouvre la porte de nos cachots. Qu'on juge

K 5

de l'effroi de ceux qui étoient instruits du projet d'enlèvement de quarante prisonniers ! Mais leur frayeur ne fut pas de longue durée. On nous annonça que nous partirions le lendemain à cinq heures et qu'il falloit nous tenir prêts.

L'avant-veille, un officier de santé étoit venu prendre des renseignemens sur chacun de nous, probablement pour déterminer le nombre de ceux qui pouvoient être transférés à pied. Plus de soixante déclarèrent des infirmités très - graves ; cependant, au moment du départ, il ne se trouva qu'un cabriolet à trois places et un fourgon destiné à recevoir les effets, qui en fut presque rempli, et sur lequel la pitié fit jetter les moins capables de faire la route. On ne pouvoit voir sans attendrissement, des vieillards, des goutteux, des infirmes, des convalescens, emprunter le bras des gendarmes pour se soutenir. Le vieux Pilorgerie sur-tout, blessé dangereusement par une chûte sur une bouteille brisée, au fond de l'escalier le plus noir, et dont la plaie, s'ouvrant au plus léger mouvement, le mettoit à chaque instant en péril de la vie, qu'il a perdu depuis, fut arraché de son lit, amené presque nud, le bras en écharpe et la culotte sur les talons. La pitié que manifestèrent quelques hommes sensibles, attirés par curiosité, détermina à le faire rester, ainsi qu'onze autres dangereuse-

ment malades. Cinq l'étoient accidentellement ;
trois jours après ils sont venus nous rejoindre
à Saumur. Nous partîmes liés de cordes six
à six. Toutes les portes d'Angers étoient fermées ,
hors une. On nous fit traverser presque toute
la ville ; nous ne savons si cette traversée étoit
nécessaire , mais une ou deux fois , sans la fermeté des militaires qui nous accompagnoient,
elle nous eût été fatale. Nous arrivâmes au milieu des cris et des menaces , à l'extrêmité du
fauxbourg que l'approche des Brigands avoit fait
incendier dans presque toute sa longueur. Alors le
commandant (1) nous permit de nous débarrasser
de nos cordes , et mit en réquisition deux charrettes que le hasard fit rencontrer sur le chemin,
es dans lesquelles il nous permit de monter.

On avoit dit , dans les prisons, que les détenus d'Angers , que nous avions remplacés au
séminaire , avoient été conduits au Pont-de-Cé ,
et qu'une attaque imprévue de la part des Brigands les avoit fait fusiller. A peine fûmes-

---

(1) Nous regrettons de ne pouvoir faire connoître son
nom, Il étoit originaire de Mayence, fait, depuis la révolution, officier dans le régiment ci-devant Royal-
Comtois, dont un petit détachement de trente à quarante hommes nous servit d'escorte jusqu'à Saumur.

nous en route, qu'une inquiétude générale se répandit ; nous redoutions un accident semblable, malgré notre innocence. La maniére dont nous avions été traités, les qualifications que le comité révolutionnaire de Nantes nous avoit données sur la liste remise à Boussart, de complices des brigands de la Vendée , étoient bien propres à inspirer cette terreur. Ce ne fut qu'après avoir dépassé le chemin qui conduit au Pont-de-Cé , et lorsque les généreuses attentions des républicains qui nous escortoient nous eurent rassurés , que nous nous livrâmes au plaisir' inexprimable de respirer un air pur dont nous étions altérés.

Il étoit quatre heures et demie ; nous étions arrivés à Saint-Mathurin, où nous devions passer la nuit. On nous fit entrer dans l'église ; ou nous y apporta trois gigots , deux ragoûts de mouton , du pain et du vin. Nous faisions ce repas, lorsque le commandant de la place vint nous visiter ; il reconnoît l'un de nous qui lui avoit rendu plusieurs services , et qu'il savoit être un excellent républicain. Il apprend par-là qui nous sommes, ou quels nous pouvons être. Il déclare que quinze-cents hommes qui sont attendus sous un quart-d'heure, ne nous permettent pas de rester en ce lieu, et qu'il faut que nous partions. Lé bruit est soudain

répandu qu'au même endroit, dans une semblable rencontre, des prisonniers, escortés par
le même officier qui nous conduisoit, ont été
fusillés, et qu'on prend des précautions pour
nous épargner ce malheur ; qu'on va ranger la
troupe en bataille à l'autre extrêmité du bourg,
afin que nous puissions partir sans qu'elle nous
voie. Nous nous commandons tous le plus profond silence ; la plus grande obscurité régnoit
dans l'église ; les uns cherchoient un asyle ;
d'autres examinoient par où l'on pouvoit fuir ;
ceux-ci attendoient, sans agitation, ce qui seroit
décidé de leur sort. Cependant le tambour battoit,
la troupe défiloit : on ne tarda pas à ordonner
notre départ, et l'on nous fit payer 366 liv.
pour la depense que nous avions faite.

Nous entrâmes aux Rosiers à neuf heures du
soir ; notre lassitude étoit extrême ; plusieurs se
dispersèrent dans la ville, et logèrent chez des
citoyens, sans qu'on sût où ils résidoient. La
masse fut placée dans une auberge où l'on ne
put disposer que de trois chambres ; le reste de
ceux qui ne purent les occuper s'alla coucher dans
une écurie ; c'etoit, après la nuit passée au séminaire d'Angers, la meilleure couchée que nous
eussions faite depuis notre départ de Nantes. Une
chose nous fit bien sentir le péril où nous nous
étions trouvés. l'officier municipal qui avoit

pourvu à notre logement, s'étonna de nous voir encore en vie, et nous assura que nous devions être fusillés au Pont-de-Cé. Malgré ces bruits, nos conducteurs avoient en nous une telle confiance, qu'ils nous laissèrent jouir de la plus grande liberté ; nous avions tous les moyens possibles de nous évader ; aucun n'en conçut même l'idée, puisque le lendemain, au premier coup de baguette, nous nous trouvâmes tous au lieu du rassemblement.

C'est assurément une circonstance remarquable, qu'on nous ait fait partir d'Angers, sans nous compter, sans faire appel nominal, sans liste qui constatât notre nombre, seulement avec quarante hommes d'escorte ; qu'on nous ait averti précipitamment à 10 heures du soir, et qu'on ait choisi un jour où l'on ne pouvoit pas ignorer que nous serions croisés sur la route par 1500 hommes justement ennemis des scélérats, aux crimes desquels la calomnie se plaisoit à nous associer. Nous ne voulons asseoir sur cet assemblage de circonstances aucunes conjectures ; mais il nous étoit permis alors de tout craindre et de tout croire : aussi devons-nous penser que nous n'avons pas couru, à Saint-Mathurin, un danger imaginaire.

Le lendemain, nous partîmes pour Saumur (1).

____

(1) Il paroît que nous n'étions pas attendus à Saumur, puisque le commandant, ayant pris les devans, fut annoncer notre arrivée, et demander un renfort pour notre escorte.

Nous trouvâmes, presqu'à l'entrée du fauxbourg, un détachement du deuxième bataillon du 109e. régiment, qui s'est si éminemment distingué dans la guerre de la Vendée, et dont plusieurs fois les Nantais ont partagé les glorieux travaux. Il crut d'abord que nous étions des brigands ; mais il fut bientôt désabusé. Nous entrons dans le fauxbourg ; voici les premiers mots que nous entendîmes : Il faut les faire passer sous les fenêtres du général, car il veut tout voir, et de-là nous les conduirons à la place de la guillotine...... C'étoit le commandant du détachement qui les proféroit. Cependant il nous a protégés avec cette vigueur qui caractérise le républicain. Il est impossible d'exprimer les imprécations, les cris de fureur, les menaces qui s'élevoient à chaque pas contre nous ; soldats et citoyens sembloient se d isputer à qui sèmeroit parmi nous le plus d'horreur et d'épouvante. A la première barrière, un second détachement de cent hommes étoit sous les armes, et renforça les deux autres. Plus nous avancions, plus les clameurs devenoient terribles ; des sabres furent tirés : l'énergie des officiers et des militaires sut tout contenir. Enfin, nous arrivons sous les fenêtres du général ; nous y reçûmes une consolation bien douce, et dont nos cœurs avoient grand besoin. Un commandant de bataillon, curieux de nous voir, s'étoit mis en haie. Nous défilons; il reconnoît des hommes honnêtes qui ont été ses compagnons d'armes, ardens révolutionnaires dès le principe de la révolution, implacables ennemis des brigands, dès les premiers mouvemens de la Vendée; il s'étonne, il s'écrie: Où donc désormais chercher des patriotes?

La curiosité du général étant satisfaite, nous retournons sur nos pas, et l'on nous fait marcher du côté de la prison. Nous avions à peine passé une ou deux rues, que nous rencontrâmes cinq hommes condamnés au dernier supplice, et deux desquels on y conduisoit. Nous étions forcés de les suivre au pas le plus lent, comme d'infâmes rebelles qui devoient subir une semblable destinée: il est impossible d'exprimer ce que nous avions senti, ce que nous sentions encore..... (1).

En entrant dans la prison, le geolier demanda à l'officier qui nous conduisoit, la liste de nos noms. L'officier répondit qu'il n'en avoit point; qu'on ne lui en avoit point donné; qu'on l'avoit

----

(1) Un vieillard, mort depuis à Paris, fut tellement affecté des cris et des menaces qui retentissoient à nos oreilles, qu'il se laissa tomber du haut de son chariot sur le pavé, et qu'on le releva presque privé de connoissance.

chargé de nous conduire, et qu'il nous remettoit à Saumur comme il nous avoit pris à Angers. Alors un de nos camarades dresse lui-même la liste de nos noms, et l'espèce de querelle qui s'étoit élevée entre le geolier et le commandant fut bientôt terminée.

. Après plusieurs heures d'attente dans la cour de la prison, on nous fit entrer dans l'intérieur; quelques-uns furent placés dans des greniers; d'autres dans l'infirmerie; le plus grand nombre, dans deux petites chambres qu'ils remplissoient absolument. Quelques jours auparavant, dans ces mêmes chambres, étoient entassés et mouroient les uns sur les autres, des brigands. On nous a dit qu'il en résultoit une infection telle, qu'on n'y pouvoit entrer sans s'exposer à périr : c'étoit au point que, le troisième jour, lorsque le besoin de purifier l'air nous contraignit d'allumer du feu, celui qui l'allumoit fut trois fois repoussé par l'odeur dont les balayures seules avoient infecté la cheminée.

On nous donna de la paille, pour couvrir une litière de vermine.

Nous étions si serrés, notre position étoit si pénible, qu'il nous seroit impossible de la représenter, même sous les plus hideuses couleurs. L'un de nous se met en quête, pressé par quelque besoin. La nuit étoit sombre ; il cherche dans la cour, en tâtonnant le long des murailles ; il trouve un vide, un enfoncement ; il entre..... c'étoit une remise ; il heurte, il tombe..... c'étoit sur des cadavres, les uns nuds, les autres couverts de haillons encore empreints de pourriture ! Il respire la peste..... Pénétré d'horreur, il se retire, et vient nous apprendre que le lendemain nous aurons sous les yeux cet affreux spectacle. La cour qui séparoit la remise de nos deux chambres, n'avoit que dix-huit pieds de largeur.

Il y avoit trois puits dans la maison : on nous avertit de ne pas boire de l'eau d'un de ces puits ; elle étoit mortelle ; les cadavres qu'on y avoit jettés l'infectoient.

Plusieurs officiers de l'état-major nous visitèrent ; ils furent révoltés à la vue de la remise ; ils en firent enlever les cadavres, qui déjà tomboient en dissolution. Un autre local fut marqué pour les recevoir à l'avenir. Les paroles de ces braves républicains ne furent pas moins consolantes que leur procédé avoit été salutaire.

L'avant-veille de notre départ de Saumur, nous eûmes sous les yeux le triste spectacle de trente-six individus liés et garottés, qui restèrent dans la cour depuis la pointe du jour jusqu'à dix heures du matin, et qui durent être fusillés le jour même, à une demi-lieue de la ville.

L'exécuteur étant un jour à la geole avec plusieurs de nos camarades, s'informa de notre nombre, et nous regardant déjà comme une proie assurée, savez-vous bien, dit-il, que je suis capable de vous expédier tous en moins d'une heure ? Tout ce que nous voyions, tout ce que nous entendions, semoit dans nos cœurs l'épouvante et l'horreur.

Après cinq jours de résidence dans les affreuses prisons de Saumur, le citoyen Follio, adjudant de la place, qui vint nous annoncer notre départ, se servit de ces paroles remarquables: REJOUIS-SEZ-VOUS, MES AMIS; DEMAIN VOUS PARTEZ POUR PARIS. C'est ici que s'ouvre encore un vaste champ aux conjectures : plusieurs fois nous avions cherché à deviner les motifs de notre sé-jour à Saumur. Ce n'étoit pas assurément pour nous reposer de nos fatigues, puisque nous venions d'Angers, où nous avions séjourné dix-neuf jours entiers ; puisqu'à Saumur on nous avoit dé-posés dans un local où nous respirions la conta-gion, et où plusieurs d'entre nous ont contracté des maladies qui les ont conduits au tombeau ; puisqu'enfin, sans avoir égard à nos fatigues, à notre exténuement, à nos déplorables misères, on nous a conduits tout d'un trait à Paris, où dix-neuf de nos compagnons d'infortune ont encore perdu la vie...... Si l'ordre de nous traduire à Paris avoit existé lors de notre arrivée à Saumur, pourquoi nous y a-t-on laissé séjourner jusqu'à l'arrivée d'un courier qu'on avoit expédié pour Nantes ? Nous ne chercherons point à approfondir davantage les accidens de notre voyage, ni quel fut d'abord son but réel (1).

Le commandant temporaire de Saumur vint aussi nous prévenir que nous partirions le lendemain pour Paris ; que nous ne devions plus concevoir aucune inquiétude ; qu'il étoit arrivé un évènement sinistre à un convoi de détenus, dont plusieurs d'entr'eux avoient été victimes ; mais que nous n'aurions point à craindre un semblable

---

(1) Le comité révolutionnaire de Nantes fut traduit à Paris, à la Conciergerie, et jugé. Avant cette glorieuse époque, le citoyen Phelippes, ex-président des tribunaux criminel et révolutionnaire du département de la Loire inférieure, entendit, le 14 frimaire, 7 jours après notre départ de Nantes, Goulin et autres membres du comité s'exprimer sur notre compte, comme si nous n'existions déjà plus. Une citoyenne s'étant rendue à la municipalité pour y demander quelques pièces justificatives pour l'un de nous, il lui fut répondu : « Vous prenez un soin désormais inutile ; ce sont des hommes qu'on a sacrifiés ; ils ne sont plus ». — Enfin il paroît constant que le comité avoit signé et expédié l'ordre de nous faire fusillier.

évènement ; que nous serions escortés par un bon détachement, et qu'il marcheroit lui-même à notre tête jusqu'à la sortie de la ville.

L'officier de gendarmerie qui devoit nous conduire, commença par jurer qu'il feroit fusiller le premier qui s'écarteroit d'un pouce. Il fut mis en réquisition un nombre de charrettes et de chariots tel que presque aucun de nous ne fut forcé d'aller à pied. La municipalité fit défense de nous invectiver à notre passage. Un des principaux officiers nous accompagna jusqu'aux barrières, afin de protéger notre sortie. Nous fîmes tranquillement notre route jusqu'à la Chapelle-blanche, où nous couchâmes sur la paille, dans un grenier à bled. Un malade s'y procura un matelas pour 18 francs. Le commandant ayant requis de la paille, on protesta qu'il n'y en avoit point ; il ne s'en trouva que lorsque chacun de nous eut consenti à la payer.

A Langeais, la municipalité nous fit un accueil favorable. Elle nous logea dans une maison particulière ; nous eûmes la faculté de louer des matelas. Le maire donna tous ceux qu'il avoit chez lui. Il apporta lui-même sa soupe aux malades ; nous écrivîmes sur une des cheminées de la maison : Les Nantais reconnoissans, aux habitans de Langeais.

Auprès du pont de Tours s'élevèrent des cla-

meurs non moins violentes qu'à Saumur; heureusement nous n'entrâmes point dans la ville.
On nous parqua dans une auberge dont le propriétaire étoit mort depuis trois jours, et sur les
effets duquel le scellé étoit apposé. Les chambres
ne suffisant pas à la moitié de nous, quoique
nous occupassions toute leur superficie, il fallut
bien que l'autre moitié couchât dans l'écurie.
On alluma dans la cour un grand feu; nous
étions fatigués, nous avions plusieurs malades;
nos santés commençoient à s'altérer; nous comptions sur un séjour, il nous fut refusé. Dès le
matin l'on nous mit en route. Nos malades ne
purent obtenir d'être déposés à l'hôpital.

Nous couchâmes à Amboise, dans la chapelle
du Bout-des-Ponts. Elle étoit dépavée; l'air en
étoit putride. Nous comptions n'y être que par
entrepôt. Il y avoit des auberges; on pouvoit nous
y loger; mais on nous apporta de la paille; les
débris de l'autel et les statues brisées nous servirent d'oreillers. Pour purifier l'air, quelques-uns
s'avisèrent d'allumer du feu. Le remède fut pire
que le mal, et pendant plus de trois heures nous
fûmes presque étouffés par une fumée épaisse
que nous n'avions pas de moyens de dissiper.

A Tours nous avions changé d'escorte. On
n'imagine pas à quel point nos nouveaux guides,
les vétérans de Mayence, étoient prévenus contre

nous. Ils nous le témoignèrent à la première vue, et s'attendoient bien qu'on n'avoit pas donné inutilement, à chacun d'eux, trois paquets de cartouches. Mais ils ne tardèrent pas à reconnoître l'injustice de leurs préventions. Plusieurs nous manifestèrent leur douleur, des sentimens qu'ils avoient eus, et nous déclarèrent qu'ils croyoient être destinés à nous fusiller. Ils nous invitèrent à ne rien craindre, et nous promirent leur appui contre quiconque auroit la cruelle injustice de nous outrager.

Deux officiers municipaux de Blois vinrent au-devant de nous, lors de notre entrée en cette ville. Leur présence fit cesser les injures et les menaces dont nous ne manquions jamais d'être assaillis ; nous fûmes logés à la maison des ex-Carmelites ; nous reçûmes à Blois des paroles de consolation ; nous y trouvâmes de l'humanité; nous y vîmes des républicains sensibles à nos malheurs.

Nous devons observer que, d'un bout à l'autre de la route, les autorités constituées n'ont été averties de notre arrivée prochaine qu'un quart-d'heure à l'avance, que quelquefois même elles ne l'ont apprise qu'en nous voyant.

Nous eûmes le bonheur de laisser à Blois nos

malades : ils étoient quatre ; deux sont morts (1).
Nous partîmes au milieu des clameurs, escortés
par la réquisition de Mers.

Nous fûmes bien reçus à Beaugency ; on nous
répartit dans trois auberges ; deux par lit ou par
matelas. C'étoit le premier repas que nous faisions
à table, et la première nuit que nous passions
entre des draps.

Aucun de nous ne s'étoit déshabillé depuis trente-
quatre jours. Nous avions été conduits de cachots
en cachots, d'églises en églises, d'écuries en
écuries, couchant toujours sur de la paille souvent
pourrie.

Nous étions accablés de fatigues quand nous
arrivâmes à Orléans. Depuis notre départ de Saumur, nous avions fait chaque jour, sans disconti-
nuer, six, sept, huit, et même neuf lieues. Ceux
qui étoient montés sur des charriots ne souffroient
pas moins que les piétons. Nous avions encore
plusieurs malades ; nous demandions un séjour ;
l'humanité et la justice le réclamoient. Les trois

---

(1) Nous avons appris avec un sentiment de reconnoissance que les commissaires de la municipalité ont
prodigué tous les soins possibles à ces infortunées victimes, et qu'ils ont eu constamment pour elles tous
les égards dus au malheur, et à des hommes que la
loi n'a pas encore reconnus coupables.

agens

agens nationaux, après s'être bien informés de notre qualité, étoient d'avis qu'on nous l'accordât; le commandant de notre escorte s'y refusa opiniâtrement.

Un des deux malades que nous laissâmes à Orléans y mourut. Nous ne pouvons que nous louer du traitement que nous avons reçu dans cette ville.

Il n'en est pas ainsi d'Arthenay. On nous logea dans des écuries fétides, sur une litière qui n'étoit autre chose que du fumier. Les consignes les plus sévères nous interdirent d'abord l'entrée de la maison et toute communication extérieure. Le froid étoit excessif, et l'on nous défendit d'allumer du feu dans la cour; mais, ce qui est vraiment étrange, nous avions faim, il nous étoit défendu de faire du feu, et l'on nous apporta de la viande crue. On nous donna à peine moitié de la paille qui devoit nous être distribuée. Nous nous plaignîmes, mais l'aubergiste, qui étoit un notable, nous menaça du cachot; ce ne fut qu'avec beaucoup de peine que nous obtînmes qu'il nous vendît de la paille. Sur le soir cependant, quelques malades et infirmes purent pénétrer dans la maison, et se procurèrent des lits moyennant dix livres: le très-grand nombre ne sortit pas des écuries.

Nous devions encore loger dans des écuries

à Angerville; on nous avoit destiné celles de l'auberge que tenoit le procureur de la commune; mais elles étoient plus mal-saines encore que celles d'Arthenay, et d'ailleurs étant ouvertes de toutes parts, il eût fallu tripler la garde. Cela fit changer les premières dispositions; mais les dernières furent si mal prises que, quoiqu'on nous eût mis dans deux auberges, cinq ou six ne purent esquiver l'écurie, malgré leurs réclamations. Le froid étoit vif; nous allumons, dans la cheminée d'une des chambres, un assez petit fagot; l'aubergiste entre, dit que nous voulons incendier sa maison; il éteint le feu, enlève le bois, nous accable d'injures, et finit par menacer de nous assommer à coups de bâton. Il sembloit que presque tous les lieux de notre passage dussent être signalés par quelque déplaisir nouveau.

Etampes nous consola d'Angerville; nous y fûmes traités comme à Beaugency. Le maire et le commandant de la garde nationale nous visitèrent, et voulurent bien nous donner quelques marques d'intérêt.

Il est impossible d'être plus mal logés et plus audacieusement pillés que nous le fûmes à Arpajon. Nous jugeons inutile d'observer que tous les aubergistes nous écorchèrent; mais l'hôte d'Arpajon passa les bornes. Au-lieu de paille,

il nous donna des paillasses détestables, pour
chacune desquelles il exigea dix livres; il demanda un prix proportionné pour son souper,
qui n'étoit pas moins détestable que ses paillasses. Cela provenoit de ce que les autorités
constituées n'étoient pas instruites à tems de
notre passage sur leur territoire; on nous jettoit
à discrétion au premier venu. Nous nous plaignîmes; le commandant menaça ceux qui se plaignoient de les garotter s'ils ne payoient pas.

Enfin, le 16 nivôse, vers quatre heures du
soir, nous arrivâmes à Paris. Nous y avions été
précédés par la même erreur qui nous accompagnoit sur la route; on nous annonçoit comme
des rebelles de la Vendée; on disoit que nous
étions l'état-major de l'armée catholique.

Le lendemain de notre arrivée, tout Paris
retentit de la nouvelle que cent-dix brigands,
venus de Nantes, alloient être fusillés dans la
plaine des Sablons; les journaux l'annoncèrent;
les colporteurs crièrent nos noms dans les rues,
et le peuple trompé se porta sur les Champs-
Elysés, pour nous voir défiler.

Chargés de cette inculpation, il n'est pas
étonnant qu'on nous ait placés, à la mairie,
dans un ci-devant grenier; le pavé y étoit
chargé de deux pouces de poussière de plâtre,
dont l'aspiration n'a pas peu contribué aux mala-

dies qui nous ont si cruellement affectés. Le concierge nous fit payer *pour 5o francs de pots-de-chambre* qu'il ne nous fournit point.

Le 18 nivôse, nous fûmes transférés à la Conciergerie, où nous habitions, pour la plupart, les cachots de la tour de Montgommery : nos malades remplissoient l'infirmerie.

Depuis le 26 nivôse, sous fûmes successivement transférés dans des maisons de santé ou de détention.

Cependant l'opinion publique fut bientôt éclairée. Le peuple revint des fâcheuses impressions qu'on avoit voulu lui donner. C'est alors que, songeant aux dangers que nous avions courus sur la route, nous nous rappellâmes avec un sentiment de joie et de consolation ces paroles du citoyen Follio, adjudant de la place de Saumur : Réjouissez-vous, mes amis, vous partez demain pour Paris. Nous avions souvent trouvé de la bienveillance sur la route : ce n'est qu'à Paris que nous trouvâmes l'humanité.

Nous étions partis de Nantes au nombre de cent-trente-deux, nous n'arrivâmes à Paris que quatre-vingt-dix-sept. Nous attendîmes de la justice des représentans du peuple notre liberté, dont nous n'avions jamais cessé d'être dignes, et dont les actes si étrangement arbitraires du comité de Nantes nous privèrent si long-teins. Notre attente n'a point été trompée.

P. S. Les Nantais sont restés détenus rue Charonne, fauxbourg Antoine, au Petit-Bercy, à la Folie-Renaud et dans d'autres maisons érigées en bastilles, jusqu'au 5 thermidor, époque remarquable à laquelle ils furent réunis maison de l'Egalité, ci-devant collège du Plessis, rue Jacques.

Vainement, pendant six mois, demandèrent-ils d'être mis en jugement; vainement plusieurs d'entr'eux publièrent-ils des mémoires justificatifs : vainement l'opinion publique s'étoit-elle favorablement prononcée sur eux...... Le comité révolutionnaire de Nantes avoit besoin d'éloigner la révélation de ses attentats contre la République.

On n'ignore pas que ce comité s'étoit couvert de tous les crimes; qu'il exerça des concussions horribles ; qu'il taxa la vie et la liberté des citoyens (1) ; qu'il commit des actes caractérisés

____

(1) Quelques jours avant le départ des Nantais pour Paris, Naud, d'abord négociant, bientôt banqueroutier, ensuite commissaire bienveillant du Comité, se rendit à la maison d'arrêt de l'Eperonnière, fit appeller, dans le jardin, sept à huit d'entre nous, et là, en présence de l'officier du poste et d'un capitaine des grenadiers de

par le plus effroyable arbitraire : et l'on a dû croire que puisque nous étions les premières victimes des fureurs contre-révolutionnnaires du comité, il n'avoit pu nous réserver un meilleur sort que celui de tant de personnes de tout sèxe et de tout âge, qu'il a fait noyer sans jugement, et dont la Loire épouvantée a vomi les cadavres dans l'Océan.

Il s'est trouvé un homme ferme, courageux, qui, se dévouant pour sa patrie, n'a pas craint d'attaquer le comité révolutionnaire, et de le poursuivre légalement dans les fonctions d'accusateur public qu'il remplissoit alors. Trop d'affreuses vérités alloient être révélées.... Il fut bientôt dénoncé lui-même par les scélérats qu'il poursuivoit, et traduit au tribunal révolutionnaire, lié et garotté comme un conspirateur et avec un conspirateur.

---

la légion Nantaise, il leur parla en ces termes : « C'est maintenant ici la guerre des géux contre ceux qui ont quelque chose. Je vous conseille de vous exécuter. Faites des sacrifices ; le tems presse........ Il est question d'un voyage de Paris ; et d'ailleurs l'aventure des quatre-vingt-dix prêtres qui viennent d'être noyés, est un motif suffisant pour vous déterminer promptement. »

Nos camarades surent braver la mort, plutôt que de consentir à racheter leur liberté ou leur vie par une lâcheté ; et, jusques dans les fers, ils montrèrent un orgueil républicain.

Cependant arriva l'époque où le crêpe funèbre
qui couvroit la ville de Nantes fut déchiré. Le
sang arbitrairement répandu crioit vengeance ;
le deuil de mille familles désolées étoit l'éloquent monument de mille crimes. La voix publique accusoit le comité révolutionnaire. Les
citoyens Bourbotte et Bô, représentans du peuple,
firent incarcérer les membres qui le composoient,
et quelques-uns de leurs agens, exécrables complices de tous leurs forfaits ; ils publièrent une
proclamation vigoureuse, dans laquelle ils invitèrent les citoyens de Nantes à porter à la municipalité leurs plaintes et leurs déclarations contre
le comité. Le citoyen Bô rendit à la liberté les
innocentes victimes qui existoient encore. Les
agens, les partisans du tyran Robespierre osèrent
calomnier ce représentant du peuple ; tous les républicains le bénirent, et il a laissé à Nantes
un souvenir qui ne mourra jamais.

Pendant sa mission bienfaisante, les Nantais
semblèrent renaître au bonheur et à la liberté.
Les déclarations se multiplièrent en un instant :
elles contenoient de terribles, d'utiles révélations ;
elles furent recueillies, et le comité fut enfin
traduit au tribunal révolutionnaire de Paris.....

Paris, maison Egalité, ci-devant collège du
Plessis, le 30 thermidor, an deuxième de la
République française, une et indivisible.

L 4

Signé, entr'autres, par les citoyens :

J. M. Dorvo; A. Peccot fils; Martin, dit Dutadier; Issotier; Amable Pouchet; Théodore Geslin; Villenave; Sébastien Pineau; Henri la Thoison; J. M. Sotin, *marin*; etc. etc.

DÉTAILS INTÉRESSANS

Pour servir de suite à la relation du voyage des cent-trente-deux Nantais.

LE jugement des quatre-vingt-quatorze Nantais, qui furent acquittés au tribunal révolutionnaire de Paris, ce déplorable reste de 132 victimes, attira l'attention de toute la France. Les cœurs sensibles qui viennent de lire avec attendrissement la relation de leur voyage et de leurs souffrances, ne verront pas sans intérêt le détail des maux qu'il étoit réservé à l'un d'entr'eux d'éprouver en particulier (le citoyen Desbouchauds).

Ce jeune homme fut un des premiers qui, en juillet 1789, servit dans le corps des Volontaires, et ensuite dans la garde nationale. Son zèle et son exactitude lui méritèrent, en tout tems, l'estime de ses chefs. Ce fut surtout à l'époque où les brigands, dits Vendéens, s'approchèrent de Nantes, qu'il déploya son courage et sa haîne contre les ennemis de la liberté. Il se trouva à dix-neuf combats contr'eux. Le desir de contribuer de tout son pouvoir à leur destruction, lui fit négliger ses propres intérêts, et l'amour de la Patrie l'emporta sur toute autre considération.

Quatre mois avant son arrestation, il étoit à la veille de s'embarquer sur le corsaire *la Didon*, de vingt-deux canons, en qualité de lieutenant-capitaine de prise; il en avoit reçu les avances; mais les vents empêchant le navire de mettre à la voile, il profita de cette circonstance pour se joindre aux républicains qui partirent dans l'intention d'aller chasser les brigands de la petite ville de Machecoul, dont ils s'étoient emparés. Il se trouva à sept combats dans cette seule expédition, et partagea la gloire que ses frères d'armes acquirent. Il revint à Nantes, malade, et sa santé dépérissoit tous les jours.

Le corsaire sur lequel il devoit monter, partit dans ces circonstances, et il fut obligé de remettre les avances qu'il avoit reçues (1).

____

(1) Le corsaire eut le bonheur de faire une riche prise ; en sorte que le citoyen qui avoit remplacé Desbouchauds eut pour sa part une somme assez considérable.

Qui n'auroit cru qu'après tant de preuves de patriotisme, tant de fatigues, il auroit pu se reposer, et jouir de l'estime de tous ses concitoyens? Ce fut à cette glorieuse époque, au contraire, que devoit commencer un concours d'infortunes, d'autant plus cruel, qu'il n'étoit pas mérité, et qu'il devint l'ouvrage d'une noire ingratitude.

Le 5 frimaire, an deuxième de la République, à neuf heures et demie du soir, Desbouchauds sortoit d'un café, avec le nommé Lucas, son perruquier, à qui il avoit fait prendre quelques verres de liqueur. Comme ils demeuroient l'un auprès de l'autre, ils s'en retournoient ensemble en se tenant sous le bras.

A quelques pas du corps-de-garde ci-devant appellé Mirabeau, l'ami Lucas lui proposa d'y entrer pour souhaiter le bon soir au commandant du poste. Il n'en fit nulle difficulté; et à peine étoit-il dans ce corps-de-garde, que Lucas, qui lui avoit toujours donné des marques d'amitié, changea de ton, et ordonna à l'officier du poste de l'arrêter, en se disant commissaire révolutionnaire, mais sans motiver son ordre, d'après lequel cependant Desbouchauds fut mis aux *violons*. Une citoyenne, qui s'intéressoit à son sort, instruite de sa détention, vint inutilement le réclamer; et le commissaire Lucas

qui, sans doute pour des raisons secrettes, étoit
acharné sur sa proie, défendit qu'on la laissât
parler au prisonnier, et s'écria : Le scélérat ne
couchera plus avec elle. Deux heures après, il
le fit conduire au corps-de-garde d'Aiguillon,
où il resta jusqu'à deux heures de l'après midi
du lendemain, que Lucas vint encore, accompagné de deux hommes de garde, pour le faire
transférer à la maison de l'Eperonnière ; il le
fit monter en voiture, et pendant la route, il
ne cessa de l'accabler d'injures. Le jour suivant,
sans avoir subi aucun interrogatoire, sans pouvoir se douter du motif de sa détention, il fit
partie des cent-trente-deux victimes envoyées à
Paris par le comité révolutionnaire.

La santé de Desbouchauds, déjà altérée quand
il partit de Nantes, s'affoiblit à tel point, qu'il
fut mis à Angers à l'infirmerie ; enfin il suc-
comba, et on fut obligé de le laisser à Blois,
avec trois autres malades.

Il étoit dans un tel état d'anéantissement,
que deux d'entr'eux moururent à ses côtés, sans
qu'il en eût connoissance.

Après trente-quatre jours de souffrances, il
arriva à Paris, et fut déposé à la Conciergerie,
où il resta neuf jours dans un état pénible et
douloureux. Il s'en falloit de beaucoup qu'il
fut rétabli ; son séjour dans un hôpital lui avoir

fait contracter une nouvelle maladie qui exigeoit des soins. Il demandoit à être transféré dans un hospice ; on le lui faisoit espérer, et c'est à Bicêtre qu'il fut conduit. Là, il fut mis dans une salle nommée Belle-Vue, et confondu avec une foule de scélérats, de brigands et d'assassins.

Il passa six semaines dans cet affreux repaire ; il possédoit cent francs ; cette somme modique, qui pouvoit lui être très-utile, lui fut volée ; et lorsqu'il voulut la réclamer et faire entendre ses justes plaintes, il fut maltraité, battu.

En sortant de ce lieu, il fut mis dans un autre, toujours dans la même maison, où il manqua d'être assassiné. Enfin, le malheur qui le poursuivoit fit que, par une erreur de nom, il fut mis aux galbanons, cachot souterrein, où il a langui oublié de l'univers entier. C'est en vain qu'il voulut écrire, solliciter ; ses lettres ne parvenoient point, ou elles ne produisoient aucun effet. Il seroit mort de désespoir dans cet exécrable cachot, si le sentiment intime de son innocence ne l'eût soutenu. Ce ne fut qu'au bout de six mois, le 13 fructidor, qu'il en fut tiré pour être interrogé à la Conciergerie : on ne savoit ce qu'il étoit devenu ; on l'avoit cherché pendant deux jours entiers dans les différentes-maisons d'arrêt. C'est alors seulement qu'il apprît qu'il étoit accusé d'aristocratie , sans que cette vaine allégation fût soutenue d'aucune preuve. Il fut ensuite transféré à la maison d'arrêt d'Egalité, ci-devant collège du Plessis ; et quoique toujours prisonnier , son sort lui parut si différent de celui auquel il venoit d'échapper , il en éprouva un tel saisissement de joie , que , pendant deux jours , il ne put ni boire, ni manger, ni se livrer au sommeil.

Enfin, acquitté par le tribunal, ainsi que ses compagnons, Desbouchauds n'exista que pour regretter tout ce qui lui étoit cher. Il avoit trois frères : l'un d'eux, parti de Nantes en 1791 , en qualité d'adjudant-major du bataillon Nantais, a été tué au Cap-Français ; les deux autres, qui combattoient dans la Vendée, furent immolés de la main du scélérat Charette, après qu'il eut fait tous ses efforts pour les attirer dans son parti (1). Un beau-frère, nommé Guilbaud, commandant de la garde nationale de Machecoul, est aussi mort en combattant les rebelles, et six autres de ses parens ont subi le même sort.

Il est aisé de voir par ce qu'on vient de lire,

____

(1) La Patrie reconnoissante a cru devoir inscrire au Panthéon le nom de Jean-Baptiste *Desbouchauds*, son frère aîné.

combien peu étoit fondé ce reproche d'aristocratie, qui occasionna l'incarcération et les
horribles souffrances de Desbouchauds, et de se
convaincre par-là que les prétendus gens révolutionnaires, qui affectoient un patriotisme si ou-
tré, étoient les véritables ennemis de la révolution, puisqu'ils cherchoient à priver la ville
de Nantes de ses plus zélés défenseurs, et de
ceux dont le courage avoit été plus d'une fois
fatal aux brigands.

Pour achever de donner une idée de la manière
dont on traitoit les malheureux prisonniers Nantais, nous allons rapporter un fait oublié dans
leur relation.

A Beaugency, deux des prisonniers avoient
ému la compassion des gendarmes qui les con-
duisoient; ces derniers avoient un lit dans leur
chambre, dont ils permirent à ces infortunés
de profiter. Cette action déplut à celui qui commandoit l'escorte. A minuit, il les fait relever
de ce lit hospitalier, en choisit un qu'il fait
garotter comme un scélérat; il fait charger un
fusil et donne l'ordre de tirer sur ce misérable.
Celui qu'il avoit chargé de le fusiller, plus
humain, ne se presse pas; le brave Nantais
ne se trouble point, et lui dit froidement:
J'attends, tire. Soit que ce courage inspirât
quelque estime au monstre, soit que la voix

du remords se fit entendre à son cœur, il ré-
tracta son ordre ; mais incapable de sentir l'effet
de la vertu, il dit au prisonnier : Si tu n'étois
pas coupable, tu ne desirerois pas la mort.

HISTOIRE DU TERRORISME

Exercé à Troyes (1).

L'ECRIT dont nous allons tracer l'analyse
rapide, parut à Troyes, département de l'Aube,
une année après qu'elle eut éprouvé les scènes
d'horreur, qu'on y consacre à l'exécration de la
postérité : il est revêtu de l'adhésion et du témoignage des huit sections de cette commune.

C'est ainsi qu'il débute : — «La ville de Troyes
eut, comme celle de Nantes, et à la même époque, un comité révolutionnaire, opérant sous la
direction d'un tyran farouche, et le disputant avec

(1) Voici le titre de l'intéressante brochure que nous
allons extraire : *Histoire du terrorisme exercé à Troyes
par Alexandre-Rousselin, et son comité révolutionnaire,
pendant la tyrannie de l'ancien comité de salut-public ;
suivie de la réfutation du rapport de la mission dudit
Rousselin, avec les pièces justificatives.* Vol. in-8°. de 90
pages. (Note de l'Editeur.)

lui en férocité. Ce tyran est le nommé Rousselin, ami et collaborateur de Gusman, Pereyra, Clémence, Marchand, ect., dans le fameux comité d'insurrection, organisé au 31 mai, an 2, contre la représentation nationale (1).

Les intrigans qui s'agittoient dans cette commune, ne trouvant pas que les mesures révolutionnaires allassent assez vîte à leur gré, se rendent à Paris, y peignent leur patrie sous les couleurs les plus noires, et font si bien, que le comité de salut - public d'alors, leur donne, pour la régénérer, à ce qu'il prétendoit, un jeune homme de vingt-deux ans, nommé Alexandre Rousselin.

A peine arrivé à Troyes, ce grave personnage autorise un comité central révolutionnaire, indépendament d'un autre comité dit aussi révolutionnaire; s'environne d'une garde, et ne donne connoissance de ses pouvoirs à aucune autorité constituée.

Aussi-tôt une liste de neuf victimes est pré-

____

(1) Et qui fit périr sur l'échafaud 22 des plus illustres membres de la Convention, dénommés *Girondins* par la haîne et la sottise. Cette perte irréparable que fit la Convention la rendit le jouet de tous les partis, et attira sur notre république naissante tous les maux où nous l'avons vu en proie. (Note de l'Editeur.)

fentée à la société populaire ; elle est adoptée avec le mode d'exécution, portant que des écritaux, peints en jaune, seront affichés à la porte de ces individus, sous le titre d'assassins du peuple. En présentant cette liste, qu'il donne comme provisoire, le rapporteur du principal comité s'excuse sur ce qu'elle est trop peu nombreuse, et rassure les patriotes énergiques, en disant que le comité s'occupera de la grossir. Cependant il n'y eut que six de ces prétendus coupables auxquels on put trouver quelque apparence de délit.

Dans l'ivresse du pouvoir, au milieu de l'abondance, suite nécessaire des richesses qu'ils faisoient refluer sur eux, les membres du comité central pouvoient oublier que le peuple manquoit de pain. Chaque jour éclairoit des orgies plus scandaleuses les unes que les autres. Les voies mêmes de la réquisition étoient employées pour alimenter la table de ce comité.

Ces membres étant en même tems du comité dit simplement révolutionnaire, devinrent ainsi tout-à-la-fois plénipotentiaires et administrateurs subordonnés. Par un autre abus, ces mêmes membres réunissoient encore plusieurs autres places : quelques-uns d'entr'eux en occupoient trois, quatre, cinq et jusques à huit différentes.

Rousselin, voulant s'annoncer d'une manière digne de lui, donna l'ordre suivant à l'accusateur public : — « Le citoyen Sévestre voudra bien ; sur-le-champ, faire dresser une guillotine sur la place ci-devant Saint - Pierre, dite aujourd'hui de la Liberté. »

Ce terrible commissaire n'étoit guères accessible qu'à ses agens et à des femmes prostituées. Une députation de la sixième section de Troyes le trouve assis nonchalament dans un fauteuil, et lui présente par écrit l'objet de sa mission, tendant à réclamer la mise en liberté d'un excellent citoyen (Loyez, agent national du district). Rousselin, sans changer de contenance, jette un coup-d'œil dédaigneux sur le papier, le rejette sur une table, puis se levant avec humeur, il répond à la députation, qu'il se rendra à leur section pour y connoître les meneurs.

S'adressant ensuite à l'un des membresde la députation, qu'il n'avoit jamais vu, dont il n'avoit jamais entendu parler, il lui adresse ces paroles gracieuses : — « Toi tu m'as l'air d'un aristocrate ; mais ta bourse payera. »

Dans le même moment, un des affidés du proconsul subalterne, prenant au collet un autre membre de cette députation : — « Sais-tu bien, lui dit-il, qu'en révolution on ne connoît point de lois ; qu'elles ne servent qu'aux aristocrates ? »

Rousselin craignant de voir ses victimes lui échapper, part pour Paris, accompagné de deux de ses favoris intimes, pour y demander l'érection d'un tribunal de mort. Il revient avec le regret d'avoir manqué son coup; il fait part à la société populaire de cette disgrâce, et la console en lui disant, que si les habitans de Troyes n'ont pas la consolation de voir tomber les têtes de leurs concitoyens coupables, il a du moins parole qu'elles leur seront envoyées de Paris dans un panier.

En attendant cet horrible passe-tems, la faction de Rousselin avoit donné à la commune de Troyes le spectacle d'une guillotine en permanence sur la place publique.

Le représentant Bô est envoyé par la Convention ou le comité de salut public, pour seconder le zèle révolutionnaire de Rousselin. Il paroît que ce proconsul étoit digne de sa mission. Dussaussay-Mély, brave militaire, étant venu lui exprimer des plaintes contre Rousselin, la vérité offense le dictateur en chef; il accable le dénonciateur des injures les plus outrageantes à un véritable défenseur de la Patrie, et lui propose le combat au pistolet, que Dussaussay-Mély étoit trop raisonnable pour accepter.

L'épouse de ce même citoyen s'étant présentée avec sa fille devant Bô, afin de solliciter pour son mari une prolongation au délai de vingt-quatre heures qu'il lui avoit donné pour aller rejoindre son corps , malgré le congé que lui avoit accordé le représentant du peuple Laurent, il prit un chandelier pour en frapper cette épouse suppliante.

Bô , usant dans toute sa plénitude de son autorité suprême , fît enlever dans une nuit à leur famille quarante citoyens paisibles , auxquels on joignit les six arrêtés précédemment, et tous furent conduits en criminels d'Etat , par le plus grand froid , dans la commune de Brienne , distante de huit lieues , par cent hommes de l'armée révolutionnaire et par huit gendarmes , à chacun desquels on avoit délivré six cartouches.

Après ces actes de tyrannie , Bô partit de Troyes , amenant avec lui Rousselin ; mais la situation de cette ville n'en devint que plus déplorable , par les mesures tyranniques qui avoient été prises. Les dépositaires de leur confiance devinrent les arbitres de la liberté des citoyens. La société populaire, qu'ils avoient réorganisée à leur manière , fut le théâtre où s'exerça la fureur des tyrans, qui prenoient plaisir à déchirer leur malheureuse patrie. Les dénonciations les plus injustes servent à satisfaire les ressentimens et les haînes. On s'y plaint, et c'est un ex-prêtre , qui fait entendre ce langage, que les femmes de leurs victimes peuvent encore leur porter des consolations. On propose qu'elles soient aussi incarcérées.

Soixante citoyens qui se prononcent contre ces intrigans dans leurs sections, et dont les noms avoient échappé aux projet d'arrestation presque générale, sont consignés aux portes de la ville.

Le conseil de la commune n'accordoit des certificats de civisme, et même des passeports, qu'avec l'agrément de la société régénérée, dans laquelle on n'avoit admis que des êtres pusillanimes ou des buveurs de sang (1).

Le nombre des détenus ne tarda pas à monter au moins à deux-cents, qu'on envoyoit par charretées au tribunal révolutionnaire de Paris.

Une enquête générale est prescrite pour épurer la population de Troyes : elle avoit été imaginée par Bô, afin que les détenus pussent moins échapper au triste sort qu'on leur préparoit.

____

(1) Les sociétés populaires avoient dans toute la République cette attribution dangereuse, et l'on n'obtenoit aucune place sans leur agrément. Si le Conseil-général d'une grande commune vous refusoit de viser l'acte de civisme que vous avoit accordé votre section, ou même de vous accorder un passeport, vous étiez aussi-tôt incarcéré comme suspect. Une douzaine au moins d'autorités constituées avoient le droit d'attenter à la liberté des citoyens ; en sorte que, pour peu que cela eût duré, un quart de la France auroit fait incarcérer et guillotiner les trois autres quarts. Pour le représentant Bô, il est clair qu'il ne se conduisit pas si bien à Troyes qu'à Nantes. (Note de l'Éditeur.)

Cette enquête est confiée à un ex-prêtre et à un ex-moine, qui ne recevoient que les dépositions à charge, et rejettoient celles à décharge, en disant aux dépofans que ce n'étoit pas cela qu'on leur demandoit.

Les témoignages que l'on recueille pendant un mois sont portés à Paris. Les intrigans, chargés de cette affreuse commission, ne manquent pas d'aller trouver Rousselin. Ils en sont accueillis, et ils les mènent aux Jacobins, où ils prononcent un discours par lequel ils réclament et obtiennent l'appui de leurs dignes frères, pour faire poursuivre par le comité de sûreté-générale le peu d'amis et de parens qui étoient venus à Paris s'intéresser au sort des victimes dévouées à l'échafaud, les désignant sous le titre de suspects, de partisans de ces mêmes hommes qui, dirent-ils, venoient de siffler la linote à la guillotine.

Avant que tous ces détenus fussent en accusation, Rousselin, avec son comité révolutionnaire, les avoient fait mettre aux fers, au pain, à l'eau et à la paille, sous la responsabilité du concierge, auquel le comité dit, que plus il les maltraiteroit, mieux il seroit accueilli. Lorsqu'il fut éloigné, on les traita avec un peu plus d'humanité.

Mais, au retour de Paris des barbares solliciteurs, le sort des détenus fut aggravé. Le conseil-général de la commune ordonna que la viande eur fut retranchée, et qu'on versa et mêla dans un même tonneau toutes les boissons qui leur viendroient du dehors, sous prétexte que l'égalité vouloit que la nourriture et la boisson fussent la même pour tous.

La correspondance de Rousselin étoit assidue; elle étoit lue avec ostentation à la société régénérée. On en jugera l'esprit par cet échantillon : — « Si les Troyens lèvent la tête, on leur enverra des Jacobins à 18 francs par jour. »

Vers le même tems, un nommé Sergent, revenu de la Vendée pour grossir le parti des terroristes, disoit hautement, que les détenus, dont le nombre alloit toujours croissant, n'étoient que l'avant-garde des aristocrates qu'on devoit enchaîner ; que le corps d'armée étoit encore entier dans telles et telles rues qu'il désignoit nommément ; qu'il falloit que les maisons d'un des principaux quartiers de la ville fussent évacuées pour faire place aux sans-culottes d'un autre quartier.

Quelques-uns des principaux chefs de la secte jacobiniste vouloient un deux septembre encore plus expéditif : c'étoit de braquer les canons sur la maison de réclusion.

Telle étoit sans doute l'intention de Rousselin; du moins, lors des premières incarcérations qu'il fit faire, il se permit de dire à un patriote de

Troyes : — « Vois-tu ces scélérats que j'ai fait arrêter cette nuit ? Je les réunirai à deux-cents autres, je les enverrai à Saint-Yon, et je ferai sauter leurs membres. »

Il avoit ordonné de mettre aux fers des individus non encore accusés. On vint lui représenter que la rigueur avec laquelle ses ordres avoient été exécutés, étoit telle, qu'à l'un d'eux les chairs déjà enflées excédoient presque la surface des chaînes qui les chargeoient. On ne doit pas voir ces misères-là, répondit ce tigre. Il s'étoit bien lui-même, en pleine société populaire, appellé buveur de sang.

Les conspirations des prisons venoient d'être imaginées. Une si heureuse invention pouvoit bien être appliquée à la commune de Troyes. On en fit un essai à la fin de floreal, an 2e. Meunier, capitaine de la garde soldée des détenus, étoit digne d'en être l'instrument. Cet homme, que Carrier n'eût pas désavoué pour gardien de ses soupapes, cherchoit tous les jours des expédiens pour vexer les malheureux confiés à sa surveillance. Plusieurs provocations de sa part lui avoient servi d'occasion pour développer à leurs yeux la puissance des bayonnettes de ses subordonnés. Il alloit faire lui-même à la société régénérée, des motions contre les détenus, et se chargeoit de les exécuter, sans attendre les consignes de

la

la municipalité, dont il savoit se passer, lorsqu'elles ne favorisoient pas son caractère féroce. Déjà les rues retentissoient des cris séditieux de la prétendue insurrection des prisons. Des commissaires sont envoyés pour entendre les parties respectives, et examiner la vérité d'un procès-verbal que ce tigre avoit présenté d'avance, revêtu de deux signatures surprises à ses gardes, comme le prouvèrent leurs dépositions verbales, nullement conformes à leurs dépositions écrites. Ainsi tous ces grands préparatifs de nouveaux crimes s'évanouirent heureusement en fumée.

Troyes eut encore un autre sujet de satisfaction, au milieu des malheurs dont elle étoit tourmentée : quarante de ses concitoyens furent mis en liberté par le comité de salut-public ; et quelques jours auparavant, les principaux chefs de son comité révolutionnaire furent arrêtés et traduits à Paris.

Un des bons citoyens de cette commune, Guélon, qui en avoit dénoncé les intrigans et les scélérats, faillit être victime de son zèle. Dumas, voulant les sauver, dirigea la procédure avec une telle astuce, qu'ils furent en effet déclarés innocens ; Guélon, de dénonciateur, fut traité comme faux témoin, et détenu, tant au Plessis qu'à la Conciergerie, pendant quinze jours. Le 9 thermidor, il fut appellé pour paroître au tribunal, et ce fut une erreur de nom qui le sauva. Il obtint sa liberté du nouvel ordre de choses, après avoir toutefois prouvé que Renaudin, juré audit tribunal, avoit dit à la Conciergerie, en présence de plusieurs témoins, que dans le jugement dont Guélon avoit à se plaindre, les jurés, sans examiner aucunes pièces, n'avoient suivi d'autres bases que la liste qui leur avoit été présentée. Comme Guélon en faisoit des reproches à Renaudin, il échappa à celui-ci un aveu bien précieux : « Que veux-tu, les jurés étoient dans la main de Fouquier-Tinville, comme la hache dans les mains du bûcheron. »

Un autre aveu non moins précieux, se trouva dans la bouche de quelques grossiers sans-culottes, qui se croyoient des philosophes. Ils avoient été députés par la société populaire vers l'agent national du district pour réclamer contre le fanatisme du culte catholique ; ils dirent, en termes formels, qu'il falloit que les temples de l'erreur servissent de réunion aux républicains pour faire des enfans à la République.

Revenons encore un moment sur le compte du fameux Rousselin. Ce jeune homme, âgé de 22 ans, ainsi qu'on l'a dit plus haut, avoit pour protecteur Barrère, qui l'appelloit un bon petit patriote.

Nous ne ferons point mention des dilapidations

qu'on lui reproche, attendu que ce seroit écrire l'histoire de tous les agens de la République; nous nous arrêterons sur quelques détails plus particuliers à celui dont il s'agit ici. Il n'étoit pas seulement terroriste, il jouoit aussi le rôle d'escroc. Une marchande de Troyes lui envoyoit par sa fille des gants qu'il lui avoit demandé ; le prix étoit de dix livres. — « Je saurai bien forcer ta mère, lui dit-il, à les donner pour six francs, en la faisant enfermer. » L'officier de santé, que ses débauches lui rendoit tous les jours nécessaire, eut pour indemnité une incarcération de sept mois.

Il publia un imprimé au commencement de sa mission, lors de la régénération du département; en voici l'une des deux épigraphes :

L'homme sans liberté, la terre en esclavage,
Ne produiront jamais que ronces, fruit sauvage.
Ce pays, jusqu'alors si fertile en moutons,
Devenu libre enfin, produira des lions.

Terminons l'extrait de la brochure sur le terrorisme de Troyes, par citer des passages de plusieurs lettres, écrites par le représentant du peuple David, de l'Aube, à la société populaire de Nogent, qui serviront à faire connoître sa moralité.

Toute la France vit avec étonnement le procès

criminel que subit Perrin, de Troyes, membre de la Convention nationale, accusé d'avoir fait payer trop cher à la République une fourniture de toiles. — « Nous avons aujourd'hui condamné Perrin à douze années de fers, écrit David, et à une exposition de six heures à la place de la révolution. Ce jugement va, comme nous l'avions prévu, me faire monter à la Convention; mais je n'irai pas tout de suite, attendu qu'il est quelques têtes coupables au tribunal révolutionnaire, au jugement desquelles je veux concourir (1). »

« A propos de ces êtres malfaisans (les aristo-crates), il faut voir comme nous leur faisons danser la carmagnole : il n'y a pas de jour que nous n'en envoyons à la guillotine. Le tribunal révolutionnaire vaut, à mon avis, une armée, et nous sommes des b..... qui ne les ména-geons pas. Faites de même, frères et amis, car vous n'ignorez pas tous les maux qu'a fait éprou-ver à la France le modérantisme. Frappez, frap-pez les aristocrates sans ménagement, la Patrie vous en fait un devoir. »

----

(1) David étoit alors député suppléant du département de l'Aube à la Convention nationale. Juge au tribunal révolurionnaire, il se fit place en condamnant Perrin. Ce trait seul suffit pour faire apprécier la délicatesse de ses sentimens. (Note de l'Editeur.)

« L'exécution des 21 députés fera trembler les conspirateurs, et l'activité de notre tribunal, qui ne boude pas, ne cessera que lorsque les aristocrates seront anéantis. »

RELATION

Du Voyage de trente-un citoyens du département du Var, traduits au tribunal révolutionnaire de Paris, où ils arrivèrent le 14 Thermidor, l'an II de la République française.

LES Nantais ne sont pas les seuls qui, sous le régime à jamais exécrable de Robespierre, aient été arrachés inhumainement de leurs foyers, et amenés, au milieu des vexations, à Paris, ville fatale alors, devenue, pour ainsi dire, le rendez-vous de la mort. Telle étoit la correspondance entre les méchans liés par le génie de ce monstre, que dans toutes les parties de la France, des extrêmités jusqu'au centre, les mêmes horreurs ont été répétées ; l'homme une fois atteint par leurs soupçons n'étoit plus homme, et le citoyen malheureux dont l'existence nuisoit à leurs projets, ou dont la fortune excitoit leur envie, ne pouvoit plus prétendre aux égards qui sont dûs même aux plus vils scélérats, en leur qualité d'hommes. Combien il importe que ceux qui ont échappé au carnage ra-

M 3

content de quelle manière ils y avoient été amenés et préparés ! Ces récits, matériaux précieux pour l'histoire et pour la philosophie, fourniront des leçons utiles à la postérité.

C'est dans cet esprit que nous écrivons aussi la relation de notre voyage.

Arrêtés dans différens endroits et sous différens prétextes, et plusieurs d'entre nous incarcérés depuis dix-huit mois, nous avions été rassemblés dans la maison d'arrêt de Grasse, où nous attendions que le tribunal révolutionnaire établi dans cette ville, prononçât sur notre sort.

La loi qui appelloit à Paris tous les prévenus de délits contre-révolutionnaires, vint nous ôter l'espoir d'être jugés sous les yeux du peuple même qui avoit été témoin de notre conduite.

On nous prévint un jour d'avance de notre départ : c'étoit nous prévenir d'une mort certaine. Un jour n'étoit pas trop pour préparer à un voyage de 230 lieues ; mais ce jour nous est rendu presque inutile : notre garde est doublée ; toute communication au-dehors nous est interdite. Nos femmes, nos enfans, nos amis se pressent, se présentent, supplient pour nous voir, ils n'obtiennent qu'un léger instant. On les arrache aussi-tôt de nos bras. Nous avons à peine la consolation de leur faire nos derniers adieux.

Nous partons le 6 messidor, au nombre de trente-un ; vingt-sept hommes et quatre femmes, dont deux enceintes, partie à pied, partie à cheval. Comme pour une marche triomphale , le tambour bat au champ ; les citoyens de Grasse se rassemblent en foule ; mais leur attendrissement et leurs larmes nous témoignent que leurs cœurs ne se méprennent pas à cet appareil étrange et dissonant.

A Cannes, notre premier repos, l'humanité nous accueille ; présage trompeur ! des charrettes nous attendent ; quoique dans le mois le plus brûlant, on n'a pas le soin de les couvrir. On nous y entasse pêle-mêle les uns sur les autres. Nous gagnons Fréjus.

L'un de nous avoit sa résidence et sa famille dans cette ville ; sa femme et ses enfans n'ont plus que ce moment pour l'embrasser ; ils sont à la porte de la prison ; la première garde les repousse ; ils insistent, ils pénètrent, d'autres barbares les font sortir sans pitié ; époux et père , notre malheureux compagnon , du fond du cachot infect qui nous renferme , ne peut retenir ses plaintes : le cri du sentiment est pris pour une insulte , et l'ordre est donné de nous resserrer davantage.

Moins de dureté à Vidauban et au Luc, nous disposèrent pour les angoisses qui nous attendoient à Barjols.

Aux approches de ce lieu, nous entendons crier : Les aristocrates, assassins, scélérats, à la guillotine. C'étoient des moissonneurs accourus à notre passage, et qui accompagnoient ces apostrophes effrayantes de gestes menaçans.

Dans la ville on nous dépose dans une chapelle, où la société populaire tenoit ses séances. Jusques-là nous n'avions eu pour lit que le sol nud ; ici des bancs alloient au moins nous garantir de l'humidité pour cette nuit ; mais comme si notre présence eut dû souiller cette enceinte, où la voix du malheur n'auroit pas dû être étrangère, un membre même de la société, muni d'un ordre de la municipalité, provoqué par lui, vint nous notifier d'en sortir. Nous nous traînons aux prisons ; devant nous s'ouvre un cachot ; un rayon de lumière y pénètre à peine par une ouverture très-étroite ; dans un coin un tas de paille convertie en fumier sert de latrines. Les précautions sont bien prises pour ôter aux infortunés renfermés dans ce triste lieu, jusques à la vue d'un visage étranger ; un trou pratiqué au plancher ouvre un passage au pain et à l'eau qu'on leur descend par une corde.

Quelque espoir nous séduit un moment, à la vue des officiers municipaux qui viennent nous visiter, qui nous témoignent de l'intérêt. Nous leur crions : Au moins de la paille fraîche. Ils nous en promettent ; mais nous sommes aussi-tôt oubliés, et c'est encore sur la terre que nous appellons en vain un sommeil que font fuir de nos paupières fatiguées, la joie bruyante de nos gardiens, et des chants dont les paroles choi-sies à dessein, insultent à notre déplorable situation.

Le lendemain, le jour semble se lever pour nous sous des auspices plus favorables. C'est à des gardes-nationales, c'est à des citoyens que notre conduite est confiée. Mais déjà l'influence du tyran les égare..... Ne sommes-nous pas vos semblables ? Quel plaisir prenez-vous à nous pousser sur nos charrettes comme de vils ani-maux ?..... Pourquoi ces sabres qui nous me-nacent ? ne sont-ils pas faits plutôt pour nous défendre ?

Quelle leçon vont leur donner leurs conci-toyens de Maraton, ci-devant Saint-Maximin ? Cette généreuse peuplade ne jouit du spectacle de notre escorte marchant à travers la ville, que pour nous prodiguer les témoignages de la plus tendre pitié ; on nous accompagne jusques à une vaste chapelle qui nous est destinée pour

asyle; et là nous recevons des paroles de consolation; des rafraichissemens nous sont offerts.
Chacun s'empresse de nous préparer pour la nuit
un repos dont nous avions tant besoin : de sensibles citoyennes ne dédaignent pas de quitter
leurs intéressans ménages pour venir visiter des
malheureux; leurs soins sont particulièrement
pour nos malades; et leurs mains bienfaisantes
distribuent aux indigens de notre troupe, le produit d'une quête qu'elles ont déjà faite. Compatissante commune ! C'est sur la porte de ta
cité que l'on devroit graver cette inscription,
ailleurs si déplacée : Ici, l'on honore le malheur.

La compassion nous suit à Trest. Mais à Aix,
quelle différence ! que nous sommes loin des
mœurs de Maraton ! A la prison dite des Ca-
sernes, on nous jette dans une espèce de cour,
confondus avec des prévenus de vol et d'assassinat; on nous distribue du pain aigre et noir
(c'est un pain de cette sorte qui a fait notre
aliment pendant toute la route jusqu'à Paris).
Une cloche sonne, c'est le signal de la retraite ; des guides brutaux nous font monter,
et nous logent dans un galetas mal-propre, dont
la porte est refermée. Nous appellons, nous
demandons de la paille, et au moins un baquet
pour servir à nos besoins ; pas de réponse ; rien.
Il faut se décider à s'étendre sur la poussière.

Vers les onze heures, la porte s'ouvre. C'étoit la concierge, accompagnée d'un valet portant une lanterne. — « Combien êtes-vous, nous crie-t-on ? — Trente-un. — Eh bien, il nous faut cinquante sols par tête pour la couchée. — Cinquante sols par tête, dit l'un de nous, pour coucher sur un plancher poudreux ! » — Le malheureux n'est pas fait pour se plaindre ! Des menaces répondent à notre indiscret compagnon, et bientôt la mégère, secondée de son fidèle valet, lui saute sur le corps, déchire sa chemise, et veut le traîner nud dans un cachot. Nous l'arrêtons. — « Il n'ira pas seul, nous écrions nous tous d'une voix ; nous partageons ses plaintes, son indignation, nous partagerons son sort. » — Le bruit attire les soldats de garde, qui firent cesser cette scène scandaleuse, qu'ils ne détestèrent pas moins que nous.

D'Aix, nous passâmes à Lambesc, à Orgon, à Avignon ; dans toutes ces villes, la paille qu'on ne refuse pas aux animaux, étoit rare pour nous. Dans l'une, nous sollicitons en vain la grâce de respirer, dans un corridor, l'air trop resserré dans la chambre étroite qui nous renfermoit : dans l'autre, on veut nous grimper au cinquième étage d'une maison qui tombe en ruine. A Avignon, le directoire du district s'étonne de ce que nous ne sommes pas enchaî-

M 6

nés. Rassurez-vous, bons et sensibles adminis-trateurs, plus loin le tort sera réparé.

Nous sommes à Orange..... Orange! quel effroi ce nom inspire! Quels souvenirs horribles et touchans il nous rappelle!

Il existoit alors dans cette ville une commission populaire. Ce tribunal, digne émule de celui que Robespierre commandoit à Paris, faisoit traîner tous les jours à la mort des citoyens par vingtaine. Nous paroissions être dès victimes amenées sous ses coups. Il nous semble encore entendre ces accens douloureux qui s'élevèrent jusqu'à nous aux approches de la ville : « Malheureux, vous êtes perdus si vous allez au tribunal d'Orange. »

L'aspect de la prison est hideux. C'est un de ces édifices antiques, bâti en pierres noires ; il est percé de quelques fenêtres disparates que garnissent des barres de fer d'une énorme grosseur ; de lourdes portes ferment de petites entrées où un homme seul peut à peine passer.

Au-dessus d'une vingtaine de degrés, une porte de cette espèce s'ouvre devant nous........ Quel spectacle ! C'est une cour fort peu spacieuse. Au bout est un tas de paille remplie d'ordures. Plus de deux-cents personnes, la pâleur de la mort sur le visage, l'âme abîmée de désespoir, attendoient-là le moment fatal qui devoit les arracher à la vie : ils n'avoient pas d'autre asyle que cette misérable cour pour le jour ni pour la nuit. Dans ce réduit affreux, ils mangent et satisfont aux besoins de la nature.

Voilà le séjour agréable qui nous fut assigné. Hommes et femmes, tous tant que nous sommes, on nous y refoule indistinctement sur les malheureux qui y sont déjà trop étroitement logés. D'anciens amis nous y reconnoissent ; ils viennent nous embrasser. L'infortune resserre les liens de l'amitié. Quel déchirement de telles reconnoissances portent dans le cœur ! Nous tâchons de consoler nos amis. Hélas ! nous avions autant qu'eux besoin de consolation. Quel repos goûter dans ce repaire, au milieu de tant d'angoisses, exposés aux injures de l'air, empoisonnés par une odeur pestilentielle, et où, ce qui achève ce tableau incroyable, mais vrai, où chacun n'a pas même une place pour s'appuyer sur une muraille dégoûtante ? Ce n'est qu'en se pressant et en se gênant qu'on parvient à étendre par terre une femme malade, qui n'a pas la force de se soutenir.

Vers les sept heures, un bruit confus frappe nos oreilles. La porte s'ouvre ; paroissent dix-huit malheureux condamnés à mort, et remis au lendemain. Qui le croiroit ? ils étoient es-

cortés par l'accusateur-public lui - même.,.....
Homme dur et cruel ! tout-à-la-fois juge,
sbirre et geolier, que t'en auroit-il coûté de
remplir aussi l'office de bourreau ?,...

Quittons, quittons cette odieuse demeure ;
abandonnons cette ville où l'âme est tant
froissée. Adieu nos infortunés compagnons ; un
triste échafaud vous attend : mais vos malheurs
vont finir, et nous allons encore traîner les
nôtres.

Quelle impression feroit à présent le détail
des sombres cachots de Pierre-Hate et des réduits de Montelimar ?

Avec plus d'intérêt nos lecteurs nous ver-
roient enfin faire halte à une auberge sur le
chemin de Livron, et qui, pour la première
fois, promettoit un repos salutaire ; après tant
de fatigues, à des gens dont la plupart étoient
travaillés de la fièvre ; mais tant de douceurs
ne sont pas faites pour nous ; toute représentation est inutile : il faut aller coucher à Va-
lence.

La foule appellée à neuf heures du soir autour de nos charrettes pour voir de grands coupables, qui vont chercher le prix de leurs forfaits ; une prison solidement et ingénieusement
rendue horrible par les ordres du fisc sous un
régime justement proscrit pour resserrer déjà

des victimes d'oppression, des contrebandiers ; un exécuteur des jugemens criminels, qu'on nous donne pour compagnon, et qu'il faut entendre dénombrer avec satisfaction les proies qu'il a dévorées : le soin que nos gardiens prennent de nous garantir du sommeil par un bruit épouvantable à Saint - Vallier, où nous pouvions goûter quelque repos dans l'écurie d'une auberge : enfin même une cour, seul asyle offert à Vienne à la plupart de nous ; et où ils essuyèrent la pluie sur le corps toute la nuit ; tous ces incidens n'offrent encore que des détails communs, et qui ne sont piquans que pour nous qui en avons tant souffert.

Lyon présente des traits plus neufs et plus sensibles. Le fauxbourg de la Guillotière et une partie de la ville qu'on nous fit traverser, offrirent à nos regards les traces des malheurs de cette cité naguères si florissante, qui venoit d'éprouver les horreurs d'un bombardement par l'armée républicaine, et du massacre et des démolissemens ordonnés par le Vandale Collot-d'Herbois. Nous sommes conduits à la prison appellée Rouane. Cette maison, comme toutes celles de son espèce, n'est qu'un assemblage monstrueux de fer, de pierres, de grilles, et de cachots, dont on s'est étudié à bannir l'air et le jour. En nous entassant sur d'autres détenus, on nous avertit de prendre garde aux voleurs, et cependant à l'un de nous son mouchoir est enlevé, à un autre son porte-feuille : quelle compagnie !

On a soin d'abréger la nuit: dès cinq heures du matin, une voix terrible crie : qu'on se prépare à partir. Dociles, nous sortons des cachots. On nous fait descendre dans une cour; on nous y laisse deux heures entières. Sur les sept heures, arrivent les gardes qui nous avoient amenés, des gendarmes de Commune-Affranchie (1), les accompagnent........ O horreur ! Nos sens se soulèvent encore. Ceux-ci portent des menottes, des chaînes. — « Pour qui sont destinés ces instrumens effroyables, inventés pour les bêtes féroces? On en charge à regret les scélérats que le crime porte à fuir; sont-ils donc pour nous? — Oui, ils sont pour vous, répond un des bour-

______

(1) Commune-affranchie est le nom ridicule et dérisoire que Collot-d'Herbois avoit fait donner à la ville de Lyon, dont il auroit voulu faire disparoître jusqu'à l'ancien nom, parce qu'on avoit pris, dit-on, la liberté de le siffler, lorsqu'il y étoit mauvais comédien.

Ce trait rappelle qu'un autre barbare, aussi membre de la Convention, Panis, avoit voulu faire appeller Marseille Commune-sans-nom, sans respect pour la plus ancienne, la plus commerçante ville de la République Française. (Note de l'Editeur.)

reaux. — Mais nous avons fait plus de cent-
quinze lieues sans ce formidable appareil ; nos
mouvemens étoient libres, près de nos foyers,
sur le sol du département dont nous connoissions les routes, les détours, où nos parens,
nos amis auroient pu seconder notre fuite ; cependant nous sommes ici, aucun ne s'est échappé.
D'ailleurs, ces femmes, ces femmes enceintes,
faut-il tant de force pour les contenir ? Ah ! du
moins qu'on les épargne. » — Les gendarmes
feignent d'aller porter nos représentations à leur
commandant, et bientôt ils reviennent. Les
chaînes fatales sont déployées, et nous sommes
de trois en trois, attachés par le cou ; le père
et le fils , garottés ensemble (les citoyens
Trucy, de Barjols) , se font encore un plaisir
de n'être point séparés. On ne sait par quel sentiment de pitié on voulut bien exempter les
femmes de cette rigueur.

Suivez-nous, âmes sensibles, sur nos charrettes ; voyez notre embarras et nos efforts pour
y monter. Quel tableau déchirant produit un accident naturel en cette position. L'un de nous
fit un faux-pas, le second recule, ce mouvement en arrière culbutte le troisième, qui reste
pendu à la chaîne commune ; il veut crier, sa
voix n'a plus de passage, sa langue et ses yeux
sont déjà d'un homme qui périt étranglé. Le

croiroit-on ? les gendarmes regardent froidement ce spectacle. Mais ô peuple ! si souvent injustement calomnié, tu es bon : c'est à toi que dut son salut, le malheureux qui se débattoit inutilement entre ses compagnons qui ne pouvoient pas le secourir ; par tes soins, ils sont relevés et portés à la triste place qui les attend.

Quel contraste ! On célébroit ce jour-là, à Lyon, l'anniversaire de l'époque mémorable du 14 juillet. Nos charrettes cheminant lentement, sortoient de la ville ; la marche tout-à-coup est arrêtée : qu'est-ce qui occasionne cet obstacle ? se présente à nos yeux un char décoré de branches de chênes, de guirlandes de fleurs, de rubans tricolor ; deux bœufs le traînent ; il est monté par quatre jeunes filles, vêtues de blanc, leurs habits sont relevés des couleurs nationales ; sur leurs têtes posent des couronnes de fleurs et de feuillages ; dans leur contenance brillent les grâces et la majesté ; leurs visages animés, peignent la sensibilité et la modestie . . . . .

Nous poursuivons notre route ; après quelques heures de marche, nous demandons à nos gardes, nous les supplions de nous ôter nos fers ; nous leur montrons les cicatrices de nos cous. Les monstres ! ils rient de notre gêne, et c'est pour leur âme une jouissance de voir trois individus déplacés pour les besoins d'un seul, dont les

autres sont forcés de suivre tous les mouvemens.

Le village de Brébe se montre à notre impatience ; c'est le terme de leur mission et de
notre dur esclavage : ils ne peuvent plus nous
laisser nos chaînes qu'ils emportent, mais assurément sans emporter nos regrets.

Quel besoin nous avions des soins compatissans des bons habitans de Tarrare !

Laissons Rouane et sa mauvaise prison ; entrons dans le salutaire refuge que nous offre le
maire de la Pacodière, une auberge, un jour de
repos : leur bon effet n'est point arrêté à la
Palisse. Citoyens, magistrats, ne dédaignez pas
la reconnoissance des malheureux, c'est un soulagement pour nos cœurs, et un hommage à
votre vertu.

C'est assez de bien, de nouvelles peines nous
attendent à Varennes : nous voyons aux approches de cette ville accourir à notre rencontre
une foule considérable ; l'air retentit des apostrophes : scélérats, à la guillotine. Des menaces
accompagent les huées ; c'est un soldat volon-
taire qui conduit, qui anime la troupe ; il crie
qu'il faut abréger nos souffrances, et nous expédier sur-le-champ. Ce qui surprendra le plus,
c'est qu'un administrateur du district, qui se
trouve là, ne dit rien pour contenir ce furieux.

Cependant nous parvenons à la maison-commune : la présence des officiers-municipaux en écharpe, nous rassure, ils vont faire parler la loi, et le tumulte cessera : point du tout, ils rient eux-mêmes des insultes qu'on nous fait ; ils nous voient tranquillement menacer, culbuter, frapper même en descendant des voitures, et sous leurs yeux nous allions perdre la vie, si les gendarmes et les hussards de notre escorte, plus pénétrés de leurs devoirs, n'en eussent, par leur fermeté, imposé au provocateur et à ses satellites.

On juge aisément que de tels magistrats, ne portoient pas leurs soins sur les prisons ; aussi n'ont-elles pas là beaucoup d'apprêts : elles sont tout bonnement dans la tour de l'horloge. Cette tour a quatre étages ; à chacun un plancher en bois, fendu de distance en distance, est couvert légèrement de paille puante. On y monte jusques au troisième par des degrés si étroits, bordés d'un mur si bas que l'on croit être sur les bords d'un précipice. Pour le quatrième qui contient l'horloge, on n'y parvient qu'à l'aide d'une échelle ; c'est-là que l'on nous distribue : l'élévation ne nous garantit pas de la mauvaise odeur, qu'exhalent les ordures qu'il faut faire sur les planchers, et qui découlent d'un étage à l'autre sur les pauvres détenus. Il n'y a de place pour quelques-uns qu'avec l'horloge, dont l'une des roues leur sert d'oreillers, et fait suivre toute la nuit à leurs têtes les vibrations du balancier.

Mais quel heureux pressentiment vient flatter tout-à-coup nos âmes affligées? Nous arrivons à Brutus-le-magnanime, ci-devant Saint-Pierre-le-Moutier. Sur une des portes de la ville on lit ces mots : «Ici on respecte le malheur, on honore la vieillesse, et on accorde l'hospitalité à l'indigence. »

Voici enfin, nous disions-nous l'un à l'autre, voici un lieu de rafraîchissement et de repos. Nous avions en effet avec nous des vieillards, plusieurs indigens, et nous étions tous malheureux. La Providence sembloit avoir placé pour nous sur cette route un hospice miséricordieux. Nous oublions alors un instant les fatigues de trente jours de marche, et d'incarcération ; dans l'espoir apparent d'être chez un peuple ami de l'humanité : douce illusion qui fut de peu de durée.

En effet, pendant que nous nous livrions à ces idées consolantes, nous nous trouvons en face de la maison de justice. Un vieux janissaire se présente, il nous passe un à un dans une cour étroite, bordée de cachots encore plus étroits, pourris d'ordures, infestés de vermines. Il fallut des instances, des supplications pour obtenir la douceur de coucher dans la cour sur le pavé, à l'injure de l'air, et sous la garde encore de deux gendarmes. — « Ciel ! Nous écrions-nous, c'est donc là cette terre hospitalière qui nous étoit promise ? Est-ce donc ainsi, citoyens de Brutus-le-magnanime, que vous honorez le malheur ? A quoi bon graver sur la pierre de belles maximes, si elles ne sont pas plus profondément encore gravées dans vos cœurs ?.......

Sans tant de faste extérieur, Nevers nous offre une prison, au moins supportable ; et un geolier humain.

Mais sur la route de la Charité une méprise manqua nous être funeste. Un détachement de gendarmes de la grosse cavalerie que nous rencontrâmes, nous prit pour des brigands de la Vendée. On n'est pas encore déshabitué de juger des gens sur la mise ; et notre voyage, ni notre position ne nous permettoient d'avoir un extérieur avantageux. Cependant, grâce à nos conducteurs, nous en fûmes quittes pour des imprécations et dès menaces.

Arrêtons-nous un moment à Gien ; nous devons là encore un tribut d'hommage. District, municipalité, comité de surveillance, geolier même, tout s'y montre sensible à notre infortune, tout semble s'être entendu pour la soulager et l'adoucir ; un jour nous est accordé pour réparer nos forces épuisées par la chaleur et par la fatigue. O Gien ! cité exemplaire ! La bienfaisance de tes administrateurs dépose des mœurs de tes habitans et de leur bonheur. Le séjour qu'habite la vertu est aussi celui de la paix, de l'ordre et du patriotisme.

C'est dans les murs de Gien que nous vîmes s'élever l'aurore d'un jour heureux, du 10 thermidor ; et c'est dans la prison de Nemours qu'on nous apprit la chûte du fourbe qui, trahissant la liberté, se disposoit par tous les excès de la tyrannie à montrer un nouveau tyran à la France : à cette nouvelle il semble que nous sortons des portes de la mort, et notre premier élan est pour la Patrie. — « Le monstre n'est plus, nous écrions nous, la République est sauvée, et nous….. Oui, nous vivrons pour la soutenir. »

Quel baume salutaire un moment vient répandre sur nos plaies ! Sans l'empressement d'être rendus au but naguères si redoutable, nous nous serions tous à peine apperçu des prisons de Nemours, Fontainebleau, Corbeil, et nos lecteurs n'y séjourneroient pas long - tems avec nous, s'il n'étoit bon de leur citer un dernier trait, dont la moralité peut être utile. Déposés à Corbeil, dans une cour, nous attendions que l'on vînt nous indiquer le gîte de cette nuit : une femme se présente (c'étoit la concierge) ; après nous avoir envisagés, elle nous fait défiler devant elle, et au passage, chacun est fouillé par sa main avec autant d'exactitude que d'indécence ; il semble que notre docilité la contrarie ; aux gestes brutaux de cette honteuse opération, elle joint encore des expressions plus que grossières et des menaces. Nos murmures sont entendus du directoire de district assemblé dans le voisinage ; le maire, averti, se transporte à la prison, et fait rentrer dans le devoir une femme qui n'étoit pas même à sa place. O femmes ! devez-vous être des ministres d'oppression et de rigueur ? La nature vous assigne des fonctions moins pénibles. L'asyle du malheur vous est ouvert ; mais c'est pour y porter des consolations et des soulagemens.

Enfin nous voyons le port, nous entrons à Paris le 14 Thermidor. On nous descend à la Conciergerie. Nommer cette prison trop connue, c'est encore peindre un lieu d'horreur. Epuisés de fatigues, et sur-tout d'argent, nous ne voyons s'ouvrir devant nous que les antres sombres et puans de la Grenade, de Saint-Vincent, de Bonbec, cachots affreux, où, entassés sur une vieille paille dans des espèces de tombeaux, il

nous

nous faut toute la nuit lutter contre des légions
de rats et de vermine.

Heureusement nous ne restons que quelques
jours dans ce repaire dégoûtant , et nous sommes
transférés au Plessis, rue St.-Jacques, où nous
eûmes tous la satisfaction d'obtenir enfin notre
liberté. Ainsi la fin de l'oppression est un bonheur pour l'homme innocent long-tems persécuté.

Cette maison du Plessis récemment établie ,
réalise , sous quelques rapports, l'idée que l'on
se fait des prisons d'un peuple libre ; on ne s'y
est pas étudié à creuser de ces cachots rendus
obscurs et mal-sains , à force d'art , et faits plutôt pour recéler des cadavres que pour servir de
demeure à des êtres vivans. Un air pur y circule
librement ; de larges passages sont ouverts à la
lumière , et des lits qu'on ne paie pas (1) offrent
quelque repos , et se prêtent au sommeil.

Un jour , sans doute, disparoîtront ces guichets, honteusement bas, et ces gros verroux
inutilement multipliés, dont l'aspect seul fait
frissonner. Puisse un jour aussi l'habitude des

---

(1) Les prisons sont bien rares où l'on ne paie pas les
lits: il n'y a que les pailleux qui ont *gratis* leur triste
couché. (Note de l'Editeur.)

vertus républicaines faire pénétrer enfin l'humanité dans l'âme des guichetiers ! Alors le détenu, au-lieu de ces brutalités qui humilient, trouvera dans la prison ces égards qui adoucissent le malheur. Il pourra, sans obstacles, voir, embrasser sa femme, ses enfans, ses amis, et toujours homme, toujours citoyen, toujours innocent, tant qu'il n'est pas condamné, il n'éprouvera de rigueur que celle qui est nécessaire pour s'assurer de sa personne.

LES NOYADES DE NANTES.

Par l'auteur de la Queue de Robespierre.

J'AI suivi pendant sept jours les mortels débats de l'épouvantable procès des quatre-vingt-quatorze Nantais (1) ; pendant sept jours je n'ai entendu parler que de vols, de meurtres, d'assassinats, de fusillades, de noyades ; pendant sept jours j'ai nagé dans le sang.

Connoissez, lecteurs, quelques traits de cette dégoûtante affaire ; en les lisant vous devinerez

____

(1) Ils étoient partis 132 pour le tribunal révolutionnaire de Paris ; on a vu plus haut la relation déchirante de leur déplorable voyage. (Note de l'Editeur.)

pourquoi certaines gens ne vouloient pas de la liberté de la presse.....

C'est à la fin de brumaire, l'an II de la République, que commencèrent à Nantes les sanglantes exécutions. Quatre - vingt - dix prêtres étoient dans le cas de l'exportation : ils sont conduits dans un bateau à trappe ou à coulisse ; ils partent, ils arrivent à la hauteur de Pimbœuf ; on les dépouille, on leur lie les mains derrière le dos, la trappe s'ouvre, ils sont engloutis (1). Un homme dont on vantoit la sensibilité appelloit, en riant, cet assassinat, une déportation verticale !.....

Les quatre-vingt-dix prêtres noyés, les cent trente - deux Nantais envoyés à la boucherie, n'étoient que le prélude d'exécutions plus révoltantes. Le 14 frimaire, les corps administratifs sont convoqués et réunis en séance générale au département : il ne s'agit plus de 90, de 132 victimes, on soumet à la délibération cette question : Fera-t-on, oui ou non, périr les prisonniers en masse ?

---

(1) Deux ou trois de ces malheureux s'accrochèrent à des rochers ; ils furent découverts le lendemain et replongés dans les flots : avant de noyer d'autres victimes, des barbares s'amusoient à leur couper les bras, à leur ouvrir le ventre à coups de sabre. (Note de l'Editeur.)

La délibération se prolonge dans la nuit, et c'est è deux heures du matin que trois individus donnent l'ordre de faire fusillier les détenus de Bouffai, de Sainte-Claire et de l'Eperonnière.

Le commandant de la Force armée refuse son ministère ; l'exécution de l'ordre fatal est suspendu. Le 15 , nouvelle convocation des corps administratifs, et la question de faire périr les prisonniers en masse est encore soumise à la délibération. Un homme a le courage d'élever la voix contre cette mesure infernale, il est traité de *modéré* ! Par qui ? Tu le sauras dans l'instant, lecteur, et tu frémiras ; mais je me hâte de t'apprendre que la voix de l'homme de bien fut entendue, et que pour cette fois l'espoir du tigre, qui vouloit s'abreuver de sang, fut trompé.

Tu croiras, lecteur, que rebutés du peu de succès de leurs projets, les hommes de sang vont les abandonner : tu te trompes. Ils les reprennent avec plus de fureur ; mais ils se débarrassent des entraves des délibérations ; la lumière du jour les importune ; ils vont rendre la nuit complice de leurs forfaits ; dans la nuit du 24 au 25 frimaire, 129 détenus , extraits des maisons de justice du Bouffay, etc. sont liés, dépouillés, conduits à coups de plat de sabre, et précipités dans la Loire.

Cette horrible exécution fut suivie de plusieurs autres, et chaque nuit les rives de la rivière de Nantes retentirent des cris lamentables d'hommes, d'enfans, de femmes enceintes qu'on y jettoit par milliers.

Les enfans! Quelquefois, à l'instant même de la submersion, de bonnes citoyennes embrassant les genoux des barbares exécuteurs, les conjuroient d'abandonner à leurs soins ces jeunes et innoncentes victimes; quelquefois leurs larmes fléchirent les bourreaux et arrachèrent à la mort de malheureux enfans ; mais plus souvent les bourreaux, ivres de vin et de sang, insensibles aux prières et aux larmes, répondoient : Ce sont des louveteaux qu'il faut étouffer...... et ils étoient précipités.

Quel est le nombre de ces victimes englouties par la Loire? Je l'ignore ; mais, en attendant que les listes funèbres nous en donnent à-peu-près le calcul, lecteur, les murs de Nantes vont dire le nombre à ton imagination : une ordonnance de police, affichée dans Nantes lors de l'horrible exécution, fait défense de boire l'eau de la Loire, que les cadavres avoient infectée !

L'épouse de Lépinai, général Vendéen, étoit détenue à Nantes, dans les cachots du tribunal de l'antropophage Carrier, avec une jeune fille

attachée à son service, native de Châtellerault,
et qui s'étoit renfermée volontairement avec sa
maîtresse. Un jour, les agens du féroce proconsul se transportent à la prison, pour rassembler des victimes destinées à être englouties,
au moyen des barques à soupape. La jeune fille
entend appeller madame Lépinai, qu'une indis-
position venoit d'éloigner de sa chambre un
instant. Cette bonne domestique, qui savoit que
la mort de sa maîtresse étoit jurée, se présente
à sa place, se dévoue, et périt pour elle dans
les flots de la Loire (1).

La nuit couvroit ces horribles exécutions; les
élémens semblèrent un instant conjurés pour les
faire connoître au jour; les victimes emportées
par le courant alloient se perdre dans la mer:
une épouvantable marée, grossie par un vent
d'ouest, rendit à la Loire et fit remonter jusqu'à Nantes les cadavres qu'elle avoit vomis
dans l'Océan. Il a fallu procéder à leur sépul-
ture; et cette opération a, dit-on, coûté 10,000 l.
au gouvernement.

____

(1) Ce trait de dévouement héroïque nous a été com-
muniqué par un homme-de-Lettres, qui l'avoit reçu
d'une personne très-bien informée de son authenticité.
(Note de l'Éditeur.)

Tous les moyens de mort étoient mis en usage à-la-fois ; les fusillades pendant le jour, les noyades pendant la nuit , et l'instrument terrible qui ne doit frapper que d'après l'ordre des tribunaux , la guillotine , fut arbitrairement employée pour accélérer les destructions.

Le 27 et le 29 frimaire, Carrier , représentant du peuple, expédie deux ordres signés de lui et qui sont déposés au greffe du tribunal criminel de la Loire-Inférieure. Ces ordres portent de faire guillotiner sans jugement cinquante brigands pris les armes à la main ; les listes de ces individus étoient annexées aux ordres signés Carrier. Des représentations sont faites ; il faut au moins constater l'identité ; Carrier vient lui-même , dans sa voiture , au pied de l'escalier du palais de justice , faire des injonctions ; et les cinquante individus sont exécutés sans jugement : parmi ces brigands pris , est-il dit , les armes à la main, se trouvoient des enfans de 13 ans, de 14 ans , et sept femmes. L'exécuteur mourut trois jours après cette expédition : l'on prétendit à Nantes qu'il en étoit mort de chagrin......

Cet infâme Carrier , ce tigre altéré de sang , a prolongé la guerre de la Vendée : au mépris de l'amnistie accordée , il faisoit condamner à mort les habitans des campagnes qui apportoient

leurs armes, ou venoient se soumettre à la République. . . . .
. . . .

Carrier a été persuadé jusqu'au dernier moment de sa vie qu'il ne la perdroit pas sur l'échafaud (1). Les lenteurs qui précédèrent sa traduction au tribunal révolutionnaire, lui laissèrent le tems et les facilités d'échapper au sort qui l'attendoit. Mais les Jacobins lui avoient promis de lui faire un rempart de leurs corps; des membres de l'ancien comité de salut-public lui avoient juré une amitié à toute épreuve; lui-même mettoit sa confiance dans certains papiers qu'il interprétoit à sa manière; telles sont les causes qui l'ont aveuglé, et qui lui donnèrent cette assurance qu'il porta dans la plupart de ses interrogatoires, mais qui l'abandonna dès qu'il se vit dans la fatale charrette. Alors, tout entier à ses remords, étourdi des reproches, des malédictions qui le frappoient de toutes parts; promenant autour de lui des yeux hagards, il eut l'air de s'étonner lui-même du nombre et de l'énormité de ses attentats.

Un des deux patiens, ex-membre du comité

____

(1) Ce morceau est extrait d'un ouvrage intitulé: *Almanach des gens de bien*, année 1795.

révolutionnaire, que la même charrette traînoit
à l'échafaud, frappoit de sa tête la poitrine de
Cartier, en s'écriant : — « C'est toi qui causas
mes forfaits ; c'est toi que j'accuse de ma
mort. » — Ainsi il eut à essuyer, avec les reproches du peuple et de sa conscience, ceux
des complices qui l'avoient le mieux secondé
dans ses cruautés. Il monta à l'échafaud avec
une rapidité extraordinaire, et comme s'il eût
voulu se hâter de quitter cette terre qu'il avoit
effrayée de ses crimes, et qui ne pouvoit plus
le supporter.

LES HORREURS

COMMISES A NANTES.

Extrait de plusieurs Mémoires (1).

L'ENCOMBREMENT étoit tel dans une des
prisons de Nantes, qu'il en résulta une épi-

(1) Par Phelippes, dit *Tronjolly*, ex-président des tribunaux criminel et révolutionnaire du département de
la Loire-Inférieure. Il eut le courage de dénoncer le
sanglant comité révolutionnaire de Nantes et son armée
de brigands, qui le dénoncèrent à leur tour ; on vit
Phelippes et cet affreux comité incarcérés le même jour
et dans la même prison. (Note de l'Editeur.)

démie; la contagion se manifesta avec tant de violence, que plus de vingt grenadiers moururent pour avoir été de poste pendant vingt-quatre heures à ce repaire abominable.

On retenoit souvent au comité révolutionnaire les effets saisis sur les prévenus qu'il envoyoit en jugement, effets qui auroient dû être déposés au greffe. Ils étoient rarement rendus aux citoyens acquittés par le tribunal. Plusieurs d'entr'eux se sont plaints que les clefs d'or de leur montre avoient été changées en clefs de cuivre.

Parmi les détenus entassés dans les maisons de réclusion, un grand nombre ne durent leur liberté qu'aux sommes qu'ils donnèrent au comité révolutionnaire. On vit à Nantes se renouveller les usages barbares, les crimes des premiers tems de la monarchie; on vit les droits de vie et de mort, usurpés et conférés par des tyrans subalternes, qui faisoient des lois au gré de leurs caprices, et n'en reconnoissoient aucune. On vit des malheureux obligés de racheter leur vie et leur liberté, à prix d'argent. On vit noyer des femmes grosses et des enfans dans l'âge le plus tendre. On vit également noyer les femmes publiques, afin de s'enrichir de leurs dépouilles.

Carrier ne parloit à la société populaire que le sabre à la main. Il faisoit toujours retentir la tribune des monceaux de têtes qu'il vouloit faire rouler dans la boue ou dans la poussière. Il souhaitoit un jour de pouvoir ouvrir le ventre d'un aristocrate, d'en arracher le cœur palpitant pour le dévorer.

Gonchon, vieux militaire, républicain ferme et dévoué, avoit été nommé président de la commission militaire à la suite de l'armée de l'Ouest. La commission d'abord fixée au Mans, vint s'établir à Nantes, où le représentant du peuple Carrier étoit délégué ; elle avoit jugé et condamné à mort plusieurs milliers d'hommes. Elle ne cessoit point l'exercice de ses fonctions, quoiqu'elles répugnassent sans doute au républicains dont elle étoit composée. Le sanguinaire Carrier, toujours plus affamé de carnage, mande chez lui le respectable Gonchon. Il le voit à peine entrer, qu'il s'écrie : — « C'est donc toi, vieux coquin, qui es président de cette commission ? » — Alors, lui sautant au collet et le secouant avec violence : — « Si dans deux heures, vieux b....., lui dit-il, tu n'as pas fait fusiller tout ce qu'il y a de prisonniers à l'entrepôt, tu seras fusillé toi-même. » — Le vieillard se retire, interdit, tremblant. Il arrive chez lui, ne se connoissant plus. On l'interroge ; il répond qu'il est un homme perdu. Il se met au lit ; la fièvre le saisit ; au bout de quarante-huit heures il mourut, le nom de Carrier à la bouche, et n'ayant cessé de prononcer des imprécations sur la tête de ce représentant, qu'il qualifioit de monstre.

Trois femmes très-belles étoient accusées d'avoir suivi les brigands de la Vendée. Carrier les vit; il fut sensible à leurs charmes, et mit à leur liberté un prix qui leur parut moins grand que la vie. Elles cédèrent à ses desirs. Trois jours consécutifs sa lubricité les dévoua à ses caprices. Au bout de ces trois jours, rassasié de caresses et de plaisirs, le monstre les fit précipiter dans la Loire.

LES HORREURS

Des prisons d'Arras, ou les crimes de Joseph Lebon, et de ses agens (1).

VERROUILLÉS dans les prisons de la commune d'Arras, nous avons été successivement témoins de l'enlèvement des victimes destinées aux massacres, dont Joseph Lebon se faisoit une fête, et qui lui tenoient lieu de partie de plaisir.

Si nous avons échappés à l'instrument de la mort, suspendu pendant quatre mois sur nos têtes, nous ne le devons qu'au réveil vengeur de la Convention nationale, sur la conduite d'un de ses perfides mandataires; il n'est aucun de nous qui ne doive son salut à la connoissance qu'elle a acquise de nos dangers.

La loi du 17 septembre 1793, vieux style, avoit eu pour objet d'éclairer les administrateurs sur les cas où ils pourroient employer les mesures rigoureuses de sûreté générale, en un mot, les arrestations. Elle déterminoit égale-

---

(1) Publiées par les citoyens Poirier et Montgey. (Note de l'Editeur.)

ment la formalité, qui, dans ces cas, devoit être suivie.

L'article 4 de cette loi vouloit que les membres du comité de surveillance ne pussent ordonner l'arrestation d'aucun individu sans être au nombre de sept et à la majorité absolue des voix.

Cette forme supposoit donc que personne ne seroit arrêté par ordre du comité sans une délibération *ad hoc*, et qui fût motivée sur un des cas exprimés par cette loi; il étoit à présumer que les autres autorités seroient jalouses pour leur propre justification, et par respect pour cette même loi, de ne jamais attenter à la liberté d'un citoyen sans se conformer à ces dispositions.

Toutes avoient eu le tems de la méditer, puisque la première époque des arrestations, qui répandit l'effroi dans l'âme des citoyens de cette ville, datte du 17 octobre suivant; et qu'elle s'est perpétuée sans relâche pendant l'espace de sept à huit mois.

On aura peine à croire que sur deux à trois-mille individus, il n'en est pas un vis-à-vis duquel ces formalités aient été observées, et qu'ainsi tous aient perdu leur liberté au mépris de cette même loi, qui étoit leur sauve-garde.

En effet, l'un est arrêté parce qu'il a, dit-on, l'aristocratie gravée dans le cœur; un autre, parce qu'elle est peinte sur sa figure ; celui - ci, sous le prétexte d'une destitution supposée et démentie par des actes publics ; celui-là, comme suspect, sans autre dénonciation ; un autre sur l'observation d'un seul membre ; un autre, parce que son père, son frère ou un autre de ses parens étant déjà en arrestation, il convient aussi qu'il y soit ; d'autres enfin, et c'est le plus grand nombre, sans aucun motif, sans aucune délibération ou procès - verbaux, et sans aucune cause connue, soit de la part du comité de surveillance, soit de celle des autres autorités.

Il en est même que l'on croyoit libres chez eux, quoique depuis un an ils fussent dans les fers.

On cessera d'en être étonné, lorsqu'on saura qu'il n'étoit, pour ainsi dire, aucun membre des administrations diverses qui ne se crût en droit de faire enlever de sa propre autorité, de son propre mouvement et sans le concours des administrations dont il étoit, tel ou tel citoyen qui lui déplaisoit.

Le comité de surveillance s'étoit apperçu de cet abus, et avoit pris des résolutions qui sembloient devoir garantir les citoyens de cette atteinte à la liberté ; mais cette résolution, quoique de juste obligation et quoiqu'amenée par la conviction intime du civisme des citoyens incarcérés, n'eut de stabilité que pendant quelques jours, et fut après cela totalement oubliée.

A l'égard des femmes, les mêmes vexations se pratiquoient, et l'immoralité de ceux qui se les permettoient, ainsi que la vertu de celles qu'ils attaquoient, en étoient souvent la seule cause. Leur perversité n'en permettoit pas l'aveu, et conséquemment à l'égard de celles-ci, il n'existoit aucun acte qui désignât le motif de leur arrestation.

Nous n'entendons pas dire que les administrateurs quelconques fussent tous coupables ; il en est, sans doute, qui n'ont eu ni pu avoir d'autre alternative que celle du morne silence, ou celle de se voir enveloppés dans la même proscription que nous.

Mais les pervers qu'il est permis de désigner d'après la voix publique, sont notamment les Daillet, Carlier, Cobrière, Duponchel, Darthé, Lefetz, ect. et tant d'autres monstres que Joseph Lebon avoit associés à ses crimes.

Par une espèce de rafinement, les barbares divisoient l'exécution des nombreuses arrestations qu'ils avoient préméditées, et affectoient dans eurs mesures tyranniques une espèce de lenteur qui n'étoit que plus funeste pour ceux qu'ils devoient sacrifier. Ils publioient à l'avance que tels et tels seroient arrêtés ; mais qu'il en étoit un plus grand nombre qu'ils gardoient *in petto*.

Par ce moyen, ceux dénommés gardoient leur domicile au milieu des alarmes et des pleurs de leur famille ; ceux qui ne l'étoient pas, gardoient pareillement leurs foyers, dans l'espérance qu'en ne se montrant pas, il éviteroient la réclusion.

Déjà la ville cessoit d'être reconnoissable, eu égard à l'activité dont elle avoit joui sous les premières administrations révolutionnaires ; déjà les rues étoient désertes, et le petit nombre des habitans qu'on y rencontroit sembloient étrangers les uns aux autres, et ne s'entrevoyoient respectivement qu'avec l'œil de la méfiance et de l'abattement.

Ces premières inquiétudes n'étoient que le prélude des autres chagrins que leur préparoient les atrocités qu'on ourdissoit dans l'ombre du mystère.

Les mois d'octobre et de novembre (vieux style) ainsi écoulés, un nouvel aurore sembloit naître sur la ville d'Arras, et devoir y ramener le calme et la justice.

Laurent, digne représentant du peuple français, aussi sévère qu'équitable, ne fut pas sans s'appercevoir que la plupart des détentions n'avoient

d'autres principes que le jeu des passions individuelles, sous le masque du faux patriotisme.

Autant qu'il fut en son pouvoir, il écouta les
justes réclamations des uns et des autres, et
d'après les renseignemens qu'ils se procura, un
grand nombre dut à son équité éclairée le triomphe
de son innocence et le retour à la liberté.

Si on imaginoit que ceux qui avoient été assez
heureux pour faire proscrire ces actes arbitraires
n'avoient plus rien à redouter, puisqu'un représentant avoit irrévocablement statué sur leur
sort, on se tromperoit, car peu de jours s'écoulèrent sans qu'ils se soient vus exposés de nouveau aux fureurs des meneurs, ci-dessus désignés, de la commune d'Arras.

Ceux-ci cherchèrent à persuader qu'on avoit
surpris la religion du représentant Laurent ; qu'é-
tranger à cette ville, il ne pouvoit connoître ses
habitans. Ils profitèrent du moment où le service
des armées exigeoit sa présence, pour rendre
sans effet les actes de sa justice et réincarcérer
ceux qu'il avoit jugés dignes de leur liberté.

Prévoyant le danger auquel ils s'exposoient en
dégradant l'autorité de la représentation nationale,
par la substitution de la leur, et en sens in-
verse, il se flattèrent de couvrir l'odieux de leur
conduite en concertant avec Joseph Lebon

(1) les moyens de consommer leur persévérante inimitié.

Joseph Lebon avoit été momentanément envoyé en mission à Arras, pour dissiper un rassemblement de prétendus patriotes qui s'y étoient rendus pour y établir une ligue, sous le titre de *Société populaire centrale des trois départemens, du Nord, de la Somme et du Pas-de-Calais.*

On profita de cette mission pour demander qu'il fût spécialement chargé de tout ce qui pouvoit être relatif à la commune d'Arras.

On calomnia peut-être Laurent, dans la vue de s'attacher un homme qui, quoique de la même ville que celle qui a vu naître le traître Robespierre, étoit déjà un de ses esclaves, et sans doute ce fut par l'ascendant de celui-ci qu'il fut accordé à cette demande par l'un des comités de la Convention.

Pour disposer les réincarcérations projettées de ceux élargis par Laurent, voici la manière dont on s'y prit :

Le premier janvier 1794 (vieux style), Lebon fit convoquer la société populaire d'Arras; il y

____

(1) Ex-prêtre ; depuis la révolution, il se qualifioit de *Prêtre de l'Eternel.* (Note de l'Editeur.)

parut accompagné d'une clique infernale, composée, pour la plupart, d'ex-moines; il se permit d'annoncer que la plupart des membres de cette société ne méritoient pas d'y conserver leurs places ; qu'ils n'avoient ni assez de caractère, ni assez d'énergie pour remplir envers la Patrie les services qu'elle avoit droit d'exiger de leur sévérité.

Se faisant aussi-tôt représenter le tableau , il ouvrit le champ à des dénonciations stimulées , dont il se rendit seul le juge, pour de suite en rayer tous ceux dont les sentimens notoires n'auroient pu s'allier avec ses projets liberticides.

C'est ainsi qu'il désorganisa et refondit la société populaire d'Arras , pour ne la recomposer que de ceux qu'il se persuadoit devoir être constamment à sa seule dévotion.

Les choses ainsi disposées, il établit un prétendu scrutin épuratoire sur les citoyens mis en liberté par le représentant Laurent, d'après une liste préparée à cet effet. Là se levoit tantôt un ex-capucin, tantôt un ex-oratorien, tantôt un ex-génovéfain, tantôt un ex-bénédictin, tantôt un ex-valet, en définitif, un cureur de puits, etc. etc. Chacun plaçoit son mot , chacun donnoit son épithète ; et c'étoit de leur part autant d'arrêts de proscription, autant d'insultes et de contraventions à la justice du représentant Laurent.

On décida dans cette même séance, qu'à l'avenir on ne pourroit mettre en liberté aucuns des citoyens incarcérés et à incarcérer, sans l'approbation de Lebon.

On poussa l'impudence jusqu'à menacer d'emprisonner tout le comité de surveillance, si, dans les vingt-quatre heures, il ne réintégroit dans les maisons d'arrêt ceux qui en étoient sortis.

Ce comité, présidé pour lors par un homme qui craignoit pour lui-même, gascon de nom et d'effet, marchand d'or et d'argent, condescendit à l'ordre impératif, non de la société, mais de ceux qui en avoient usurpé le nom.

En vingt-quatre heures de tems, depuis le grenier jusqu'à la cave, toutes les prisons regorgèrent de victimes.

On perdit de vue les tourmens que les citoyens élargis de l'Abbatiale avoient endurés (1). On oublia qu'on avoit déjà tout disposé pour les ré-

___

(1) Un jour, sous prétexte de fouiller les paniers qu'on enferma dans une chambre où étoient plusieurs émissaires, leur dîner fut retardé jusqu'à près de trois heures.

Une autre fois, dans la nuit, la malveillance força un d'eux, avec trois hommes, le sabre nud, à traverser les chambres et à répandre le trouble et l'effroi, sans respecter le sommeil des détenus, et les égards dûs au sexe.

duire à la vie commune, et qu'on avoit imprimé et distribué avec profusion un réglement atroce.

On se plaignit de se voir entassé les uns sur les autres ; on sollicita, tant pour la salubrité des détenus que pour celle même des habitans de la ville, d'être moins foulés, mais ce fut en vain. On nous flagorna toujours par de fausses promesses.

Ainsi s'écoulèrent plusieurs décades, toujours bornés à ces vaines consolations, toujours vivant dans l'espoir d'une sortie très-prochaine.

Faciles à persuader, n'imaginant point que des hommes parvenus aux administrations pussent être aussi corrompus et aussi traîtres qu'ils l'étoient, nous nous adressions à eux avec une aveugle crédulité.

Ils abusèrent astucieusement de notre bonne foi ; nous ne dirons pas tous, car le citoyen Effroy est à excepter de ce nombre : qu'il reçoive ici le tribut de la reconnoissance, non pas d'un seul malheureux, mais de milliers d'infortunés qui ont gémi dans les différentes prisons de cette ville ! Nous espérons avoir encore occasion de le rappeller à nos concitoyens ; homme vraiment vertueux, vraiment patriote, qu'il est doux pour toi de n'avoir jamais paru au milieu de nous que pour y porter des consolations (1)! A l'exception , disons-nous , de cet être bienfaisant , tous s'étudioient pour aggraver nos malheurs (2).

A cette époque, on nous insinua que Joseph Lebon, qui parcouroit le département, alloit revenir, qu'il débuteroit par refondre les autorités constituées ; qu'on s'occuperoit des détenus , et que l'épuration s'en feroit à la société populaire.

Enfin le moment d'y comparoître arriva ; nous l'avions attendu jusqu'alors avec tranquillité, parce que nous le regardions comme le signal de

---

(1) Cet honnête citoyen venoit tout exprès pour autoriser la visite de nos parens et amis.

(2) Témoin 1°. le nommé Lefebvre, ex-commis, personnage violent au-delà de toute expression ; ne vomissant que des paroles obscènes, se conduisant envers les femmes d'une manière révoltante, se permettant de parcourir toutes les chambres, et lorsqu'il rencontroit une personne de son goût, il ne rougissoit pas de lui dire : « Eh bien la telle ! quand coucherons - nous emsemble ?.. . Epouse-moi et tu sortiras.

2°. Le blanchisseur Demaux, bouffi d'une autorité sans bornes, fit conduire aux Orphelines, dans un galetas rempli d'hommes, une Anglaise qui, jusqu'alors avoit toujours logé seule, d'après les mœurs de son pays. Il la délogea pour la placer avec nombre d'Anglais, malgré sa répugnance notoire d'exécuter ses ordres, etc. etc. etc.

la justice, parce qu'effectivement on nous l'indiquoit comme le jour réservé au triomphe de l'innocence.

Mais l'appareil imposant qu'on mit à venir nous prendre ne tarda pas à nous désiller les yeux.

Une compagnie de chasseurs et de gardes nationaux, annoncée par le son de la trompette et le bruit de la caisse, s'arrêtèrent vers les deux heures aux portes de l'Abbatiale.

Là, ils firent halte, chargèrent leurs armes et entrèrent tout-à-coup dans notre prison.

En vain essayerons-nous de tracer ici tout ce que nous fit ressentir une entrée aussi effrayante; tout ce qu'on se rappelle, c'est qu'on vit des femmes tomber en défaillance, des filles se jetter dans les bras de leurs mères éplorées, des pères, des époux éperdus au point de ne pouvoir donner des secours à ce qu'ils avoient de plus cher, n'en recevant eux-mêmes que des citoyens qui étoient sans aucuns parens détenus avec eux, et qui, émus par une scène aussi affligeante, ne pouvoient que se rendre foiblement utiles, quoique n'épargnant aucuns des soins qui dépendoient d'eux.

C'est ainsi que les meneurs, au milieu des bayonnettes, firent l'appel nominal des hommes, et les placèrent pour les conduire partiellement, sous escorte, au club.

Là, on les rangea dans une salle particulière,

les

les appellant alternativement et les faisant placer
sur un siège de bois élevé à la hauteur de dix
pieds, pour être mieux exposés à la risée des
malveillans, et être plus en butte aux dénonciations de toute espèce ; en le disposant uniquement
pour cet objet, on l'avoit nommé le REDOUTABLE
FAUTEUIL.

Alors, tous les insatiables de crimes, de
meurtres et d'horreurs, cramponnés à la table de
notre fameux Joseph, se levèrent tour-à-tour,
et s'exhalèrent en propos injurieux (1).

Aux uns, ils firent un crime d'avoir de l'esprit ;
aux autres, d'avoir des talens et des connoissances;
à la plupart, d'avoir des mœurs et des principes.

Quelques-uns, cependant, obtinrent leur élargissement, et deux spécialement attendrirent tèl-
lement leurs concitoyens, que sur-le-champ on
les rendit à la liberté (2).

Aux ex-prêtres, on leur tint toutes sortes de

____

(1) Les suites nous ont confirmé dans l'idée que cette
scène n'avoit été forgée que pour fasciner davantage les
yeux du peuple, et l'indisposer en général contre tous
les détenus.

(2) Ce furent les citoyens Stoupi et Lallart-Delbu-
quière cadet ; mais replongés peu de tems après dans
les fers.

Tome III.   O

propos ; il y en eut qui, en avouant qu'ils n'a-
voient été que des imposteurs, des charlatans et
des scélérats, parurent à ce seul titre mériter
leur liberté. Mais ce ne fut pas le plus grand
nombre ; un d'eux, entr'autres, ne fut élargi
que parce qu'il brûla à la chandelle ses lettres de
prêtrise, en témoignage de son athéisme.

Cette expédition dura environ trois heures ;
après lesquelles on nous reconduisit au lieu de
notre détention, de la même manière qu'on nous
en avoit tirés, c'est-à-dire couverts d'opprobres.

Arrivés-là, nos premiers soins furent d'annoncer aux femmes ce que nous avions éprouvé, et
de les résigner au courage.

Nous les vîmes aussi partir, à leur tour ; elles
furent escortées comme nous l'avions été nous-
mêmes, et subirent les mêmes humiliations.

Car les familiers de notre Lebon, qui sembloient avoir épuisé sur nous toutes leurs fureurs,
prirent envers elles le ton amer de la raillerie,
en leur prodiguant toutes les fadeurs dérisoires ;
ils préparèrent à l'avance les prétextes qui, par
la suite, ont servi de base pour déterminer le
meurtre de plusieurs de ces citoyennes.

A celles qui réunissoient à la jeunesse le sourire des grâces et la candeur de l'innocence, ils
leur faisoient un crime de n'avoir pas fréquenté
ces bals, dont le désordre qui y régnoit écartoit

tout ce qui avoit des mœurs ; à celles plus avan-
cées en âge, qui n'y avoient assisté que par
crainte, ils leur reprochoient d'y avoir occupé la
place des patriotes ; à celles, en un mot, qui
étoient parvenues à l'âge du repos, ils les incul-
poient de même, en les blâmant encore d'être
gangrenées du poison de leurs anciennes habi-
tudes.

Voilà ce que ces infortunées nous apprirent,
lorsqu'elles vinrent se réunir à nous, fondantes
en larmes.

Pour nous laisser respirer un peu, on parut
nous oublier quelques jours, c'est-à-dire pendant tout le tems que Lebon fut occupé à faire
alternativement les mêmes opérations pour les
autres prisons de la ville, et à reprendre ensuite
ceux des autres prisonniers qui, par maladie ou
autrement, n'avoient pas encore comparu au
club.

Après avoir ainsi passé en revue une foule de
personnes, il prit encore fantaisie à Joseph de
vouloir y rassembler toutes les ex-religieuses qui
habitoient la ville. Il leur enjoignit, sous les
peines les plus graves, de se rendre à ses conciliabules. Là, il leur tint un langage obscène et
inconnu jusqu'alors à des êtres dont la simplicité
de mœurs étoit le plus bel ornement. Il leur fit
des promesses, des menaces ; il finit par envoyer

celles qui ne prêtèrent pas le serment, dans la maison de l'Abbatiale. Alors, quelques affidés de Lebon s'emparèrent de chacune d'elles, et la garde, à leur exemple, les traîna ignominieusement dans notre lieu de réclusion.

Ces misérables ont, sans doute, cru les punir en les envoyant parmi nous ; qu'ils se sont trompés !........ A peine y furent-elles rendues, qu'on s'empressa, à l'envi les uns des autres, de les secourir et de leur donner des consolations (1).

Le lendemain, il survint des ordres plus rigoureux ; on défendit l'entrée du jardin ; on afficha un réglement digne du tartufe qui l'a rédigé, et qui, depuis, en a éprouvé avec nous toute la dureté.

En conséquence de ce réglement, approuvé par l'exterminateur de notre déplorable ville, les hommes furent séparés des femmes ; toutes les communications furent interdites.

Un obscur horloger venoit à tout instant insulter à nos malheurs ; il arrêta les papiers publics, défendit toute communication à l'extérieur,

____

(1) Aux Orphelines, neuf hospitalières de Bourbourg n'eurent dans leurs grabats d'autres litières que de la paille pendant tout l'hiver.

et chaque fois qu'il paroissoit, sa sinistre figure nous présageoit de nouveaux chagrins (1).

Ce fut encore ce même ouvrier qui vint installer les directeurs ; il nous obligea de leur exhiber les billets que nous écrivions pour avoir les choses nécessaires à la vie : il nous assujettit à laisser visiter nos papiers et tout ce qu'on nous apportoit ; enfin, on nous intima la défense d'écrire, celle même de recevoir à manger : c'est sûrement ce qu'on aura peine à croire.

On commençoit ainsi par gradation à nous faire boire le calice amer de la douleur: nous l'avons épuisé jusqu'à la lie !......

Quelques jours se passèrent dans le resserrement d'une plus étroite captivité , tandis que toutes les autorités constituées méditoient les moyens d'aggraver nos maux et d'indiquer les jours où ils exécuteroient leurs abominables projets.

Ils n'arrivèrent que trop tôt, ces jours de deuil et de douleur !

---

(1) Ce fourbe, nommé Cille, pour anticiper sur le ravage de nos maisons, nous insinuoit de faire venir au plutôt ce que nous pouvions avoir de provisions ; il nous rendit ses dupes. C'est ce qui fut cause de la capture considérable qu'on a faite dans toutes les prisons ; on eut grand soin de la divulguer avec affectation pour animer le peuple plus facilement contre nous et l'amener à leur exécrable but.

Le 8 février 1794 (vieux style), vers les trois heures de l'après-dîner, nous entendîmes le son répété de la trompette et le bruit de la caisse ; nous ne savions à quoi en attribuer la cause, lorsque, tout-à-coup, nous fûmes surpris d'apprendre qu'une troupe de chasseurs et de gardes nationaux étoient aux portes de notre prison.

Vers les cinq heures du soir, nous entendîmes des évolutions militaires en face de la maison ; les portes s'ouvrirent, et on commanda à la troupe de charger ses armes.

Des affiliés de Lebon présidoient cet appareil militaire ; nous étions tous dans nos chambres, regardant d'un œil inquiet ces préparatifs effrayans. Nous vîmes cette horde se concerter à la muette, et tout à coup on nous intima cet ordre terrible : Que les hommes passent d'un côté et les femmes de l'autre !....... Alors la troupe se divisa en deux pelotons, l'un pour garder les hommes, et l'autre pour empêcher les femmes de les approcher.

Envisageant ce moment comme notre dernière heure, nous ne pensions qu'à rassembler toutes nos forces, pour terminer avec courage une vie intacte et irréprochable.

Telle étoit notre affreuse position, lorsqu'un apôtre d'une religion anti-sociale, nommé Lefetz, ex-moine, aussi hypocrite que scélérat, s'avançant vers les hommes, en fit venir un, le fouilla, retourna ses poches et s'empara de tous ses papiers, et en fit de même aux autres. Ce brigand poussa la duplicité au point de rendre les porte-feuilles, en disant qu'il n'en vouloit pas à notre bourse.

Autant en faisoit le nommé Cavrois, marchand drapier, entre les deux places, assisté du fameux Carreau, brasseur. Ils visitoient les femmes avec une indécence qui n'a pas d'exemple, et les dévalisèrent au gré de leurs caprices.

Cette fouille ayant duré environ trois heures, fut suivie d'autres excès.

Lefetz, cet homme qui, comme ses semblables, n'auroit jamais dû sortir de l'état de mépris et d'abjection où la révolution l'a concentré (1), obligea tout le monde de rester dans les cours, s'empara de toutes les issues, y posa des gardes et leur tint ce langage : sentinelles !...... si un de ces b........ avance pour entrer, f...tez-lui la bayonnette au travers du ventre.

Nos dignes frères d'armes qui jusqu'alors

----

(1) Extrait du rapport du représentant Thureau, sur les prêtres, à la séance du 17 messidor, an 3e.

O 4

n'avoient pu se refuser d'obéir aux ordres qu'on leur avoit donnés, furent indignés d'une telle rigueur, et n'eurent garde de l'exécuter. Ils mêlèrent leurs larmes avec les nôtres; ils s'offrirent même à venger les cruautés qu'on nous faisoit endurer. Notre soin fut de les appaiser et de les engager à n'en rien faire. Aussi depuis, nous avons remarqué que jamais ces mêmes frères d'armes n'ont reparu à l'Abbatiale.

Le but de cet ordre féroce n'avoit pour objet que d'exercer d'autres fouilles dans les chambres, et d'en enlever le vin et les autres provisions qui s'y trouvoient.

Pendant tout ce tems, nous restâmes dans la cour au nombre de trois-cents personnes, sans autre siège pour nous asseoir que les marches du perron.

Cette visite intérieure se prolongea jusqu'au lendemain sept heures du matin, que ces ivrognes se retirèrent gorgés des vins et des vivres qu'ils avoient raflés. Tandis que d'un côté, une femme demandoit un pain; qu'une autre n'avoit d'autres ressources pour rappeller ses forces épuisées, que celles de quelques essences, ces scélérats s'étoient retirés dans la chambre des citoyennes Grandval, s'y chauffoient à l'aise, et y consommoient les vivres que plusieurs de nous avoient réservés pour le souper.

Le lendemain, à pareille heure, même marche militaire, même commandement; même entrée, même ordre contre les détenus.

Lefetz, toujours à la tête, fit avancer un des hommes, lui demanda ses boucles, sa montre, son porte-feuille, son numéraire; il les fouilla tous, les dépouilla successivement et ne leur laissa d'autres vêtemens que ceux qu'ils portoient.

On mit tous ces objets dans des paniers à bras; on n'y attacha qu'une mauvaise bande de papier, ainsi que sur les porte-feuilles; on se contenta de faire semblant de tenir des notes qui ne portoient aucune description des objets enlevés.

On en fit de même aux femmes, et ce nouveau Cartouche, après avoir tout disposé comme il l'avoit fait la veille pour la dépouille intérieure, fatigué des débauches qui avoient accompagné ses premières dilapidations, ne pouvant passer une seconde nuit, chargea les nommés Carreau et Cavrois d'enlever le reste de nos dépouilles.

A l'exemple de leur général, ceux-ci prirent tous nos effets, disposèrent en Mandrins d'une partie de notre avoir, déchirèrent le peu de livres d'histoire et autres dont on nous permettoit l'usage, et apposèrent le scellé sur tout ce qui fermoit à clef. Quant à nos vivres, ils furent perdus pour nous.

Nos représentations, pour qu'il nous fût permis d'emporter avec nous un foible nécessaire, ne reçurent d'autres réponses que la vaine promesse de nous rendre à chacun six chemises, six mouchoirs et six paires de bas (1).

Cette scène dura jusqu'au lendemain matin, et les détenus furent de nouveau exposés à l'imtempérie de la saison.

A peine nous avoit-on spolié, qu'on se porta à l'Hôtel-Dieu, où journellement on réléguoit tous ceux qui étoient soumis aux arrêtés des traîtres Saint-Just et Lebas.

Là, sans doute, parce qu'on pouvoit soustraire les femmes à la vue des hommes, on

---

(1) On assure que les captures faites dans les maisons de l'Abbatiale, des Orphelines, des Baudets, des Capucins, du Vivier, du Rivage et de Saint-Vaast, montèrent à 6000 livres. Toutes ces maisons, à l'exception de celle de Saint-Vaast, qui est la plus éloignée, pouvoient être chacune foudroyée par une batterie de canons tournée contre elles.

les outragea d'une manière plus atroce que par-tout ailleurs.

On s'attacha particulièrement aux jeunes personnes, qu'on mit presque à nud. Une d'elles, dont le père et l'oncle ont péri sur l'échafaud, fut distinguée à raison du traitement affreux qu'elle essuya de la part des mauvais sujets employés par Carreau.

Ces abominables ne se contentèrent pas d'insulter à la pudeur de cette jeune citoyenne et de la mettre hors d'elle même, e'le n'échappa qu'avec peine à leur brutalité; ils ne la rappellèrent que pour glisser des mains criminelles sous le linge qu'elle portoit, eu égards à son tems périodique : ils en retirèrent un anneau qu'elle conservoit comme le gage de ce qu'elle avoit de plus cher. Scélérats !......... Vous qui vantiez sans cesse la vertu de votre parent Robespierre, c'étoit donc ainsi que vous la mettiez en pratique !........

Ces brigands qui suoient le crime, parcouroient jour et nuit les maisons d'arrêt. Coup sur coup ils venoient nous accabler; on eût dit qu'ils préparoient déjà les supplices auxquels nous n'avons échappé que parce qu'enfin la Convention nationale a été éclairée sur les atrocités qu'on se permettoit, à son insçu, dans la ville d'Arras.

Ames généreuses, qui jusqu'ici n'avez pu contenir votre indignation sur le tableau que nous venons de crayonner, ne croyez pas avoir tout apperçu, votre sensibilité doit se préparer encore à d'autres gémissemens !

A peine étions-nous revenus à nous-mêmes de cette dernière scène, que tout-à-coup s'ouvrent les portes de l'Abbatiale. On y voit entrer pêle - mêle volontaires et commissaires, suivis d'une foule de voitures et de porteurs ; la caisse bat ; les militaires se rangent en bataille ; les geoliers enjoignent seulement aux hommes de descendre sur-le-champ. Les femmes éperdues paroisssent de toutes parts aux fenêtres, et nous crient d'une voix entre-coupée, que déjà on leur a signifié l'ordre de faire leur paquet, et qu'on leur donne une demi-heure pour être rendues à la Providence.

En vain elles nous appellent pour les aider dans leur déménagement ; en vain elles demandent à faire leurs derniers adieux à leur père, à leur époux, à leurs enfans ; on les repousse en notre présence avec la bayonnette (1).

____

(1) A cette époque, F. Dubois, dépeint d'après nature, dans la feuille intitulée la *Sentinelle du Nord*, qui, jusqu'alors, avoit passé pour le coriphée des administrateurs ,

Pour comble d'effroi, au milieu de ce désolant spectacle, arrivent de la ville plusieurs femmes éplorées, mises en arrestation par ordre du tyran, qui, croyant se jetter dans les bras de leurs maris pour y trouver des consolations, et cherchant d'un œil inquiet à les distinguer dans la foule, sont impitoyablement repoussées et de suite conduites à la Providence.

A la Providence! ce vil repaîre de toutes les prostituées, maison destinée depuis long-tems à n'y renfermer que des folles et des personnes rejettées par la loi du sein de la société.

Là, on les entassa les unes sur les autres, au nombre de cinq-cents (local qui pouvoit à peine en contenir trois-cents); là, on les confia à la direction de trois mégères exercées, de toutes manières, à servir les caprices de Lebon et de ses infâmes co-opérateurs. Il les appelloit, dit-on, ses toupies (1).

---

se trouvoit en arrestation avec toute sa famille. Il sanglotoit seul dans un coin; un de nous ne put s'empêcher de l'aborder et de lui faire ce reproche : « Vas, pleures, hippocrite, il est bien tems lorsque tu as toi-même forgé une partie de nos malheurs.

(1) Pour avoir une idée de ces furies, il faut connoître ce que nous ont rapporté deux Dunkerquois de nos camarades. Le 24 Thermidor, après un an de détention, et avoir présenté sept à huit pétitions pendant cinq mois à toutes

Encore tout étourdis de ce qui venoit de se passer, cherchant à nous rapprocher pour nous donner des consolations et consolider notre courage presque abattu, nous voyons un homme pâle et défiguré, traverser les cours; nous entendons des hurlemens affreux et ces cris redoublés : Ma femme, ma pauvre femme ! mes enfans, mes chers enfans !.... Les scélérats, ils les ont enlevés !...... Ils vont les massacrer !......Oui je n'ai plus rien au monde; j'ai tout perdu...... ma femme, mes enfans, je veux mourir !.....

On vole au secours de cet infortuné (le citoyen Clément); il renverse, dans son premier moment de désespoir, tous ceux qui l'approchent, frappent tous ceux qui tentent de l'aborder et veut se donner la mort. Aussi-tôt les charitables Médecins, qui partageoient notre sort, volèrent à son secours.

----

les autorités pour obtenir la remise de leurs effets, ils leur furent enfin remis. Pour cela ils eurent besoin de prendre une citoyenne à la Providence. Le savonneur Demaux les y conduisit; en entrant, ils virent des commissaires prenant des libertés sur ces harpies sous les yeux mêmes de nombre de victimes que la curiosité avoit attiré dans la cour.

C'est encore au vertueux Effroi, qui ne s'est jamais démenti, que ces deux citoyens doivent la remise de leurs effets.

Les cris lugubres de ce père désespéré par-
viennent jusqu'aux oreilles d'un commissaire
qui se promenoit dans le jardin.

Les médecins lui dirent qu'avec un peu de
patience, cela se calmeroit ; que c'étoit une
crise occasionnée par la vive douleur que res-
sentoit Clément ; mais cet inhumain commissaire
(Gille) n'en fit qu'à sa tête, prit trois hommes
de garde, enleva notre pauvre Clément et le
plongea dans un cachot de la prison des Baudets,
maison désignée pour tous ceux qui étoient voués
sans retour à la mort.

Alors le malade voyant la garde, reprit ses
sens, déploya un courage héroïque, traversa les
cours, nous fit ses adieux, et dit : Mes amis,
je suis heureux, je vais à la guillotine, et
dans un quart-d'heure mes maux seront finis....
Il croyoit qu'on lui accorderoit au moins la grâce
qu'il demandoit, qui étoit celle de périr tout de
suite : mais cet infortuné vint nous joindre,
quelque tems après, à l'Hôtel-Dieu, où il éprouva
encore des persécutions particulières.

Le portier qui sembloit jouir délicieusement
toutes les fois qu'on nous vexoit, ne put contenir ses larmes sur la situation douloureuse
de ce citoyen, et pour la première fois, il
parut enfin s'appitoyer sur notre sort.

Un autre de la commune d'Amiens, fut tellement affecté de ce qui venoit de se passer, qu'il en perdit connoissance, et ce ne fut que le lendemain matin que nous eûmes de lui quelques signes d'existence.

Ainsi se termina la journée employée au déplacement des femmes.

Plusieurs d'entre nous étoient dans la cour, lorsque tout-à-coup le furibond Lefetz s'étant annoncé par le son extraordinaire de la sonnette, paroît et défend de laisser entrer ni sortir aucune chose, pas même de comestibles, en disant : que du pain et de l'eau étoient bons pour ces b.…... là. Le portier lui observa qu'il n'y avoit ni pain ni eau dans la maison. Cette circonstance ne put le faire désister de l'ordre qu'il venoit de prescrire.

Cependant, vers le midi, un des directeurs en informa le district. On révoqua l'ordre de rien laisser entrer, mais on conserva celui de ne rien laisser sortir. Chaque jour nous recevions une bouteille pleine de vin, que nous ne pouvions renvoyer vide ; et les flacons, qui se vendoient alors vingt sols, se trouvèrent, à notre départ de l'Abbatiale, appartenir aux portiers.

Quoique nous eussions descendu nos meubles, on nous laissa jusqu'au soir dans l'attente fatiguante de notre départ. Pendant trois jours consécutifs nous fîmes la même opération, et ce ne fut qu'au bout du sixième jour, vers les six heures du soir, que nous nous rendîmes l'Hôtel-Dieu, sous l'escorte d'une garde nombreuse et au son du tambour.

Là, nous rejoignîmes les citoyens détenus en vertu des arrêtés tyranniques de Saint-Just et Lebas. Leur premier soin fut de nous demander si nous avions été dévalisés comme eux ; au cas contraire, ils nous engageoient à tout cacher. Nous leur fîmes part des vexations exercées à notre égard, qu'ils trouvèrent de point en point conformes à celles qu'ils avoient endurées.

Les jours suivans, vinrent successivement les détenus des autres prisons, qui aussi avoient subi les mêmes outrages.

Ceux des Orphelins nous ont rapporté qu'on les fit ranger dans la cour plusieurs fois, malgré la pluie, au milieu d'une garde imposante : Carreau et Voisin, qui avoient eu la commission de les dépouiller, furent chargés de leur translation. L'effronté Carreau, enhardi par ses impunités, osa les menacer, à plusieurs reprises, de casser son bâton sur les reins du premier mâtin qui s'écarteroit de son rang. La plupart d'entre eux, qui étoient des citoyens du département du Nord, restèrent long-tems dénués de tout ; ils ne se soutinrent qu'à l'aide de leurs compagnons d'infortune.

Vainement ils réclamèrent : on leur insinua qu'ils pouvoient écrire chez eux et y demander des secours. Ils écrivoient et plaçoient leurs lettres dans une boîte, qui se portoit à la municipalité chaque jour, et d'où elles étoient censées extraites pour suivre leur destination. Aucune d'elles ne parvenoit ; cette rigueur se maintint à leur égard pendant plus de quatre mois ; il est aisé de juger, d'après cela, combien ils ont eu à souffrir, et à quelles cruelles inquiétudes on livroit en même tems leurs familles éplorées.

Alors redoublèrent les arrestations de toute espèce, au mépris de la loi. Lebon fait arrêter toutes les femmes dont les maris étoient déjà incarcérés, et tous les maris dont il n'y avoit que les femmes de détenues. Chaque nouveau venu étoit le plus souvent mis au secret, en attendant que Carreau ou autres de son espèce, vinssent les dépouiller (1). Nous tâchions de lui faire entendre qu'on alloit tout lui enlever, et nous n'y parvenions que très-difficilement (2).

----

(1) On leur enlevoit tout sans en dresser procès-verbal.

(2) Ce Carreau, en 1789, un jour qu'il étoit mort ivre, rencontra une patrouille, l'attaqua avec un de ses cama-

Un jour, étant venu à bout d'en avertir deux échappés au secret, nous leur conseillâmes de renvoyer chez eux tout ce qu'ils pouvoient avoir ; ils eurent beaucoup de peine à suivre nos conseils, sur le fondement que les autorités constituées venoient de les assurer positivement qu'on n'avoit pris que des bagues aristocratiques à quelques muscadins et muscadines des prisons. Cependant on vint les dévaliser : d'après cela, qu'on réfléchisse !....

Nous fûmes empêchés de prévenir un autre citoyen qui ne fut incarcéré que pour avoir bravé tous les dangers, afin de venir au secours d'un beau-frère sur le point de périr. Cobrière, qui étoit chargé de l'arrêter, l'engagea de prendre son porte-feuille, sa montre et tout ce qu'il pouvoit avoir de précieux. A peine étoit-il entré qu'il lui enleva généralement tout sans le constater,

---

rades et en blessa le chef; il fut emprisonné et n'évita la mort que par la protection de son cousin germain, d'exécrable mémoire, Maxim. Robespierre, alors député à l'Assemblée constituante. Ce même Carreau, toutes les fois qu'il venoit, affectoit de parler de couper des têtes; aujourd'hui, il disoit que quarante d'entre nous devoient y passer; le lendemain, il venoit se promener dans les cours et grossissoit le nombre. Nous étions alors plus de deux-cents-cinquante.

et depuis lors, il resta dépourvu, même du nécessaire.

Pour nous faire plus ardemment desirer le séjour de l'Hôtel-Dieu, on nous l'avoit dépeint comme un asyle commode, et par-dessus tout encore, on nous avoit vanté l'avantage que nous aurions d'y voir nos femmes et nos enfans, reclus à la Providence, dont la maison faisoit face, en partie, à nos murs, et distante d'une portée de fusil.

Les premiers jours, on nous laissa approcher des fenêtres qui donnoient de ce côté; bientôt après on en défendit l'accès; on les fit toutes boucher, excepté celles jugées nécessaires au renouvellement de l'air.

Il étoit tellement défendu d'en approcher, que si on y trouvoit un prisonnier, de suite nos geoliers appelloient la garde, mettoient le malheureux qui s'étoit laissé surprendre au secret (1).

_____

(1) Ce secret étoit une cave profonde et humide, dans laquelle on restoit pendant vingt-quatre heures.

A la Providence, c'étoit de petites cazemates étroites où l'on pouvoit à peine se remuer, dans lesquelles on déposoit les cadavres. Souvent il arrivoit que ces cadavres se vidaient; on n'avoit pas la précaution de nettoyer les ordures qu'ils déposoient, et c'étoit dans ce lieu infâme que les mégères de la Providence exerçoient leurs vengeances, y enfermoient, de leur autorité privée, celles qu'elles avoient prises en grippe.

On nous a assuré depuis, que les femmes, à la
Providence, étoient traitées encore plus du-
rement.

Ce fut alors qu'à travers les fenêtres du grenier, nous avons été témoins d'une scène entre
Joseph Lebon et deux citoyennes que nous n'a-
vons pu connoître ; les ayant vu assises sur le
rempart, dans un endroit où, suivant ce fréné-
tique, elles ne devoient pas être, il tira son
sabre, les en frappa, et aidé de son Don-Qui-
chote, Lefetz, il les arrêta et les conduisit à la
Providence.

Pour justifier ce que nous avons avancé sur
l'inconséquence des arrestations, il suffit de citer
encore quelques exemples.

L'un fut arrêté par Catlier, parce qu'il rencontra le soir sur son passage un notaire, qui périt
par la suite ; l'autre fut emprisonné, parce qu'un
dindon étoit tombé dans son puits. Il fit appeller,
pour retirer cet animal, un nommé Lentillette ;
cet homme trouva, en retirant ce dindon, un petit bras de cheminée argenté, valant au plus vingt-
cinq sols, en fit son rapport, et c'en fut assez
pour, sur-le-champ, faire prononcer l'arrestation de cet officier public, et mériter aussi-tôt au
cureur de puits, très-connu à Arras, d'être nommé
membre du comité de surveillance. Une citoyenne
fut incarcérée parce qu'elle rencontra malheureu-

sement Lebon, en apportant à manger à son frère, détenu. Ceux-là pour avoir donné quelques pièces de monnaie à une indigente qui demandoit l'aumône, furent sequestrés comme contre-révolutionnaires. Un autre fut saisi au collet par Duponchel, maire à Arras, en passant sur le pont de la citadelle, pour aller voir des prisonniers de guerre nouvellement arrivés. Plusieurs autres vinrent nous joindre, parce qu'ils se trouvoient, par-hasard, chez des particuliers qu'on avoit ordonné d'arrêter, ainsi que tous ceux qui se trouvoient dans leur maison.

Après avoir ainsi incarcéré, sans quartier, hommes et femmes, il restoit encore dans la maison des détenus leurs enfans et leurs personnes de confiance ; ils ne furent pas plus épargnés que nous-mêmes (1).

Nous vîmes arriver de toutes parts des enfans depuis l'âge de cinq ans ; et pour les soustraire à l'autorité paternelle, on leur envoyoit de tems-en-tems des commissaires qui leur tenoient un langage immoral, de sorte que quelques-uns d'eux

____

(1) Quand des émissaires venoient pour enlever nos enfans et nos personnes de confiance, ils commençoient par les expulser de nos demeures, leur donnant à contre-cœur les effets dont ils pouvoient avoir besoin, et ce n'étoit qu'après leur sortie qu'ils apposoient les scellés, hors de la présence des personnes intéressées.

devinrent par la suite le fléau le plus redoutable
de notre prison.

En même tems nous apprîmes par ceux qui
arrivoient successivement, que nos personnes de
confiance étoient toutes incarcérées à l'Abbatiale,
qu'on les avoit livrées à toutes sortes d'inquisitions, tant pour découvrir nos effets précieux,
que pour les engager à de faux témoignages ; ce
ne fut que trois semaines après qu'ils recouvrèrent
difficilement leur liberté (1).

Toutes ces précautions furent inutiles ; la plupart, fidèles à leur conscience, restèrent inébran-
lables : il y en eut même qui accompagnèrent
jusqu'à la boucherie leurs maîtres infortunés !....

Cependant, on ne nous perdoit pas de vue. Lefetz, soit ivresse, soit folie, passant un jour de
décadi du côté de notre prison, s'ingéra de venir
en personne réitérer la défense qu'il avoit faite de
nous apporter à manger, sous le spécieux prétexte que des chaudières placées dans l'intention
de réduire les détenus à une vie commune, devoient être mises en œuvre ; mais il n'avoit aucun
aliment à fournir pour la nourriture de trois-cents-

______

(1) On nous a certifié que Lebon, pour se ménager
l'esprit des familles de ces bons citoyens, leur accorda
la liberté et leur fit payer une rétribution de 22 sols,
jusqu'à ce qu'ils trouvassent à se placer ailleurs.

cinquante personnes, ni la faculté d'y pourvoir (1). Il fallut donc que la municipalité, sur la motion du respectable Effroy, l'un de ses membres, qui avoit la surveillance de quelques maisons d'arrêt, interposât son autorité pour faire proscrire un ordre aussi barbare.

Le nombre des prisonniers, à l'Hôtel-Dieu, joint à ceux qu'on se proposoit encore d'y entasser, fit connoître que ce local étoit insuffisant.

En conséquence, un satellite de l'abominable Lebon vint prendre les noms de ceux qui avoient plus de soixante ans, et des détenus moribonds, pour les transférer aux ci-devant Capucins.

Ces malheureux, qui croyoient trouver dans ce nouvel asyle moins de rigueur que dans celui qu'ils durent abandonner à la voix de l'autorité, nous retracèrent encore un spectacle qui, jusques-là, nous étoit inconnu.

A peine les exécuteurs de cette nouvelle trame eurent-ils déterminé ce déplacement, qu'ils l'exécutèrent avec une dureté dont ils se faisoient un mérite aux yeux du trop puissant Lebon.

Difficilement nous les décidâmes à faire venir

____

(1) Hé ! comment l'auroit-il fait, quand les fermiers et autres pourvoyeurs, à l'exemple des voyageurs, se détournoient et craignoient d'aborder cette ville de désolation !

des fiacres, dans lesquels nous plaçâmes ces vieillards, respectables sous tous les rapports (1).

Le citoyen Asselin, attaqué depuis plusieurs
jours d'une fièvre putride et maligne, et que nos
médecins, Ansart et Toursel, braves gens dont
nous avons déjà parlé, regardoient comme ago-
nisant, fut tourmenté comme les autres et transporté sans pitié aux ci-devant Capucins, et resta
jusqu'au soir du même jour sans recevoir son lit.
Le lendemain ce bon citoyen y expira.

Le citoyen Mayoul, refusant de nous quitter
parce qu'il étoit perclu de tous ses membres et
qu'il abandonnoit un soutien dans son jeune fils,
fut accablé des imprécations les plus atroces. On
lui fit toutes sortes de menaces, et l'après-dîner,
malgré une pluie d'orage, on le transporta avec
ses matelas sur une charrette de brouetteur. Il
traversa ainsi une partie de la ville, garanti seulement de l'eau par un parapluie (2).

____

(1) C'étoient les citoyens Blin, l'oncle, âgé de 82 ans ;
Lallart, père, de 80 ans ; Dambrine Desquerchin, de
76 ; Lavieville, de 75 ; Lafontaine, de 74 ; Dambrine,
de 74 ; Crépieux, de 71 ; Marcadey, de 68 ; Lecomté,
de 66 ; Stoupy, de 61 ; Mayoult, de 60 ; Asselin, de 60 ;
Blin, père, de 58 ; Gosse, de 48 ; Prévost Devailly, de 44 ;
Candelier, de 43 ; Lallart, fils, de 38 ; Blin, fils, de 31 ;
les frères Arrachart, de 18 et 17 ans. Au nombre de 20
personnes.

(2) Ce respectable citoyen a long-tems ignoré que son

Tous ne restèrent dans leur nouvelle retraite que trois ou quatre jours; il y en eut même qui n'y ont jamais reçu leurs lits, et dont on peut conséquemment se figurer l'horrible situation.

On les ramena nuitamment à l'Hôtel-Dieu, et de la même manière qu'ils l'avoient quitté. On choisit sans doute les ténèbres pour cette exécution; car la première translation avoit révolté tous nos concitoyens.

Vers les onze heures du soir, ils arrivèrent à petit bruit du côté de l'endroit indiqué sous le nom d'hôpital, sans respect pour l'âge et les infirmités de quelques-uns d'entr'eux. On les déposa dans un endroit humide, où il n'existoit aucune cheminée, et sur la pierre. On ne donna à ces malheureux, qui étoient transis de froid, d'autres restaurans qu'une cruche d'eau.

Quant à nous, retirés, comme d'usage, depuis 8 heures, dans nos chambres ou greniers, écartés de ce soi-disant hôpital dont on nous avoit interdit toute communication, nous étions bien éloignés de soupçonner de pareilles atrocités...... Ah ! si nous avions pu nous imaginer que ces citoyens étoient aussi maltraités, nous eussions demandé

épouse, deux de ses filles et sa cuisinière ont aussi succombé sous le poids des vengeances sanguinaires de l'horrible Lebon, au grand regret de leurs concitoyens.

de voler à leur secours , nous les eussions à l'instant réchauffés et placés commodément pour le
reste de la nuit (1).

Ce ne fut que le lendemain que nous apprîmes leur retour. Alors chacun de nous s'empressa de les assister , de préparer les tisannes,
de monter leurs lits et de balayer leur em-
placement infecté par les latrines qui dégorgeaient.
On ne les quitta que lorsqu'ils purent se passer
de secours.

Au milieu de tant d'horreurs on cherchoit encore
à nous bercer d'espérances illusoires. Les mêmes
émissaires vinrent nous demander, pour la quatrième ou cinquième fois, nos noms, âges,
qualités , et les motifs de nos arrestations, nous
insinuant que cette opération tendoit à accélérer
notre sortie ; mais le résultat n'en fut pas plus
heureux (2).

____

(1) Trois d'entr'eux, qui sont : les citoyens Desguerchin,
Bon-Lallart et Gosse, moururent dans la même décade,
sans doute du peu de ménagement qu'on eut à leur égard.
(2) Nous avions grandement tort de nous nourrir d'espoir ;
car l'intrigant Lefebvre, déjà noté ailleurs, chargé de ce
travail, se trouvant un jour environné de huit à dix d'entre nous, nous engagea à empoisonner une partie de nos camarades , à les couper par morceaux, à les jeter dans les
commodités , nous répondant sur sa tête, qu'il ne pouvoit
rien nous arriver.

Pour prouver que ces inquisitions avoient un tout autre but, nous dirons que c'est de ce moment que commencèrent les exécutions.

C'étoit toujours vers les quatre heures que se présentoit Tacquet cadet, huissier du tribunal révolutionnaire, habillé en couleur, coëffé d'un bonnet de police brodé ; il venoit chercher les victimes qu'on devoit immoler le jour même ou le lendemain.

Alors on faisoit appeller clandestinement les directeurs ; on les voyoit parcourir les cours et les bâtimens, cherchant avec un œil farouche les personnes désignées. Chacun trembloit pour soi, on avertissoit la victime qu'on venoit enlever, en ces termes : » Prends ton chapeau, viens, on te demande en bas. »

L'huissier choisi pour consommer ces fatales extractions, sembloit avoir été modelé tout exprès pour un ministère aussi odieux. Son œil hagard fixoit d'avance ses proies et envioit les derniers restes de leur existence. Et en effet avant de les amener au tribunal, il commençoit par s'emparer de tous les objets précieux qu'elles pouvoient avoir, soit en bijoux, numéraire ou billets monnoyés. Sa phisionomie rébarbarative étoit telle, qu'il seroit difficile de la peindre et d'en trouver sur la surface de la terre une plus propre à terrifier les esprits les plus calmes et les plus courageux. Sa seule présence imprimoit plus que la mort elle-même ; son ton sépulcral et cadavereux paroissoit être le cri funèbre de ces fantômes horribles que nous retrace la fable , lorsqu'elle nous peint les crimes des ministres subalternes des enfers.

Les premiers appellés furent Souchez , Coutonet , tous deux ex-nobles , et Berlette ; ce dernier avoit été acquitté. Probablement ce jugement déplut à Lebon , puisque le lendemain il fut traduit de nouveau , et condamné à la mort, ainsi que les deux premiers l'avoient été la veille.

Il n'est pas le seul qui, ayant été acquitté , ait été rappellé de nouveau en jugement, soit le jour même , soit le lendemain , et toujours à la réquisition tyrannique de Lebon.

Nous ne nous permettrons aucune réflexion sur ces scélératesses.

Après un intervalle de peu de jours, on exerça la même et fatale cérémonie envers sept ex-nobles , qui avoient figuré aux ci-devans états d'Artois. On affecta, lors de leur enlèvement, d'en faire l'appel nominal par leur ancienne qualification, savoir : Delaunoy, Daix, Dewasseras, le Sergent d'Hennecourt, Debaulincourt, Coupigny et Thieulaine.

Malgré les infirmités de plusieurs d'entr'eux, qui

depuis long-tems traînoient une frêle existence à l'infirmerie, et qui à peine pouvoient se traîner, on les arracha de leur lit pour les faire conduire inhumainement, sous l'escorte d'une garde nombreuse, de la maison de l'Hôtel-Dieu en la prison des Baudets.

Ce ne fut pas assez de leur avoir refusé, au moins aux plus infirmes, des voitures pour ce trajet, qui est cependant celui d'une extrêmité de la ville à l'autre, ils eurent la barbarie de ne pas permettre le transport de leurs lits, et de les réduire à coucher dans un cachot sur la paille.

Comme si on eût résolu de leur faire souffrir mille morts avant celle qu'on leur préparoit, on les y laissa quelques jours, au bout desquels on les mit en jugement, et on ne le fit enfin que parce qu'ils avoient signé, en 1788, lors de l'assemblée des notables, conséquemment avant la révolution, une protestation contre tout ce qui pourroit être fait au préjudice des privilèges de la ci-devant province d'Artois. On excepta de cette condamnation Coupigny l'aîné, par la raison qu'il fut constaté qu'étant alors à Paris, il n'avoit eu aucune part à cette protestation. Thieulaine échappa également.

Le jour même, Blanquart, homme de loi, qui avoit rédigé cette protestation, fut enlevé de la même manière, et paya de sa tête, la part qu'il eut, comme conseil, à cette rédaction.

Dans la même décade, on vint appeller Gamonet, Blin l'aîné, Leroy-d'Hurtebise et Lacomté, à l'occasion d'une liste que la veuve Bataille avoit tenu de tous ceux qui lui donnoient des aumônes; et l'un d'eux comme ayant assisté à la cérémonie d'un mariage consacré par un prêtre constitutionnel dans la maison de la veuve Bataille. Dix-sept femmes furent extraites de la Providence, ou de leur domicile pour la même affaire.

Par un rafinement qui sembloit devoir être un préjugé certain de leur acquittement, au-lieu de les faire conduire à la prison des Baudets, on les ramena, contre l'usage, dans leur maison d'arrêt, et le lendemain on vint les reprendre pour les mener au tribunal, et delà à la mort.

La précipitation de cette prétendue procédure fut telle, que plusieurs de ces vingt victimes furent immolées, sans interrogatoire préalable, sans être entendues, et ce parce qu'elles se trouvoient inscrites sur une liste de charité, comme ayant donné 3 liv. Telle fut, entre autres, la citoyenne Toursel, femme d'un médecin, délaissant neuf enfans en bas âge.

Nous avons appris depuis notre sortie, qu'on exerça encore sur leurs cadavres des infamies dont les peuples les plus barbares n'ont jamais eu d'exemples (1).

Comment apprenions-nous le triste sort de ces victimes ? uniquement par l'enlèvement de leurs effets, sans aucun inventaire, sans aucun ordre quelconque.

Le lendemain ou sur-lendemain, le citoyen Corbeau, qui avoit été commis aux ci-devans états, vint dans les greniers, se jetta dans nos bras, nous fit ses adieux et partit, en se re-commandant à notre souvenir. Cet homme, bien convaincu que vainement il exposeroit sa juste défense, dit à ses juges: « Je sais que vous avez résolu ma mort ; je m'y suis résigné, et je n'ai rien à répondre qu'à l'Etre-Suprême, qui, plus que vous, connoît le fond de mon âme, et qui vengera ma mort et celle de tous les innocens dont vous avez tramé la perte. »

––––––––––––––––––––––––––––––––––

(1) Le soir de cette exécution, les directrices de la Providence s'emparèrent du vin et des liqueurs de ces dix-sept malheureuses. Elles s'enivrèrent et dansèrent une partie de la nuit. Elles renouvelloient ces orgies, toutes les fois qu'il y avoit des exécutions semblables.

Pour annoncer ces jours de deuil, la directrice en chef s'exprimoit ainsi : « Aujourd'hui, je crache une guillotine. »

Un citoyen nommé Delettres, arpenteur à Arras, fut mandé, peu de tems après, comme supposé avoir acquis une église pour compte d'émigrés : il avoit d'abord été au district ; il nous dit, à son retour : « Mes amis, quelques bons patriotes que vous soyez, vous avez un traître parmi vous, qui révéle tout ce que vous dites, et qui le déguise sous les traits les plus odieux ; c'est d'après ce qu'il s'est permis à mon égard, qu'on va me sacrifier. Puissiez - vous n'être pas victimes de ce perfide !..... » Le lendemain il nous fut enlevé, et subit, comme il l'avoit prévu, la peine de mort.

Chaque jour étoit marqué par de semblables enlèvemens, et l'après-midi étoit attendue avec l'effroi de la mort, jusqu'à ce qu'enfin l'heure, la plus ordinairement fixée pour ces tristes ex-tractions, fut passée. Alors, en gémissant sur le sort de ceux que la vengeance avoit jusques-là choisis, on se disoit : voilà donc enfin encore un jour de retard pour nous !......

On ne finiroit pas s'il falloit rappeller les si-nistres évènemens de chaque journée.

On ne peut passer sous silence celui - ci un jour de décadi (1), l'huissier vint demander

-----

(1) Jour de la fête de la Bienfaisance.

P 5

les citoyens Marchandise, Boitel, Griffon, Wigna et Lacroix.

Marchandise étoit dans sa chambre; il dit aux directeurs: Je suis à vous, à l'instant; permettez-moi seulement d'aller aux commodités.

Prévoyant qu'il ne pouvoit être appellé que par l'infâme émissaire du tribunal, il va en effet vers les aisances, dont la position lui parut la plus propre à favoriser son évasion. Il escalada les murs, tomba dans un jardin et gagna la rue par la maison attenante.

Les cris poussés par une citoyenne qui se trouvoit dans ce jardin, avertirent qu'un prisonnier s'étoit évadé, et firent mettre à sa poursuite nombre de personnes de la ville, et notamment de la garde soldée par Joseph Lebon. La nouvelle s'en répandit sur-le-champ dans la maison. Les directeurs, sous-directeurs, portiers et autres guichetiers, couroient, se précipitoient hors de notre prison pour recouvrer leur proie. La maison se trouvant sans gardiens, il eût été facile aux quatre autres de profiter de ce moment de désordre avec plus de succès, et à plus forte raison, si les prisonniers, au nombre de passé trois-cents, eussent conçu le projet de recouvrer par la fuite leur liberté.

Mais chacun, fort de son innocence, resta tranquille, même les quatre qui, déjà remis entre les mains de l'huissier de la mort, ne pouvoient se déguiser le sort qui les attendoit. Un silence morne, un calme douloureux, eu égard à la position cruelle de ceux qui venoient d'être appellés, et qui, au surplus, n'étoit autre que cette tranquillité d'âme qui est le partage inséparable de l'innocence, furent les seuls sentimens que l'on témoigna dans cette circonstance.

Au contraire, chez l'huissier et les autres satellites, le crime se manifestoit, et il étoit tel, que lorsque déjà on avoit la certitude que Marchandise avoit été rattrapé, on compta jusqu'à cinq ou six fois les quatre autres victimes par différens appels, qui, dessèlant le grand intérêt de les rassembler, annonçoient de plus-en-plus qu'ils étoient condamnés dès avant l'instruction de leur affaire (1).

Cependant, ces exécutions journalières com-

---

(1) On cite sur Joseph Lebon le trait le plus fort peut-être en barbarie ancienne et moderne : Il fit laisser un malheureux sous le couteau de la guillotine pendant plus de dix minutes, jusqu'à ce qu'on lui eût lu les détails d'une victoire que nos armées venoient de remporter. (Note de l'Editeur.)

mencèrent à fatiguer, même la portion du peuple soudoyée ; l'effusion du sang sembloit cesser d'avoir à ses yeux quelqu'attrait. Le théâtre de ces assassinats devenoit désert, nonobstant les efforts de toute espèce de l'infâme Lebon pour y attirer la foule et même l'y contraindre.

Il ne se déguisoit pas que la continuation de ses forfaits en ce lieu pourroit y exciter, tôt ou tard une révolte générale, dont il deviendroit la première victime.

Pour écarter cet orage, il alla établir à Cambrai un nouveau tribunal ; il y fit élever un instrument de mort permanent, parcourut lui-même les campagnes des environs de Bapaume à la tête d'un détachement de hussards, pour y faire arrêter, sous ses propres yeux, indistinctement tous les fermiers qui n'avoient pas été autrefois à sa messe, ou à qui il en vouloit, par des motifs qui n'étoient pas plus sérieux. Il les soumit de suite au tribunal de sang qu'il venoit d'y créer, et qu'il n'avoit composé, soit en juges, soit en jurés, que des hommes dévoués à ses vengeances. Il choisit la nuit pour faire enlever des prisons d'Arras ceux qu'il savoit justement défendus par l'opinion publique, à laquelle il ne se flattoit plus de faire illusion. Il ne s'occupa enfin que de ces projets meurtriers, pour donner de l'activité à son nouveau et trop sanguinaire tribunal.

Nous terminerons la justification de ce que nous venons d'avancer, par le récit du fait suivant.

Jean-François Payen, âgé de 36 ans, fermier à Neuville - la - Liberté, où Lebon avoit été curé, l'un de nos compagnons d'infortune, dont le civisme étoit notoire et n'avoit rien perdu de son énergie durant sa détention, et à qui cet ex-curé n'en vouloit que parce qu'il avoit répugné de se lier avec lui, nous fut enlevé vers les onze heures et demie du soir, le 6 messidor, dans un grenier. au milieu de cinquante personnes, pour être aussi-tôt lié, garotté, chargé de fers et conduit à Cambrai.

Nous avons su que l'ordre, en prescrivant ces atrocités, portoit qu'il y seroit rendu à huit heures du soir.

Jusques-là il n'avoit eu la communication d'aucun acte d'accusation, sans doute dans la vue de lui ôter tous moyens de défense : on le mena droit au tribunal révolutionnaire, où, à peine présenté, il entendit son arrêt fatal, et fut de suite exécuté ; car, à dix heures du matin il n'existoit plus. On assure que vers le midi du même jour, Lebon partit pour Paris.

Grâces à la justice de la Convention nationale, ce fut la dernière victime que nous eûmes à pleurer.

Cependant nos inquiétudes mortelles n'étoient pas encore en suspend, puisque onze autres infortunés furent également extraits des prisons d'Arras le surlendemain, et conduits à Cambrai la veille du même du jour, million de fois heureux, où les tribunaux de sang, tant d'Arras que de Cambrai, furent suspendus.

Dans l'intervalle que nous venons de parcourir, il ne faut pas croire que le tribunal d'Arras soit resté oisif ; la soif du sang dévoroit trop constamment l'âme de Lebon, pour qu'il ne désignât pas, de jour à autre, quelque victime ; et, comme il suffisoit presque toujours d'y être traduit, pour être assuré d'une mort inévitable, quelque innocent qu'on fût, nombre d'assassinats eurent aussi leur cours, jusqu'au moment de ladite suspension, tellement qu'on y compte, dans l'espace de 4 mois, quatre cents condamnations à mort ; le dirons-nous ? dans une commune qui a été reconnue, à trois époques différentes, avoir bien mérité de la Patrie, et conséquemment l'avoir toujours bien servie.

On nous assure que, dans le laps d'environ

six semaines, le tribunal de Cambrai a moissonné au-delà de cent-cinquante citoyens.

La stupeur profonde, dans laquelle nous n'avons cessé d'être plongés, ne nous a pas permis d'entrer en détail, sur chacune des victimes qui ont succombé, encore moins de les classer dans un ordre exact.

Elle étoit telle, que personne de nous n'eût osé tenir la moindre note ; car nos actions, nos paroles n'y étoient seulement pas surveillés, par le seul dessein de nous nuire, mais on vouloit encore deviner nos pensées les plus secrettes, et s'en faire même un prétexte de dénonciation contre nous.

Nous n'avons donc pu prendre d'autre guide que celui de nos souvenirs, et d'une mémoire affoiblie, par les scènes douloureuses que chaque jour nous offroit.

Si nous allons parler de quelques vexations particulières, c'est moins dans la vue d'appitoyer sur notre sort, que dans l'intention d'exciter une juste horreur sur les abus qu'on se permettoit.

Les communications les plus importantes, soit au besoin de nos affaires, soit à l'intérêt sensible que nous avions de connoître la situation des personnes qui nous étoient les plus chères, nous étoient interdites depuis long-tems ; au mépris de la loi du 17 septembre 1793, (vieux style) et avec plus de rigueur qu'on n'en avoit observé á la Bastille dans les tems les plus tyranniques.

Croiroit-on cependant que la sévérité de nos surveillans de toute espèce renchérissoit à fur et mesure que les dispositions de la Convention nationale se prononçoient plus favorablement à notre égard, ou que les évènemens devenoient plus importans au bonheur de la France?

En voici la preuve.

Lors de la suspension des tribunaux, nous fûmes plus de quinze jours sans pouvoir en pénétrer le mystère, à raison des grandes fouilles qui se faisoient, soit dans nos paniers, soit dans le manger qu'on y trouvoit.

Le jour de la nouvelle qui nous apprit la conjuration de Robespierre, Couthon, Saint-Just, et Lebas, et de leur supplice, que nous arriva-t-il ?

Gille et Lemaire, commissaires aux prisons, se rendent à l'Hôtel-Dieu vers les dix heures du matin, ont, avec les directeurs, sous-directeurs et autres guichetiers, une conférence secrette, après laquelle ils parcourent la maison, et font boucher, en leur présence, toutes les fenêtres qui facilitoient la vue sur quelques maisons de la ville, et qui cependant étoient nécessaires à la salubrité de notre prison.

Cette précaution ne leur parut pas suffisante ; ils vinrent ce même jour, contre leur ordinaire, présider à la visite des paniers et de chacun des plats qui —s'y trouvoient, n'osant pas s'en rapporter, sur cette perquisition, à ceux qui cependant n'étoient que trop dévoués à leurs ordres inhumains.

Nous le demandons : quel pouvoit être leur intérêt à nous cacher le triomphe de la Convention nationale sur les infâmes traîtres qu'elle a punis ?... Etoient-ils donc leurs complices pour nous envier ainsi la satisfaction de partager à cette occasion l'allégresse de tous les bons Français ?.... Ils nous connoissoient donc pour de vrais patriotes, puisqu'ils prévoyoient la joie que nous en eussions ressentie, et que nous en avons éprouvée dès l'instant que nous en fûmes instruits ?

Nos geoliers ne tenoient pas à notre égard une conduite moins odieuse (1).

____

(1) Lebon, ce monstre sanguinaire, toujours heureux et recherché dans ses choix, nous avoit donné pour directeur en chef, un sonneur pour les morts !.,.. un ci-devant bedeau, et par-dessus tout, un savetier de son style (Expression noble du pays).

Nous serions injustes, si nous ne faisions pas connoître la conduite vertueuse, humaine et généreuse de la citoyenne Marie-Joseph Chevalier., femme de Duquesne, notre sous-directeur ; sans se démentir un seul instant sur les devoirs pénibles imposés à son mari, sans les enfreindre, sans y

Dans les plus grandes chaleurs, ils nous dé‑
fendoient de prendre de l'eau au seul puits qui
en fournissoit de la bonne. Ils nous obligeoient
de venir le matin, depuis huit heures jusqu'à neuf,
remplir nos cruches, et la plupart n'en avoient
pas jusqu'au lendemain à la même heure.

Nous avons appris qu'à la Providence le puits
resta trois jours sans corde, et que pendant
tout ce tems on fut obligé d'apporter de l'eau
du dehors; et que lorsqu'on en demandoit dans
les maisons voisines, on en refusoit par cela seul
que c'étoit pour les détenus, et qu'on craignoit
que Lebon n'en eût connoissance.

Quand on nous apportoit dans les tems de
la plus grande disette, nos portions qui étoient à
peine suffisantes, et que nous partagions avec
les indigens et les citoyens qui ne pouvoient
en avoir de chez eux, parce qu'on avoit chassé
et molesté leurs personnes de confiance, nos
portiers les entamoient encore (1).

A la Providence, les furies qui singeoient
nos cerbères, les surpassoient au point que vers
les derniers tems de notre détention, on donna
la consigne au corps‑de‑garde de surveiller les
directrices et portiers.

mettre d'autre intérêt que celui d'obliger les malheureux,
il n'est aucun prisonnier, absolument aucun, à qui elle
n'ait rendu service, plusieurs même doivent à ses soins, à
ses égards, à son économie et à son désintéressement rare,
leur existence.

(1) Pour ce faire, ils avoient établi une double porte;
sous peine d'être mis au secret, il nous étoit sévèrement dé‑
fendu de ne recevoir nos paniers des mains de ces gens qu'à
la distance tout au plus de 10 à 12 pieds de cette double
porte.

Enfin, nous étions nommés tour - à - tour de corvée pour nettoyer la maison, les cours, les lieux d'aisance et autres cloaques; et les directeurs qui commandoient, venoient jouir avec le sourire de l'insulte, ou par des propos scandaleux, de l'état d'abjection auquel ils nous réduisoient.

Déjà nous avons fait connoître que dans nos retraites nous y étions environnés d'espions; ce n'étoit pas assez. Nos gardiens avoient également le même rôle à jouer. Ils suffisoit qu'ils pussent nous rencontrer avec tel ou tel individu, pour qu'ils se permissent de nous placer sur des listes de proscription, qui se concertoient criminellement entr'eux et les commissaires, dont pour surcroît de malheur, le choix avoit infecté nos prisons.

Nous n'osons pas donner ce dernier fait comme certain; il est possible que ces listes n'aient été demandées qu'à l'occasion des renseignemens que les commissaires puisoient contre nous dans les sources les plus impures, et qu'elles ne fussent données par lesdits gardiens qu'au seul titre d'obéissance; nous nous plaisons à le croire ainsi d'après l'anecdote que nous rappellerons en dernière analyse.

Plusieurs de ces listes de proscription avoient déjà servi à traîner à la boucherie nombre d'innocens; mais il en étoit une qui comprenoit quatre-vingt-sept citoyens de la maison de l'Hôtel-Dieu, et dont le tour étoit d'y passer dans la même décade que les tribunaux d'Arras et Cambrai furent suspendus,

Quoiqu'il en soit, les vexations dont nous

avons rendu compte, avoient aussi pour but
le projet affreux de renouveller dans nos ré-
clusions les horribles journées des 2 et 3 septembre 1792.

A force de rigueur, on se flattoit d'aliéner nos
esprits et d'y exciter quelque soulèvement ;
mais il n'y avoit parmi nous que des citoyens
tranquilles, qui, forts de leur innocence, espé-
roient constamment que le jour de la justice
luiroit sur eux.

Notre patience dérangea le calcul de nos
persécuteurs ; ils affectoient de faire courir ,
de tems à autre, le faux bruit que nous étions
en insurrection.

C'est d'après cette calomnie qu'ils se pré-
sentèrent nuitamment à l'Hôtel-Dieu, à la tête
d'un détachement nombreux, et qu'ils s'annonçoient au directeur comme venant à son secours, dans l'intention de le venger de notre
révolte.

Celui-ci répondit : « que jamais il n'avoit eu
la moindre occasion d'être inquiet ; que tous les
prisonniers étoient couchés et endormis, et que
lui seul coucheroit au milieu de nous sans l'ombre de la plus légère crainte. »

Sur les doutes qu'on lui manifesta, il les
engagea à entrer à petit bruit, et à se placer
dans les diverses cours.

L'espérance d'entendre quelque mouvement
ou quelque bruit fit accéder les meneurs de
cette troupe à la proposition.

Le détachement entra à la sourdine ; chacun prêta l'oreille la plus attentive, et n'entendit
rien.

Les soldats - citoyens ne purent s'empêcher de s'écrier qu'on les trompoit indignement, et à la prière du directeur, on se retira dans le silence.

Ce n'est que long-tems après que nous avons eu connoissance de cet évènement.

Si cependant le hasard eût rendu quelqu'un de nous incommodé et eût excité les secours de ses compagnons, il n'en eût pas fallu davantage pour diriger les armes de nos concitoyens contre nous.

LA GLACIERE D'AVIGNON ;

Incendie de Bédouin ; canonnade à mitraille de Lyon (1).

JE ne peux tracer ici qu'un précis rapide d'horreurs, de meurtres, d'assassinats prétendus judiciaires dont fut ensanglanté le midi de la France. Peut-être serai-je forcé d'y revenir encore par la suite.

A la faveur des ombres de la nuit, des brigands arrachent, dans le bourg de Bédouin, département de Vaucluse, l'arbre de la liberté : aussi-tôt un représentant du Peuple, un barbare, Meignet, rend toute la commune responsable de cet attentat nocturne ; il l'a fait incendier et réduire en cendre. Ensorte que ses malheureux habitans, réduits à la plus affreuse misère, furent contraints de demander l'aumône, et d'aller chercher un asyle dans les cavernes des rochers voisins. Cette commune avoit fourni un corps nombreux de jeunes volontaires, qui com-

---

(1) Ce court précis est de l'Editeur de cet ouvrage.

battoient à l'armée des Alpes, et qui, à leur retour, auroient vainement cherché le lieu de leur naissance, si la Convention nationale, informée enfin de cet attentat inouï, ne l'avoit fait sortir de ses cendres.

Collot - d'Herbois, cet indigne représentant d'une grande nation, fière, mais généreuse, n'avoit pas besoin de leçon pour commettre des crimes au nom de la Patrie. Il n'avoit que trop adopté le système de ses confrères de l'ancien comité de salut-public, qui pensoient que la République française, entourée d'ennemis s'efforçant de l'étouffer dans son berceau, ne pourroit s'affermir qu'au moyen d'un gouvernement extrêmement sévère. Aussi Collot-d'Herbois osa-t-il dire dans la tribune de la Convention, qu'il falloit réunir dans un seul lieu tous les détenus de Paris, creuser une mine au-dessous de leur asyle, la remplir de poudre, et les faire tous sauter. La postérité aura peine à croire qu'aucun auditeur de ce barbare discours n'osa en témoigner son indignation : tous les membres de la Convention, trop effrayés par les tyrans auxquels ils avoient conféré des pouvoirs absolus, furent réduits à étouffer le cri d'horreur qui s'éleva au fond de leur âme (1).

Collot étoit rempli de ces sentimens sinistres,

____

(1) On trouve dans l'*Histoire du Bas-Empire*, un trait semblable à la scélératesse de ceux qui voulurent en France faire périr les prisonniers *en masse* : et c'est peut-être le seul exemple de ce genre qu'on puisse citer. En 1185, le sanguinaire Andronic avoit envahi l'Empire de Constantinople. Voulant faire sa cour à ce monstre, son chan-

lorsqu'il fut délégué à Lyon, après le siège de cette ville. Sans considérer qu'elle avoit ouvert ses portes aux Républicains, il résolut de la traiter comme une ville prise d'assaut, excité, dit-on, par le desir de venger des injures personnelles (1). Quoiqu'il en soit, il ordonna qu'elle perdit son nom si célèbre dans l'histoire et dans les annales du commerce ; qu'elle seroit entièrement démolie ; que ses principaux édifices seroient détruits à l'aide des mines, de la flamme dévorante, ou du canon ; que la République dépenseroit quatre-cents-mille francs par décade pour cette démolition barbare : il ordonna encore que la population de cette riche cité, de 200,000 âmes, seroit réduite à 20,000, ou même à 1500, et qu'enfin on élèveroit une pyramide portant cette inscription en grosses lettres : ICI FUT LYON.

Ce n'étoit pas assez pour Collot de décharger sa fureur sur des pierres et des ruines ; sous prétexte d'empêcher la rebellion de s'étendre, en effrayant les grandes villes, il falloit encore qu'il s'abreuvât de sang. Pour hâter l'exécution des jugemens d'une commission révolutionnaire établie au sein d'une cité fameuse dont il avoit

---

celier osa s'exprimer de la sorte dans un édit : « Nous déclarons et prononçons qu'il est en général de l'intérêt de l'Etat..... de ne laisser vivre aucun de ceux qui sont détenus dans les prisons ou condamnés à l'exil pour leur félonie....., non plus que ceux qui sont liés avec eux par le sang, l'affinité ou l'amitié..... Ce sera en même tems ôter à nos ennemis du dehors la funeste correspondance de nos traîtres, qui les appellent à notre destruction, et les instruisent des moyens de nous nuire. »

(1) Voyez ci-dessus, page 280, à la note.

juré la perte, il imagine de faire tirer à mitraille sur plusieurs centaines de condamnés, qui tombant blessés, mutilés, étoient ensuite achevés à coups de sabres par des barbares plutôt que par des soldats. Collot disoit que le canon qu'il avoit fait tirer de la sorte, étoit la foudre républicaine.

La guillotine ne laissoit pas d'être en activité chaque jour, et l'on fusilloit aussi un grand nombre d'infortunés. On a vu un bataillon de braves volontaires refuser, en faisant feu sur ses concitoyens, de remplir l'office de bourreaux.

Dans moins de six semaines, il y eut jusques à quinze-cents guillotinés, fusillés, mitraillés; d'autres en portent le compte jusques à six-mille. Ces cadavres étoient jettés dans le Rhône, qui porta à la Méditerranée, ainsi que la Loire à l'Océan, les horribles témoignages de la férocité de quelques tigres à face humaine.

---

(1) On assure que l'humanité est délivrée de Collot-d'Herbois. Ce monstre qui avoit été déporté à la Guyane, avoit voulu y opérer un soulèvement parmi les nègres; mais ces projets ne réussirent point; il fut renfermé dans un cachot, où il mourut au bout de quelques jours. Tel est du moins le récit que publient tous les journaux dans le moment où nous écrivons ceci (16 vendemiaire, an IV).

Fin du troisième Volume.

Errata du Tome III.

Page 15, ligne 19, volé toutes mains; lisez : volé de toutes mains.

Page 25, ligne 12, inutile à la douleur; lisez : utile à la douleur.

Page 30, ligne 12, ne me régala; lisez : ne me régalât.

Page 32, ligne 21, pieds; lisez : ses pieds.

Page 38, ligne 22, dénoncé; lisez : dénoncées.

Page 61, ligne 14, nombre malheureux; lisez : nombre de malheureux.

Page 87. Le dernier vers de cette page doit être lu ainsi, pour être régulier : — Avez su fixer votre place :

Page 130, ligne 20, à ma plac; lisez : à ma place.

Même page, ligne 25, en altant; lisez : en allant.

Page 131, ligne 24, jusqu'à Versailles; lisez : Versaille (pour que le vers y soit).

Page 151, ligne 16, ajoutez : Par le citoyen Lachabeaussière.

Page 152, ligne 19, les nommes; lisez : les hommes.

Page 206, ligne 7, nous sommes partis; lisez : nous partîmes.

Page 223, ligne 4, ce dénoncer; lisez : se dénoncer.

Page 225, ligne 28, souvre la porte ; lisez :
s'ouvre la porte.

Page 262, ligne 10, et ils les mènent ; lisez :
et il les mène.

Page 326, ligne 16, frappent ; lisez : frappe.

Page 330, ligne 25 (note 2), en 1789 ; lisez :
en 1791.

Page 341, ligne 22, et page 344, ligne 10,
aux ci-devans ; lisez : aux ci-devant.

Page 350, ligne 10, lisez : la veille du jour.